JOHANNES WILLMS

# WATERLOO

Lange Zeit schien Napoleon unbesiegbar zu sein. Doch im Juni 1815 kämpft der Kaiser um sein politisches Überleben. Von Elba zurückgekehrt, hat er sich in den berühmten «100 Tagen» zwar erneut in Windeseile in Frankreich an die Macht gebracht, doch noch muss er die gegnerische Koalition zerschlagen und ihren Truppen eine empfindliche Niederlage beibringen. Im Lager seiner Feinde warten auch der britische Herzog von Wellington und der preußische Marschall Blücher auf ihre historische Stunde. Am Morgen des 18. Juni ist es soweit. Napoleons letzte Schlacht beginnt.

*Johannes Willms* (1948–2022) war Journalist und Historiker. Er hat zahlreiche Werke vor allem zur Geschichte Frankreichs vorgelegt, darunter *Der General. Charles de Gaulle und sein Jahrhundert* (²2023) und zuletzt posthum *Louis XIV. Der Sonnenkönig und seine Zeit* (2023).

JOHANNES WILLMS

# WATERLOO

### NAPOLEONS
### LETZTE SCHLACHT

C.H.BECK

Mit 15 Abbildungen,
1 Grafik, 5 Karten im Text

1. Auflage als gebundene Ausgabe. 2015

Unveränderter Nachdruck
2. Auflage. 2024

© Verlag C.H.Beck oHG, München 2015
Gesetzt aus der Walbaum bei Fotosatz Amann, Memmingen
Druck und Bindung: Beltz Grafische Betriebe GmbH, Bad Langensalza
Umschlagentwurf: geviert.com, Andrea Janas
Umschlagabbildung: Hippolyte Delaroche, *Napoleon in
Fontainebleau* (Ausschnitt), 1846 © Bridgeman Images;
William Holmes Sullivan, *Die Schlacht von Waterloo*, 1898,
© Bridgeman Images
Printed in Germany
ISBN 978 3 406 81886 8

*www.chbeck.de*

# INHALT

# VORWORT

Waterloo ist, so wird gern gesagt, die berühmteste Schlacht der Weltgeschichte. Diese Behauptung wird schon vor dem 6. April 1974 gegolten haben, als die schwedische Popgruppe ABBA mit dem Song «Waterloo» beim europaweit im Fernsehen ausgestrahlten Eurovision Song Contest im englischen Seebad Brighton über alle Mitbewerber den Sieg davontrug. Die Koinzidenz von Austragungsort und Siegertitel in diesem Schlagerwettbewerb war sicherlich ein Zufall. Andererseits ist der Name des einstigen, südlich von Brüssel gelegenen Dorfs Waterloo im angloamerikanischen Kulturraum als Konnotation für die Schlacht, die unweit davon am 18. Juni 1815 geschlagen wurde, so weit verbreitet wie der keines anderen Orts.

Allein in London sind nicht nur Pubs und Straßen, sondern auch eine Brücke und ein Bahnhof nach Waterloo benannt. Nicht genug damit, erhielten im 19. Jahrhundert Dörfer, Städte, Buchten und Berge britischer Besitzungen in allen Erdteilen den Namen Waterloo. In Sydney gibt es einen Vorort dieses Namens, auf den Cayman-Inseln heißt ein Golfplatz Waterloo, und in Kanada gibt es in der Provinz Ontario eine University of Waterloo, die in der Stadt gleichen Namens ihren Sitz hat. Besonders häufig sind «Waterloos» in den USA anzutreffen, und der Ausdruck «to meet one's Waterloo» ist in den englischen Sprachschatz als feste Wendung eingegangen. Die Allgegenwart eines Dorfnamens aus Wallonien, des südlichen Teils von Belgien, in dem Französisch gesprochen wird, im angloamerikanischen Teil der Welt ist verblüffend.[1] Daran ändert auch der Umstand nichts, dass es im Zeitalter von Nationalismus und Imperialismus in den europäischen Staaten gang und gäbe war, Straßen und Plätze der größeren Städte nach den Orten siegreicher Schlachten zu benennen. In Paris, dessen Stadtbild und Straßenführung nach 1852 radikal umgestaltet und modernisiert wurden, war Napoleon III. darauf bedacht, nicht nur den eigenen Kriegsruhm, sondern vor allem auch den des großen Onkels Napoleon I. mittels Namensgebung ausgiebig zu würdigen.

So war es damals überall, von Berlin bis Rom, von Madrid bis St. Petersburg. Und sogar in der Haupt- und Residenzstadt bayerischer Bierseligkeit München erinnern drei Straßennamen an die Teilhabe uniformierter Landeskinder an Schlachten, bei denen Napoleon 1814 während der Kampagne in Frankreich geschlagen wurde. Allerdings ist der Gebrauch dieser Straßennamen mundartlich längst so eingeschliffen, dass kaum ein Münchner deren Ursprung und Bewandtnis anzugeben wüsste.[2]

Die weltweite Verbreitung von Waterloo zumindest im angelsächsisch geprägten Kultur- und Sprachraum reflektiert also eine Bekanntheit, mit der diese Schlacht jedes andere kriegerische Ereignis, einschließlich der Seeschlacht von Trafalgar, weit übertrifft. Eine Erklärung dafür ist, dass die Schlacht, an der aufseiten der Alliierten drei Armeen – eine britische, eine niederländisch-belgische und eine preußische – beteiligt waren, und vor allem deren siegreicher Ausgang von Großbritannien erfolgreich monopolistisch vereinnahmt wurde. Dieser Prozess begann unmittelbar nach der Schlacht, als der Oberbefehlshaber der britisch-niederländischen Armee, der Herzog von Wellington, den Wunsch seines Bündnispartners Blücher, Chef der an der Schlacht und ihrem siegreichen Ausgang maßgeblich beteiligten preußischen Armee, ignorierte, die Schlacht nach dem Gasthof «La Belle-Alliance» zu benennen,[3] der dem Gegner, Napoleon, als Hauptquartier gedient hatte. Wellington beharrte stattdessen darauf, der Schlacht den Namen des wallonischen Nests zu geben, in dem sich sein Hauptquartier befand. Dessen ungeachtet firmierte die Schlacht in preußisch-deutschen Geschichtswerken, die vor dem Ersten Weltkrieg erschienen, unter dem Namen des Gasthofs,[4] während französische Historiker lange dem Vorbild Napoleons folgten, der in seiner auf Sankt Helena diktierten Darstellung der Kampagne von 1815 diese letzte von ihm geschlagene Schlacht nach der Anhöhe des Mont Saint-Jean benannte, die im Zentrum der britisch-niederländischen Front lag.

Drei unterschiedliche Nomenklaturen für ein und dasselbe Ereignis einer Schlacht in den Geschichtswerken dreier Nationen machen darauf aufmerksam, dass das blutige Geschehen an jenem 18. Juni 1815 in der nationalen Sichtweise von Historikern, die im 19. Jahrhundert zumal als Demiurgen einer nationalen Geschichte Beiträge zur Sinnstiftung der je besonderen Identität ihres Volkes leisteten, unterschiedlich gewichtet und geschildert wurde. Solche Differenzen in der Wahrnehmung und Darstellung sind, wie jüngere Darstellungen über die Schlacht von Waterloo zeigen, weitgehend verschwunden, denn um deren Namensgebung wird längst kein nationaler Wettstreit mehr ausgetragen.[5]

Im Übrigen verdankt die Schlacht von Waterloo heute ihre Berühmtheit weit weniger dem Sieger Wellington und/oder Blücher als dem Verlierer Napoleon, um dessen beispiellose Karriere als Militär und Staatsmann es an jenem 18. Juni 1815 jäh und endgültig geschehen war. Waterloo war der Höhepunkt und die Peripetie in der Tragödie eines Mannes, die auf Elba ihren Anfang nahm und in Sankt Helena zu ihrem Ende kam und deren Verlauf bis heute nichts von ihrer Faszination eingebüßt hat.

München, im Herbst 2014                    Johannes Willms

# ERSTES KAPITEL

# ELBA

**B**evor der Protagonist die Bühne betrat, diktierte er am 27. April 1814 eine Botschaft an den Inspizienten: «Herr General Dalesme, die Umstände haben mich dazu veranlasst, auf den Thron von Frankreich zu verzichten. Damit habe ich meine Rechte für das Wohl und die Interessen des Vaterlands geopfert, mir selbst jedoch die Souveränität und den Besitz der Insel Elba sowie der Festungen von Portoferrajo und Porto Longone ausbedungen; dem haben alle Mächte zugestimmt. Ich sende Ihnen also General Drouot, damit Sie diesem umgehend die genannte Insel übergeben ebenso wie die Waffen- und Nahrungsmittelvorräte und alle Liegenschaften, die zu meiner kaiserlichen Domäne gehören. Veranlassen Sie, dass den Bewohnern diese neuen Umstände bekannt gemacht werden und dass ich mir ihre Insel für meinen Aufenthalt ausgesucht habe unter Berücksichtigung der Annehmlichkeit ihrer Sitten und der Milde ihres Klimas.»[1]

Diese Botschaft an den Gouverneur der Insel Elba kündete von der Selbsteinschätzung ihres Verfassers. Kein Wort darüber, dass ihm diese Insel von den Mächten zum Exil diktiert worden war, kein Wort über die Verzweiflung, in die Napoleon immer tiefer geriet angesichts der schieren Aussichtslosigkeit seiner Lage. Die musste ihm am Abend des 30. März 1814 aufgehen, als er die Nachricht erhielt, Paris habe vor den anrückenden Truppen der Alliierten kampflos kapituliert. Damit hatte er nicht gerechnet. Der Widerstand von Paris, so sein Plan, würde den Vormarsch der Alliierten zum Stehen bringen. Das hätte ihm die Chance verschafft, deren Armeen hinterrücks anzufallen und in die Flucht zu schlagen. An dieses Kalkül hatte sich Napoleon geklammert, und das war mit dem Fall von Paris zunichtegemacht worden. Das Spiel war aus; *rien ne va plus.* Als Hasardeur fiel es ihm jedoch leicht, sich dieser Einsicht zu verweigern. Also flüchtete er sich in den aberwitzig anmutenden Einfall, die Aussichtslosigkeit seiner Situation sei nur eine Selbsttäuschung, die sich durch unbeirrte Siegeszuversicht überwinden ließe. Das suchte er umgehend seinem Vertrauten, Außenminister Caulaincourt, weiszumachen:

> *«Zweifellos wird sich alles noch retten lassen, und selbst diese schändliche Kapitulation wird dafür noch von Nutzen sein,* sagte er mir, *sobald ich meine Truppen zur Hand habe, um schon morgen den Feind anzugreifen, der im Rausch seines Erfolgs und seines Einzugs in Paris schwelgt. Allein, ich werde drei Tage brauchen, um meine in alle Winde verstreuten Truppen zu sammeln (…) Wir werden kämpfen, Caulaincourt, denn besser ist es allemal, mit der Waffe in der Hand zu sterben, als sich vor den Gegnern zu demütigen (…)* Nachdem er eine Weile geschwiegen hatte, fuhr er fort: *Je länger ich darüber nachdenke, desto deutlicher wird mir, dass die Sache noch nicht entschieden ist. Die Einnahme von Paris wird, wenn ich unterstützt werde, das Signal der Rettung sein. Da ich keine andere Wahl mehr habe und bei meinen Operationen auch keinerlei Rücksichten mehr auf die bislang allem übergeordnete Überlegung, Paris zu verteidigen, nehmen muss, bin ich in meinem Handeln völlig frei, und der Feind wird teuer für seine Unverfrorenheit bezahlen, uns drei Tagesmärsche zuvorgekommen zu sein.»*[2]

Um diesen Illusionen Substanz zu verleihen, galt es Zeit zu gewinnen. Folglich erhielt Caulaincourt am Morgen des 31. März Vollmachten für Friedensverhandlungen mit den Alliierten.[3] Gleichzeitig wurde Generalstabschef Berthier angewiesen, zerstreute Truppenteile zu sammeln sowie Munition und Vorräte heranzuschaffen.[4] Das waren gleichsam galvanische Reflexe, die nicht darüber hinwegtäuschen konnten, dass Napoleon ausgespielt hatte. Das musste Caulaincourt erfahren, als er in Bondy, vor den Toren der Hauptstadt, mit dem russischen Außenminister Nesselrode zusammentraf, der ihm mitteilte, seine Mission sei nutzlos, weil sich die Alliierten auf keine Verhandlungen mit Napoleon mehr einlassen wollten. Ähnlich, wenngleich verbindlicher im Ton wurde Caulaincourt auch von Zar Alexander beschieden, der von Talleyrand in diesem Sinne bearbeitet worden war. Napoleon habe bei vorangegangenen Verhandlungen stets bewiesen, an einem Friedensschluss nicht interessiert zu sein. Deshalb hätten sich die Verbündeten darauf verständigt, Gesprächsangebote von seiner Seite abzulehnen, zumal Frankreich seiner Herrschaft überdrüssig sei und sich nach einer Ordnung sehne, die Ruhe verspreche.[5]

Caulaincourt sah sich damit bereits am Morgen des 31. März mit einer Entscheidung konfrontiert, die erst am Abend dieses Tages auch vom König von Preußen und für Österreich vom Fürsten Schwarzenberg, die beide bereits in Paris weilten, auf Drängen des Zaren hin abgesegnet wurde. Die Alliierten legten sich damit darauf fest, Napoleon oder Angehörige seiner Familie nicht mehr als Verhandlungspartner zu akzeptieren.[6] Dieser Beschluss hatte umso mehr Gewicht, als man sich jetzt auf Betreiben Talleyrands auch darauf verständigte, die Verfassung anzuerkennen, die von der französischen Nation gewollt werde, und diese zu garantieren. Mit anderen Worten: Mit dem Repräsentanten dieser Verfassung würden die Verbündeten in die Verhandlungen eintreten, die sie Napoleon verweigerten. Als allein legitime Kontrahenten in diesem Zusammenhang hatte Talleyrand dem Zaren die Bourbonen soufffliert.

Indem sich der Zar dem Drängen Talleyrands beugte, befreiten sich die Alliierten aus der Verlegenheit, die ihnen schon seit Längerem zu schaffen machte und die sich auch nachteilig auf die Strategie ihrer Kriegführung gegen Napoleon ausgewirkt hatte. Diese war bisher nur darauf abgestellt, den Kaiser der Franzosen zu besiegen. Je näher man diesem Ziel trotz aller Rückschläge während des Frankreichfeldzugs kam, desto lähmender wirkte sich die Ungewissheit aus, wie das dann eintretende Machtvakuum in Frankreich zu füllen sei. Welches andere Regime als das napoleonische würde nicht nur die Akzeptanz der Franzosen finden, sondern sich auch in die notwendige Neuordnung Europas einfügen? Schon diese Bedingung schloss einen Friedensschluss aus, der Napoleon oder seiner Familie die Herrschaft über Frankreich beließ.

Dass die Alliierten dafür noch keine Antwort gefunden hatten, musste Baron Vitrolles, ein Agent der Bourbonen, erfahren, als ihn Zar Alexander am 17. März 1814 in Troyes zur Audienz empfing. Man habe, so erzählte ihm dieser, sich schon den Kopf darüber zerbrochen, welches Regime Frankreich nach dem Verschwinden Napoleons zuträglich sei. Zunächst habe man dafür Bernadotte [i. e. Jean-Baptiste-Jules Bernadotte, einer der napoleonischen Marschälle, der am 21. August 1810 von einer Versammlung der schwedischen Stände zum König von Schweden und Norwegen gewählt worden war und der 1813 mit dem Zaren ein Bündnis gegen Napoleon geschlossen hatte] wegen seines Ansehens bei der Armee und der Wertschätzung, die er sich seitens der Anhänger der Revolution erfreue, in Erwägung gezogen. Davon sei man aber wieder abgekommen. Daraufhin sei die Rede von Eugène de Beauharnais [i. e. der Stiefsohn Napoleons, seit 1806 Vizekönig von Italien] gewesen, für den nicht nur gesprochen habe, dass er von adeliger Herkunft sei, sondern dass er auch von der Armee und der französischen Öffentlichkeit sehr geschätzt werde, ein Eindruck, der die Vermutung nahegelegt habe, er könne auf eine große Anhängerschaft rechnen. Schließlich sei auch die Möglichkeit in Erwägung gezogen worden, dass möglicherweise «eine umsichtig organisierte Republik am besten dem *esprit français* entspräche. Schließlich ist es ja nicht von ungefähr gekommen, dass die Ideen der Freiheit während so langer Zeit in einem Land wie dem Ihren geblüht haben; sie vor allem machen die Errichtung einer stärker konzentrierten Gewalt so überaus schwierig.»[7]

Dass ausgerechnet der Zar, ein Autokrat *sans phrase*, den Vitrolles als den «roi des rois unis pour le salut du monde» apostrophierte, eine Republik als die für Frankreich gemäße Problemlösung ins Auge fasste, stürzte nicht nur den bourbonischen Agenten in sprachlose Verzweiflung. Es verriet sich darin auch das ganze Ausmaß der Verlegenheit, mit der sich die Alliierten nach ihrem Sieg über Napoleon konfrontiert sahen. Das machte sich Talleyrand sofort zunutze, der seit dem Bruch mit Napoleon 1808 insgeheim mit Zar Alexander gegen sein einstiges Idol konspirierte.[8] Seither besaß Talleyrand das Vertrauen des Zaren, der bei seinem Einzug am 1. April 1814 in Paris in dessen Palais an der Place de la Concorde wohnte. Als früherer Außenminister und enger Vertrauter Napoleons war Talleyrand für den Zaren, der sich seit dem Debakel von Napoleons Russlandfeldzug 1812 die Führungsrolle der Mächtekoalition in diesem Krieg zusprach, der Gewährsmann für alle die Zukunft Frankreichs betreffenden Fragen. Bei den Beratungen der Alliierten hatte das Wort des Zaren, wie Talleyrand wusste, besonderes Gewicht. Das nutzte er angesichts der vorherrschenden Ratlosigkeit, wie die nachnapoleonische Ordnung Frankreichs zu gestalten sei, mit Geschick, indem er Alexander vom bourbonischen Gambit überzeugte, das bislang mit Ausnahme der Briten noch keiner der Verbündeten erwogen hatte. Darin verriet sich nicht nur eine gehörige Portion Respekt vor den von der Revolution geschaffenen Tatsachen, sondern auch, und das galt insbesondere für Alexander, eine tiefe Abneigung gegen die Bourbonen.[9]

Eine Restauration der Bourbonen war auch Talleyrand zuwider, aber er zog sie in Erwägung, weil ihm dies die einzige realistische Lösung zu sein schien. Den Zwiespalt Talleyrands hat Caulaincourt anschaulich geschildert: «Er machte mir den Eindruck eines Mannes, der sich durch mehr als eine Notwendigkeit dazu gezwungen sieht, ein Mädchen zu heiraten, das er weder liebt noch sonderlich schätzt.»[10] Vermutlich wollte sich jedoch Talleyrand von Caulaincourt, der von einer ersten Unterredung mit dem Zaren kam, nicht in die Karten schauen lassen, denn er hatte mit den Bourbonen wie mit deren Parteigängern in Paris schon seit Längerem Kontakte geknüpft.[11] In dem Maße, wie sich der Untergang Napoleons absehen ließ, war das ein Gebot politischer Klugheit. Erstmals seit der Republik von 1792 wurden die Bourbonen zu einer politischen Alternative. Im Unterschied zu den Alliierten wusste Talleyrand auch, dass die treibenden Kräfte dieser bourbonischen Opposition nicht die Ewiggestrigen der alten Aristokratie waren. In Frankreich zumal rekrutierten sich diese aus jenen *masses de granit*, die von den Revolutionsgewinnlern der Grundbesitzer gebildet wurden und als Notabeln den «pays légal» darstellten, auf den das napoleonische Regime gegründet worden war.[12] Während Napoleons Herrschaft hatten die Notabeln lediglich die Rolle willenloser Figuranten in den repräsentativen Gremien gespielt, die zum Dekor des Regimes gehörten. Erweckte man sie aber aus ihrer Ohnmacht, so der Plan Talleyrands, hatte man mit ihnen den Hebel zur Hand, um Napoleon in Übereinstimmung mit der Verfassung des Kaiserreichs zu stürzen.

Der Gedanke musste Alexander sehr einleuchten, weil ausgerechnet er auf dem Kongress von Châtillon im Februar 1814 gegenüber dem britischen Repräsentanten Castlereagh die Ansicht vertreten hatte, die künftige staatliche Ordnung Frankreichs müsse vom Willen der Nation abhängig gemacht werden.[13] Diese für einen autokratischen Herrscher höchst seltsame Achtung der Volkssouveränität muss Talleyrand zu Ohren gekommen sein, doch gab diese Haltung ihm kein Rätsel auf: Der Zar machte sich nur deshalb zum Anwalt des Selbstbestimmungsrechts, um den britischen Vorschlag, eine Restauration der von ihm verachteten Bourbonen in Frankreich zu vereiteln. Mit dieser Äußerung hatte sich Alexander die Schlinge geknüpft, mit der ihn Talleyrand jetzt fing, indem er ihn mit dem fragwürdigen Argument überzeugte, die Notabeln des Senats wie im *Corps législatif* würden sich von Napoleon ab- und den Bourbonen zuwenden. Für ein entsprechendes Votum, das unverzüglich erfolge, verbürgte sich Talleyrand gegenüber dem Zaren, der im Gegenzug seine Abneigung gegen die Bourbonen abzulegen versprach.[14]

Talleyrand verschaffte sich damit die Blankovollmacht des Zaren, den von ihm geplanten Putsch auszuführen. In seiner Eigenschaft als *Vice-Grand Electeur* des napoleonischen Empire war Talleyrand befugt, den Senat für den Nachmittag des 1. April zu einer Sitzung einzuberufen. In dieser Sitzung, an der nur rund die Hälfte der 140 Senatoren teilnahm, wurde eine aus fünf Mitgliedern bestehende und von Talleyrand geführte provisorische Regierung gebildet, die als erste Amtshandlung proklamierte, den Eid der Armee auf Napoleon zu lösen. In einer zweiten Sitzung am Abend des 2. April votierte der Senat für die Absetzung Napoleons, der «im Felde unbesiegt» durch einen Staatsstreich mit legalem Anstrich entmachtet wurde. Der Beschluss war die entscheidende Weichenstellung für die weitere Entwicklung. Kaum wurde das Senatsvotum in Fontainebleau, wo Napoleon sein Hauptquartier aufgeschlagen hatte, bekannt, begannen die

Loyalitäten zu erodieren. Diesen Verfallsprozess suchte Napoleon mit einem Kriegsrat, zu dem er am 4. April sechs seiner Marschälle um sich versammelte, mit beschwörenden Worten aufzuhalten. Sein verzweifelter Versuch scheiterte jedoch, wie er erkennen musste und Caulaincourt, der an den Beratungen teilgenommen hatte, eingestand.[15]

Um den Zusammenhalt der Armee zu gewährleisten, dem drohenden Verrat der Generäle vorzubeugen, setzte Napoleon auf eine Schlacht. Das entsprach seinem Charakter: Noch ein letztes Mal wollte er alles wagen. Das hinderte ihn nicht, sein bisheriges Doppelspiel fortzusetzen und zu versuchen, mit den Alliierten weiter zu verhandeln. «Was mich anbetrifft», sagte er Caulaincourt, «habe ich meinen Entschluss gefasst. Während Sie verhandeln, werden wir eine Schlacht schlagen, und diese wird die ganze Frage entscheiden.» Die Garde, ließ er Caulaincourt wissen, sei bereits nach Essonnes, einem Ort vor Paris, in Marsch gesetzt. Dort stehe Marschall Marmont, auf den er sich verlassen könne, und der ihm für seine Pläne besonders wichtig sei. Was die Verhandlungen anbelange, komme alles darauf an, Zeit zu gewinnen, damit er seine Operationen unbehelligt ausführen könne. Die vom Senat verkündete Entthronung sei im Übrigen ohne Bedeutung, wenn die geplante Schlacht den Feind zwinge, auch nur um fünfzig Meilen zurückzuweichen. Durch einen solchen Erfolg ließen sich die Franzosen ebenso leicht beeindrucken wie durch einen Misserfolg. Allein deshalb müsse Caulaincourt schleunigst nach Paris zurückkehren, ehe man dort von den Operationen der Garde erfahre. Im Übrigen liege ihm der Gedanke nicht fern, zugunsten seines Sohnes auf den Thron zu verzichten. Caulaincourt stehe es frei, diese Bereitschaft anzudeuten, sollte dies für seine Verhandlungen von Nutzen sein. Allerdings hege er Zweifel, dass eine «österreichische Regentschaft» die Zustimmung des Zaren fände.[16]

Das war eine verzweifelte List, mit der Napoleon darauf spekulierte, Zar Alexander würde es nicht wagen, diese Frage namens der Alliierten allein zu entscheiden, die das künftige Schicksal der «Lieblingstochter» von Kaiser Franz, der sich noch immer fern von Paris in Dijon aufhielt, unmittelbar berührte. Die Überlegung war nicht unplausibel, allein sämtliche Voraussetzungen für Napoleons Doppelspiel lösten sich jetzt in nichts auf: Seit dem 2. April stand Marmont in konspirativen Verhandlungen mit den Alliierten, und als Caulaincourt am Nachmittag des 4. April von Fontainebleau zu einer neuen Mission nach Paris aufbrach, ging der Marschall mit dem von ihm kommandierten Armeecorps von 12 000 Mann zum Gegner über. Die Desertion Marmonts war ein Fanal, das alle Kalkulationen Napoleons zunichtemachte, denn sie gab ein Beispiel, dem andere folgten. Napoleon verfügte damit über keine Machtmittel mehr von Gewicht. In den Gesprächen mit Caulaincourt zog der Zar daraus die Konsequenzen: Napoleons Angebot, zugunsten einer Regentschaft seines Sohnes abzudanken, sei ohne jede Bedeutung. Als einzige Lösung sehe er jetzt nur noch den bedingungslosen Thronverzicht Napoleons und dessen sofortigen Gang ins Exil sowie die Restauration der Bourbonen, um Frankreich eine neue staatliche Ordnung zu geben.[17]

Das Spiel war also endgültig aus. Als Napoleon am frühen Morgen des 5. April vom Verrat Marmonts erfuhr, diktierte er eine Proklamation an die Armee, deren letzte Sätze seine Resignation anzudeuten schienen: «Das Wohlergehen Frankreichs ist mit dem Schicksal des Kaisers verknüpft. Heute, da sich das Glück gegen ihn gewendet hat, kann nur noch der Wille der Nation ihn dazu veranlassen, auf dem Thron zu verharren. Sollte er zu der Einsicht gelangen, dass er das einzige Hindernis für den Frieden darstellt, wird er freiwillig dieses letzte Opfer für Frankreich bringen.»[18] Die Einsicht brauchte noch eine gute Weile, um zum Entschluss zu reifen, denn zunächst zeigte Napoleon noch Anzeichen, den Kampf fortzusetzen. So gab er Anweisung, die ihm noch verbliebenen Truppenteile in Richtung der Loire zu verlegen.[19] Den Zwiespalt Napoleons zeigt der Monolog, den er Caulaincourt vortrug, der am Morgen des 6. April gegen 2 Uhr in der Frühe wieder in Fontainebleau eingetroffen war. Die Forderung der Alliierten nach seiner sofortigen und bedingungslosen Abdankung interessierte ihn, wie Caulaincourt betont, entschieden weniger als die in der Armee vorherrschende Stimmung, über die er sich noch immer Illusionen machte, auch wenn er sich eingestand, dass der Fall von Paris und die Desertion des Corps Marmont die Moral seiner ihm noch loyalen Truppen beeinflussten. Weiterer Widerstand beschwöre überdies die Gefahr herauf, Frankreich im Bürgerkrieg versinken zu lassen. Das müsse um jeden Preis verhindert werden. Also werde er tun, was die Alliierten von ihm verlangten, und abdanken. Das solle Caulaincourt aber für sich behalten, denn zuvor wolle er sich noch mit Berthier, Ney und Oudinot beraten.[20]

Die Agonie des Abschieds von der Macht dauerte fort, doch das Beispiel Marmonts entfaltete seine Wirkung: Die Marschälle und Generäle, mit denen sich Napoleon wie angekündigt austauschte, wollten ihm den Gehorsam aufkündigen, falls er sich für eine Fortsetzung des Kampfes entscheiden würde. Diese Auskunft gab Ney, mit dem sich Napoleon in den frühen Morgenstunden des 6. April beriet; auch Berthier und Oudinot ließen sich in diesem Sinne vernehmen.[21] Damit waren die letzten Illusionen verflogen, an die sich Napoleon noch immer klammerte. Der Thron, so ließ er Caulaincourt jetzt wissen, sei für ihn nichts mehr als «ein Stück Holz», an dem er sich nicht festhalten wolle.[22] Das war Napoleons prinzipielle Einwilligung in die Abdankung, die er mit Bedingungen verknüpfte, die ihm einen ehrenvollen Abschied garantierten. Außerdem sollte sein Thronverzicht erst nach Unterzeichnung eines Vertrags wirksam werden, der sein künftiges Los und das seiner Familie verbindlich regelte. Die Modalitäten dieses Vertrags, zu denen sich die Alliierten und die provisorische Regierung Frankreichs verpflichten müssten, sollte Caulaincourt, assistiert von den Marschällen Ney und Macdonald, mit Zar Alexander aushandeln.

Die wichtigste Frage, die mit dem Vertrag beantwortet werden musste, betraf das weitere Schicksal Napoleons. Damit hatten sich die Alliierten bislang noch gar nicht befasst. Von vornherein stand außer Frage, dass Napoleon weder in Frankreich noch Italien seinen künftigen Aufenthalt nehmen könnte. Darauf hatte der Zar im Gespräch mit Caulaincourt am Nachmittag des 2. April bereits insistiert. Zugleich gab er ihm die Versicherung, er werde alles in seinen Kräften Stehende tun, um dafür zu sorgen, dass Napoleon ein «établissement convenable et indépendent» erhielte. Dafür verbürge er sich mit seinem Wort.[25] Im weiteren Verlauf der Unterredung kam Caulaincourt auf dieses Versprechen zurück und ersuchte den Zaren, sich darüber genauer auszusprechen. Alexander verstieg sich daraufhin sogar zu dem Gedanken, Napoleon in Russland Asyl zu gewähren, und versprach, ihn wie einen «Souverän» zu respektieren. Allenfalls käme noch Österreich infrage. Vorrangig sei jedoch, dass er keinerlei Einfluss auf das Geschehen mehr ausüben könne. Deshalb gehe er davon aus, dass England mit jedem Vorschlag einverstanden wäre, vorausgesetzt, der Ort seines Exils sei möglichst weit von Europa entfernt. Einer Unterbringung Napoleons irgendwo in den Kolonien widersprach Caulaincourt entschieden mit dem Hinweis auf das dort herrschende Klima. Mit Rücksicht darauf erscheine ihm allein Italien vorstellbar. Dagegen wandte der Zar ein, dass Napoleon dort unweigerlich in Versuchung geriete, sich erneut einzumischen und Europa in Unruhe zu stürzen.

Da diese Erörterung noch jeglicher konkreter Voraussetzung entbehrte, habe er sich, schreibt Caulaincourt, mit dem Hinweis darauf beschieden, dass es nur billig sei, ein so großes Opfer, wie es ein möglicher Thronverzicht für Napoleon darstelle, wenigstens mit einem kleinen Entgegenkommen zu vergelten, wenn man sich seine Zustimmung dazu wirklich wünsche, zumal seine Gesundheit wie auch die Strapazen der letzten Jahre ihm ein angenehmes Klima zur unabdingbaren Voraussetzung machten. Im Zuge dieser unverbindlichen Plauderei sei es ihm gelungen, Alexander den Vorschlag der Insel Elba zu entlocken. «Diesen Einfall, den ich in den Rang eines verbindlichen Vorschlags, einer heiligen Verpflichtung erhob, gereichte schon wenig später dem Kaiser [i. e. Napoleon] zum Heil, als der Verrat, die Desertionen und die weiteren Ereignisse, die davon die Folge waren, ihn der Gnade seiner Feinde auslieferten und es ihnen gestattet hätten, seinen Aufenthalt auf einem Felsen inmitten der europäischen Meere infrage zu stellen. Er, der den wichtigsten Thron der Ruhe geopfert hatte, die sich Frankreich vermeintlich ersehnte.»[24]

Das Geschick des diplomatisch versierten Plauderers Caulaincourt war das eine; das andere die Bewunderung Zar Alexanders für Napoleon, in die er seine eigene ausgeprägte Eitelkeit hineinspielte. Das trug maßgeblich dazu bei, dass er an dem wahrhaft törichten Einfall, Napoleon die souveräne Herrschaft über die zwischen Korsika und der italienischen Küste gelegene Insel Elba zuzubilligen, gegen alle wohlbegründeten Einreden der Alliierten festhielt. Aber ungeachtet des großen Wohlwollens des Zaren, das Caulaincourt unter allen Umständen für die Vertragsverhandlungen nutzen wollte, zögerte Napoleon die Ausfertigung der Abdankungserklärung, die dafür die Voraussetzung war, mit ständig neuen Einwänden und Änderungswünschen hinaus. Schließlich, nachdem alle letzten Worte von ihm mehrfach geäußert, alle an seinem Untergang vermeintlich Hauptschuldigen wieder und wieder benannt, alle, die ihm bis zuletzt die Treue gehalten hatten, mit anerkennenden Worten bedacht und die unglücklichen Umstände, denen Frankreich unweigerlich entgegenginge, erneut aufgezählt worden waren, händigte Napoleon die nachträglich auf den 11. April 1814 datierte Abdankungsurkunde aus: «Im Lichte dessen, dass die Alliierten verkündet hatten, Kaiser Napoleon stelle das einzige Hindernis für die Wiederherstellung des Friedens in Europa dar, erklärt der Kaiser Napoleon, getreu seinem Schwur, für sich und seine Erben den Verzicht auf die Throne Frankreichs und Italiens. Gleichzeitig tut er kund, dass er zu jedem persönlichen Opfer, gelte es auch das eigene Leben, bereit ist, wenn dieses dem Interesse Frankreichs von Nutzen sei.»[25]

Mit diesem Dokument traf Caulaincourt, begleitet von den Marschällen Ney und Macdonald, in der Nacht vom 6. auf den 7. April in Paris ein, wo sie sofort von Zar Alexander empfangen wurden, der sich eine Kopie der Abdankungserklärung erbat und sich ohne Widerspruch auch Napoleons Vorstellungen hinsichtlich des geplanten Vertrags skizzieren ließ.[26] Diese fasste Caulaincourt danach in einem 21 Artikel umfassenden Vertragsentwurf zusammen, den er am Nachmittag des 7. April dem Zaren aushändigte. Der versicherte bei dieser Gelegenheit, an einem schnellen Abschluss interessiert zu sein, dafür aber noch das Eintreffen der bevollmächtigten Minister Österreichs und Großbritanniens, Metternich und Castlereagh, abwarten müsse.[27] Dieser Aufschub war angesichts des nur zu bekannten Wankelmuts Napoleons sehr misslich, zumal man in Paris den Eindruck gewann, in Fontainebleau gehe es drunter und drüber: Während die schwankende Haltung der Marschälle und Generäle immer deutlicher hervortrat, die von der begreiflichen Versuchung geplagt wurden, für sich zu retten, was zu retten war, bekundeten diejenigen, die nichts zu verlieren hatten, die Soldaten und unteren Offiziersränge, lautstark ihre unverbrüchliche Loyalität zu Napoleon.

Als das Gerücht aufkam, Napoleon sei aus Fontainebleau verschwunden, löste das beim Zaren einen heftigen Ausfall gegen Caulaincourt aus, dem er Verrat und Täuschung vorwarf und mit dem Abbruch der Verhandlungen drohte, denn seine Mission habe allein dem Zweck gedient, diese Flucht zu decken.[28] Auch wenn sich dieses Gerücht bald als falsch erwies, sorgten Napoleons fortwährende Zweifel an der Richtigkeit seiner Abdankung für neue Spannungen und Verwirrungen.

Der von allen gewünschte zügige Abschluss der Verhandlungen – Zar Alexander hatte den Forderungen Napoleons prinzipiell auch namens der Alliierten zugestimmt – wurde auch vereitelt, weil der englische und der österreichische Bevollmächtigte noch immer nicht in Paris eingetroffen waren.[29] Das verkomplizierte den weiteren reibungslosen Ablauf, denn je mehr Marschälle, Generäle, Divisionen und Regimenter zu den Alliierten überliefen, desto mehr musste sich Caulaincourts Verhandlungsposition verschlechtern.[30] Kaum aber waren die Bevollmächtigten Österreichs und Englands, Metternich und Castlereagh, am 10. April in Paris angelangt, erhielt Caulaincourt von Napoleon den Befehl, ihm die Abdankungsurkunde zurückzuerstatten: Napoleon wollte mit einem Mal von seiner Abdankung nichts mehr wissen! Den dramatischen Sinneswandel hatten Loyalitätsbekundungen von Soldaten sowie die Aussicht bewirkt, das Kommando über die Italienarmee und das Corps Augereau, das im Raum Lyon stand, zu übernehmen. Dieses Ansinnen lehnte Caulaincourt mit würdiger Entschiedenheit ab.[31]

Am Abend des 10. April versammelten sich die Bevollmächtigten der Alliierten in Talleyrands Palais in Paris, um den im Wesentlichen zwischen Caulaincourt und Zar Alexander ausgehandelten Vertrag über das künftige Schicksal Napoleons und seiner Familie in einer stürmisch verlaufenden Sitzung abschließend zu beraten.[32] Das Protokoll dieses «Traité de Fontainebleau» genannten Vertragswerks wurde einen Tag später paraphiert. Im Namen Napoleons wurde das 21 Artikel umfassende Dokument von Caulaincourt sowie den Marschällen Ney und Macdonald, für Österreich von Metternich, für Russland von Außenminister Nesselrode und für Preußen von Hardenberg unterschrieben; der britische Bevollmächtigte Castlereagh

*Napoleon 1814 in Fontainebleau*

verweigerte seine Unterschrift mit der Begründung, dass der Vertrag für seine Regierung nicht von Belang sei, stellte aber einen «act of accession», also eine Protokollnotiz, in Aussicht, d. h. man werde den Vertrag zur Kenntnis nehmen, verweigere aber jegliche Mitverantwortung für seinen Inhalt.[55]

Die wichtigsten Bestimmungen des Vertrags waren der Verzicht auf die Throne von Frankreich und Italien, den Napoleon für sich und all seine Verwandten und Nachfahren erklärte (Artikel 1). Dessen ungeachtet behielten er und seine Frau den Titel eines Kaisers resp. einer Kaiserin, während die Brüder und Schwestern, Nichten und Neffen als «princes de sa famille» anerkannt sein sollten (Artikel 2). Napoleon erhielt auf Lebenszeit die Insel Elba als souveränes Besitztum sowie jährlich 2 Millionen an Renteneinkünften «sur le grand livre de France» zugesprochen; davon sollte eine Million seiner Frau zufallen (Artikel 3), die ihrerseits die Herzogtümer von Parma, Placentia und Guastalla als souveränen Besitz erhielt, der nach ihrem Ableben ihrem Sohn und dessen Nachkommen übertragen werden sollte (Artikel 4). Auch für die fünf Brüder und Schwestern Napoleons sowie für *Madame Mère* und die Schwägerin, Königin Hortense, wurde eine jährliche Leibrente von 2,5 Millionen Francs vereinbart,[34] die ebenfalls von der französischen Regierung aufgebracht werden musste (Artikel 6), während der Exkaiserin Joséphine eine Jahrespension von 1 Million Francs ausgesetzt wurde (Artikel 7), die auch aus dem französischen Staatshaushalt bestritten werden sollte.[35]

Dieses Vertragswerk war ein Dokument, aus dem die Unaufrichtigkeit all seiner Kontrahenten sprach. Napoleon stimmte ihm nur zu, als er sich nach einem quälenden Prozess zur Abdankung entschlossen hatte. Für die Alliierten hingegen war die Vereinbarung das für ihre augenblicklichen Interessen opportune Mittel, Napoleon so rasch und problemlos wie möglich loszuwerden, um so die Gefahr zu bannen, die seine weitere Anwesenheit in Frankreich für eine zügige Konsolidierung der bourbonischen Restauration darstellen musste. Diese, so hofften sie, würde ihnen die Gewähr bieten, sich auf die anderen, ihnen weit wichtigeren Probleme konzentrieren zu können, die sich mit der fälligen politischen Neuordnung Europas stellten, bei der jeder Vorteile für sich herauszuschlagen suchte. Einzig Großbritannien war nicht von dieser machtegoistischen Kurzsichtigkeit geschlagen. Das zeigt die Entscheidung, den Vertrag nicht zu ratifizieren, sondern ihn lediglich widerspruchslos zur Kenntnis zu nehmen, die Castlereagh mit dem Prinzip begründete, dass Großbritannien grundsätzlich nur die Gewähr für eigene Verpflichtungen übernähme, nicht aber für die, die andere eingegangen seien.[36] Das war die diplomatisch verklausulierte Formulierung dafür, dass die britische Regierung vor allem Anstoß an der Entscheidung des Zaren nahm, Napoleon die Insel Elba als Wohnsitz anzuweisen. Dafür wollte man weder die Mitverantwortung übernehmen noch andererseits durch Einwände dagegen die Vertragsverhandlungen scheitern lassen. Außerdem konnte auch Castlereagh keine Alternative vorschlagen, die Napoleon akzeptierte.[37]

*Caulaincourt*

Der britische Bevollmächtigte Castlereagh trug nicht als Einziger wegen der Zuweisung von Elba an Napoleon Bedenken; diese wurden auch von Metternich geteilt, der am 11. April dem Zaren gegenüber bemerkte, er werde seinen Namen unter einen Vertrag setzen, «der in weniger als zwei Jahren uns auf das Schlachtfeld zurückführen wird».[38] Das war prophetisch, auch wenn er sich um ein Jahr irrte. Einwände gegen Elba machte auch Kaiser Franz I. geltend, der sich noch in Troyes aufhielt und Metternich am 12. April 1814 wissen ließ: «Die Hauptsache ist, den Napoleon aus Frankreich, und wollte Gott, weit weg zu bringen, daher haben Sie recht gehabt, den Abschluss des Tractats nicht bis auf meine Ankunft zu verschieben, denn nur dadurch kann dem Krieg ein Ende gemacht werden. Die Insel Elba ist mir nicht recht, denn sie ist für Toscana ein Schaden, man disponiert mit Gegenständen für Andere, die meiner Familie taugen, was man in Hinkunft nicht angehen lassen kann, und Napoleon bleibt zu nahe an Frankreich und Europa. Übrigens muss getrachtet werden zu erhalten, dass Elba, wenn die Sache nicht verhindert werden kann, nach Napoleons Tod zu Toscana komme.»[39]

Der gewichtigste Einwand von Kaiser Franz I. gegen die Zuweisung von Elba an Napoleon ist aufschlussreich für das künftige Geschehen auf dem Wiener Kongress, der sich im Herbst versammelte, um die politische Neugestaltung des nach-napoleonischen Europa zu vereinbaren: Elba, das seit 1736 zum Königreich beider Sizilien gehörte, war erst im April 1797 in den Besitz von Großherzog Ferdinand von Toskana aus dem Hause Habsburg gekommen und wurde im Mai 1801 von Frankreich annektiert.[40] Die Besitzansprüche, die Kaiser Franz I. deshalb für sein Haus geltend machte, bezogen sich also auf diese gerade vier Jahre währende und in der kurzen Zeitspanne keineswegs unangefochtene Zugehörigkeit der Insel Elba zum Großherzogtum Toskana, die von Anfang 1799 bis zum Juli dieses Jahres zum ersten Mal von den Franzosen besetzt worden war!

Schon während der Verhandlungen über den Vertrag wurde an der Absicht des Zaren Kritik geübt, Napoleon als Preis für seine Abdankung die Herrschaft über Elba zu geben. Das zeigt dessen Bemerkung gegenüber Caulaincourt zu Beginn der dritten Konferenz in der Nacht vom 6. auf den 7. April, als Alexander verschiedene Einwände der Alliierten gegen den vorgelegten Vertragsentwurf referierte. «Es sei selbst die nur zu vernünftige Ansicht geäußert worden, dass die Insel Elba viel zu nahe gelegen sei; die allzu große Nähe dieses Aufenthaltsorts [i. e. Napoleons] zu Italien und Frankreich sei bereits der Gegenstand vielfältiger einsichtiger Kritik gewesen. Allein, so fügte er dem hinzu, die Umstände hätten ihn dazu veranlasst, deswegen mir gegenüber eine Art von Verpflichtung einzugehen, die er allein deshalb schon respektieren werde, weil er ein gegebenes Wort unbedingt halte und sich in diesem Entschluss auch durch nichts beirren ließe, schon gar nicht gegenüber einem Fürsten, der vom Glück verlassen ist und der keine andere Garantie mehr hat als das Wort des Zaren.»[41]

Davon wich der Zar nie ab, auch als auf dem Wiener Kongress verschiedentlich der Gedanke aufgeworfen wurde, Napoleon auf eine Azoreninsel, nach Santa Lucia in der Karibik oder nach Sankt Helena im Südatlantik zu deportieren, um so die Gefahr zu bannen, die seine Italien und Frankreich so nahe Existenz auf Elba aufwarf. Dafür setzte sich vor allem Talleyrand ein,[42] dem Napoleons korsischer Erzfeind Pozzo di Borgo sekundierte, der in den Diensten des Zaren stand und sich gemeinsam mit Wellington dafür starkmachte, Napoleon nach Sankt Helena zu schaffen.[43] All diese Vorstöße scheiterten regelmäßig an der Weigerung Alexanders.[44] Mit dieser Hartnäckigkeit des Zaren hatte wohl keiner der anderen Vertragspartner gerechnet, die wie die Briten, die diese Absicht zumindest diplomatisch unmissverständlich dokumentierten, davon ausgingen, das Problem zu einem späteren Zeitpunkt befriedigend lösen zu können. Das sollte sich als folgenreicher Irrtum erweisen.

Die tiefe Unaufrichtigkeit, die den zwischen Napoleon und den Alliierten geschlossenen Vertrag kennzeichnete, zeigt noch ein weiterer Aspekt, der bei der Ratifikation zutage trat, die als Erster Napoleon am 14. April leistete. Es folgten die Unterschriften des Zaren am 15. sowie die von Kaiser Franz I. und des preußischen Königs Friedrich Wilhelm III. am 16. April. Außer von der britischen Regierung, die sich der Ratifikation verweigerte, fehlt auch die Unterschrift der provisorischen französischen Regierung. Das verwundert sehr, weil der Vertrag dieser finanzielle Verpflichtungen von jährlich 5, 5 Millionen Francs aufbürdete! Doch die von Talleyrand geführte Regierung war kein an den Verhandlungen beteiligter Partner, sondern wurde über deren Ergebnis erst nach dessen Paraphierung offiziell unterrichtet. Das geschah bei einer eigens anberaumten Sitzung am 11. April kurz vor Mitternacht, an der außer den Bevollmächtigten der Vertragsparteien auch die Mitglieder der provisorischen Regierung teilnahmen, die sich in einer gewundenen Erklärung dem Unvermeidlichen unterwarfen und den Vertrag akzeptierten.[45] Erst im Austausch mit dieser Erklärung wurde die Abdankungsurkunde Napoleons, die deshalb auf den 11. April datiert ist, von Caulaincourt ausgehändigt.[46]

Das war noch nicht der letzte Akt in der windungsreichen Abwicklung von Napoleons Herrschaft. Kaum hatte Louis XVIII am 3. Mai 1814 den Thron bestiegen und Talleyrand zum Außenminister der neuen Regierung ernannt, sah sich der zu Recht misstrauische Caulaincourt genötigt, auf einer förmlichen Bestätigung jener von der provisorischen Regierung abgegebenen Erklärung zu bestehen. Die Rechtfertigung für dieses Verlangen waren die Verhandlungen mit den Alliierten über den Abschluss eines Friedensvertrags, der bereits am 30. Mai unterzeichnet wurde. Damit verknüpfte der loyale Bevollmächtigte Napoleons den Verdacht, die königliche Regierung werde diesen Friedensvertrag als einen willkommenen Vorwand nehmen, um sich den von ihrer Vorgängerregierung eingegangenen finanziellen Verpflichtungen gegenüber Napoleon zu entziehen. Wie berechtigt Caulaincourts Misstrauen war, zeigte sich, als er sich erneut an den Zaren wenden und diesen bitten musste, seine Forderung mit allem Nachdruck bei Louis XVIII durchzusetzen.[47] Erst die energische Demarche Alexanders nötigte Talleyrand, namens der königlichen Regierung am 30. Mai in einer weiteren Erklärung die Anerkennung der Vertragsbestimmungen zu bekräftigen.[48] Dessen ungeachtet zeigte sich aber sehr schnell, dass Louis XVIII nicht gewillt war, den feierlich bekräftigten Verpflichtungen zu entsprechen: Von den vertraglich vereinbarten 5,5 Millionen Francs, die Frankreich für den Unterhalt des Exkaisers und seiner Familienangehörigen jährlich aufwenden sollte, wurde nie auch nur ein Sou bezahlt.[49]

Nach dem letzten verzweifelten Aufbegehren gegen seine Abdankung am 10. April versank Napoleon in tiefe Depression. Seine Gespräche mit den Vertrauten kreisten nur noch um Tod, um Freitod, zu dem sich einst die großen Männer der Antike entschlossen, wenn sie sich in auswegloser Situation befanden.[50] Caulaincourt, der am 12. April nach seiner Mission in Paris nach Fontainebleau zurückgekehrt war, diente ihm einmal mehr als Zuhörer für Monologe, um die Fehler seiner Gegner anzukreiden, den Abfall jener zu geißeln, die er einst mit Großzügigkeiten überhäuft hatte, das sichere Scheitern der Bourbonen zu prognostizieren oder den wenigen, die ihm noch die Treue hielten, das Loblied zu singen.[51] Diese Monologe, bei denen Caulaincourt einen neuen, ungewohnt warmen Ton gewahrte, waren als Napoleons Schwanengesang angelegt, denn er hatte sich entschlossen, jenes Gift zu nehmen, das er seit dem Russlandfeldzug, in einem kleinen Beutel verschlossen, um den Hals trug. Das Gift scheint aber seine Wirkung verloren zu haben, denn als er es in der Nacht vom 13. auf den 14. April einnahm, verursachte es ihm nur große

Schmerzen. Als sein Arzt sich weigerte, ihm eine neue, höhere Dosis des Gifts zu geben, und sich durch Flucht diesem Ansinnen entzog, kehrte er ins Leben zurück.[52] Am Morgen, kaum war Napoleon etwas zu Kräften gekommen, weigerte er sich, das ausgehandelte Abdankungsabkommen mit seiner Unterschrift zu ratifizieren. Wieder musste Caulaincourt seine Überredungskunst aufbieten, bis Napoleon endlich die Feder nahm und das Dokument unterzeichnete.

Nach diesen dramatischen Momenten vergingen weitere sechs Tage, ehe am Mittag des 20. April alle Vorbereitungen zur Abreise Napoleons getroffen waren. Außer einer Handvoll Getreuer, die das Leben auf Elba mit ihm teilen wollten, waren auch Vertreter der vier Siegermächte zur Stelle, um dem gestürzten Kaiser sicheres, verbürgtes Geleit bis an die Mittelmeerküste zu geben. Caulaincourt hatte auf deren Begleitung gegenüber dem Zaren beharrt, da er vorhersah, Napoleon könne in Südfrankreich, wo Royalisten eine sehr feindliche Stimmung gegen ihn schürten, in Gefahr für Leib und Leben geraten.[53] Deshalb war der über zehn Wagen umfassende Konvoi auch von einer Abteilung der Gardekavallerie begleitet, die an jeder zweiten Poststation auf dem Weg an die Mittelmeerküste ausgewechselt wurde.[54] Diese Bedenken waren keineswegs übertrieben, denn auf der Strecke von Orange nach Süden wurde der Konvoi in verschiedenen Orten von wütenden Demonstranten aufgehalten, die nachdrücklich ihre Absicht bekundeten, mit dem Exkaiser kurzen Prozess machen zu wollen.[55] Diese Erlebnisse veranlassten den britischen Kommissar Neil Campbell, der als Einziger der vier alliierten Offiziere auf Elba stationiert sein sollte, die ursprünglich in Saint-Tropez geplante Einschiffung Napoleons nach Fréjus zu verlegen, weil sie dort gefahrloser zu bewerkstelligen sei. Das war eine hübsche Ironie, denn Fréjus war ebenjener Mittelmeerhafen, in dem etwas weniger als 15 Jahre zuvor General Bonaparte, aus Ägypten kommend, zu seinem Rendezvous mit caesarischem Ruhm gelandet war.

Jene knapp zehn Monate, die Napoleon im Zwangsurlaub von der Macht auf Elba zubringen sollte, waren ein entscheidender Wendepunkt in dem Drama, dessen fulminanter Schluss in dieser Frist vorbereitet wurde. Ein solcher Ausgang war unschwer vorherzusehen, denn die lediglich 222 Quadratkilometer große Insel mit ihren knapp

14 000 Einwohnern vermochte einem Mann wie dem erst 45-jährigen Napoleon nichts zu bieten, das seinen brennenden Ehrgeiz hätte fesseln können. Einen solchen Ort zum Exil zu bestimmen war ein krasser Fehler: In Sichtweite der italienischen Küste, gerade einmal fünfzig Kilometer vom heimatlichen Korsika entfernt und damit auch in bequem erreichbarer Nähe zu Frankreich würde selbst ein weit weniger machtbesessener und tollkühner Krieger und Staatsmann als Napoleon in Versuchung geraten, den Bewachern ein Schnippchen zu schlagen und sich durch Flucht zu entziehen.[56]

Der mit den Siegermächten geschlossene Abdankungsvertrag sicherte Napoleon die souveräne Herrschaft über dieses Miniaturkaiserreich, das ihm aber nur insoweit Sicherheit verschaffte, als man sich hier vor ihm sicher wähnte. Um sich dessen wiederum ganz sicher zu sein, unterhielten Frankreich und Österreich ein Heer von Spitzeln, während sich England, nobel oder geizig, begnügte, mit Sir Neil Campbell einen eigenen Kommissar auf der Insel zu postieren, der seinem Wächteramt als *gentleman* nachkam und mit Napoleon ausweislich seiner Erinnerungen geradezu freundschaftlichen Verkehr pflegte.

Zunächst tat Napoleon, was er nicht lassen konnte: Weder frönte er der Muße, noch begann er damit, wie er Joséphine in einem Brief vom 16. April angekündigt hatte, Lebenserinnerungen zu diktieren. «Ich will an meinem Ruhesitz das Schwert mit der Feder vertauschen. Die Geschichte meiner Herrschaft wird sehr interessant werden. Man hat mich bislang immer nur im Profil gesehen, jetzt werde ich mich ganz darstellen.»[57] Stattdessen war er tagelang auf den Beinen, inspizierte sein Zaunkönigtum, um eine Fülle von Arbeiten zur Verbesserung der Verkehrswege, der Hafenanlagen, die Wiederinbetriebnahme aufgelassener Marmorbrüche und sonstiger Einrichtungen anzuordnen. Als Ende Mai 1814 auch der *Bataillon sacré* der Garde in Elba eintraf, den man ihm als Streitmacht zu seinem Schutz zugestanden hatte, konnte er sich auch wieder damit amüsieren, Paraden abzunehmen.[58] Aber weder dieser Zeitvertreib oder die Kreation eines Miniaturhofstaats, mit dem er seine Mutter und Schwester Pauline beschäftigte, die im Laufe des Sommers auftauchten, noch die Unterhaltungen mit Sir Neil Campbell, den Mitgliedern seiner Regierung oder mit Pons de l'Herault, dem Verwalter der Erzgruben von Elba, einem enragierten Jakobiner und Republikaner, der sich zum glühenden Bewunderer Napoleons wandelte, wovon dessen Erinnerungen Zeugnis geben,[59] konnten die Langeweile Napoleons bannen. Auch die zahlreichen Besucher, darunter viele englische Touristen, die von Italien herüberkamen und denen Napoleon bereitwillig Auskunft gab, sorgten höchstens für kurzfristige Ablenkung.[60] Franzosen hingegen, die ihn aufsuchten, um eine Nachricht zu überbringen, wurden meist in den Nachtstunden empfangen und blieben, mit einer Ausnahme, stets nur für Stunden auf der Insel.[61] Die Ausnahme war Admiral Boinod, ein alter Bekannter, «le plus vieil ami» des Kaisers, der im September 1814 auf die Insel kam. Boinod blieb und wurde zum Chefinspektor der Paraden ernannt. Napoleon kannte ihn seit der Belagerung von Toulon 1793, aber der Mann bereicherte seine Gesellschaft nicht, weil er fast völlig ertaubt war, sodass man sich ihm nur brüllend verständlich machen konnte. Damit wiederum eignete er sich sehr für seine neue Funktion; Napoleon hatte den Sinn für Humor nicht eingebüßt.

Nur zu verständlich, dass nach den ersten Wochen rastloser Tätigkeit, mit der sich Napoleon seinen neuen Wirkungskreis vertraut machte, ihm aufgehen musste, wie lächerlich beschränkt seine Gestaltungsmöglichkeiten waren. Der vormalige Herrscher über Europa und über unermessliche Parkanlagen sah sich in einen felsigen Gemüsegarten verwiesen, dessen bescheidene Erträge sich nur mit großen Mühen und immensen Kosten geringfügig steigern lassen würden. Chateaubriand, wahrlich kein Freund oder Bewunderer Napoleons, hat diese Situation mit Empathie verstanden: «War die Insel Elba», fragte er sich, «ein befriedigender Zweck für Napoleon? Konnte er sich mit der Herrschaft über einen Turm bescheiden wie Tiberius auf Capri, mit einem Gemüsegarten wie Diokletian in Salone?»[62] Wie jede rhetorische Frage beantwortet auch diese sich selbst: Elba war für Napoleon keine Herausforderung, sondern nur eine demütigende Zumutung. Diese Erkenntnis kam ihm unabweisbar schnell. Damit reduzierte sich die Bedeutung von Elba darauf, ein Wartesaal zu sein, ein Horchposten und Ausguck, von dem aus er mit grimmiger Genugtuung die sich verschlechternden politischen Zustände, die wachsende Unzufriedenheit mit der Bourbonenherrschaft in Frankreich ebenso beobachtete wie die größer werdenden Risse im Lager der Alliierten. Über all diese Entwicklungen ließ er sich ständig durch Vertraute und Spione unterrichten.[63]

So wusste er etwa davon, dass man in Wien mit dem Gedanken umging, ihn auf Elba auszuheben und nach Sankt Helena buchstäblich ans Ende der Welt zu deportieren. Das war eine Drohung, der wirksam zu begegnen er auf Elba keine Mittel zur Hand hatte. Blieb nur, ihr zuvorzukommen, den drohenden Anschlag präventiv zu parieren. Später, auf Sankt Helena, äußerte er sich gegenüber seinem Chronisten Las Cases mit Bestimmtheit in diesem Sinne, die Pläne der Sieger hätten seinen Entschluss, nach Frankreich zurückzukehren, beschleunigt. «Hätte man jedoch Frankreich gut regiert, wären die Franzosen zufrieden gewesen, hätte mir das jeden Einfluss genommen, gehörte ich nur noch der Geschichte an, und man wäre in Wien nicht auf den Einfall gekommen, mich zu entfernen. Es war diese Gärung, die in Frankreich einsetzte und gefördert wurde, die mich dazu nötigte, von meinem Aufbruch zu träumen.»[64] Durchaus plausibel, dass die Erkenntnis dieser Gefahr ihn dazu anstiftete, die Nachrichten aus Frankreich in eine Perspektive einzuordnen und zu gewichten, die eine wachsende Gewissheit verschafften, aus der grassierenden Unpopularität der Bourbonen ein immer größer werdendes Sehnen nach seiner Person und seinem Regime herauszulesen. Lockte da nicht eine Chance, die nur er erkennen, ergreifen und realisieren konnte? Je länger er sich in Gedankenspielen damit befasste, desto größer wurde seine Zuversicht, denn was konnte er verlieren? «Ich hatte die im *peuple* und in der Armee vorherrschende Stimmung genau eingeschätzt, und schließlich ging es mir so schlecht», gestand er einem anderen Getreuen auf Sankt Helena, «dass ich damit kein sonderliches Wagnis einging, außer dem, das eigene Leben aufs Spiel zu setzen».[65]

Napoleons Sicht auf die Lage in Frankreich war nicht völlig falsch: Die Restauration der Bourbonen, zu der sich die Alliierten mehr aus Verlegenheit entschlossen hatten, war von Anfang an eine fragwürdige Notlösung. Um dennoch das Beste daraus zu machen und diesem Regime, in das sie kein rechtes Vertrauen hatten, Akzeptanz zu verschaffen, untersagten sie eine Rückkehr zu vorrevolutionären Zuständen. Deshalb machten sie Louis XVIII eine Verfassung, die *Charte*, zur Auflage, mit der wesentliche Errungenschaften der Revolution garantiert wurden. Die *Charte*, deren Text unter den Augen der Alliierten, deren Souveräne darauf bestanden, bis zu ihrer Verkündung am 4. Juni in Paris zu bleiben,[66] binnen eines Monats ausgearbeitet wurde, zeichnete sich deshalb, auch im Vergleich mit den Verfassungen der Revolution, durch geradezu mustergültige Liberalität aus. Die Gleichheit aller vor dem Gesetz, hinsichtlich der Besteuerung und des Zugangs zu allen Ämtern wurde proklamiert. Ebenso enthielt sie die Garantie der Unverletzlichkeit des Eigentums, die alle Käufer von einstigem Kirchen- oder Emigrantenbesitz beruhigen musste. Zum Weiteren löste sie mit der Abschaffung der Wehrpflicht ein Versprechen Louis' XVIII ein. Die Freiheit aller religiösen Bekenntnisse wurde ebenfalls verkündet; allerdings wurde dem Katholizismus wieder der Rang einer Staatsreligion zugesprochen, eine Bestimmung, die den Erwartungen des Klerus entgegenkam, der neben dem alten Adel eine der wichtigsten Stützen der restaurierten Monarchie war. Besonders bemerkenswert war, dass umfassende Presse- und Meinungsfreiheit statuiert wurde. Schließlich wurden auch die Beibehaltung der von Napoleon gestifteten Ehrenlegion,[67] aller Titel und Ränge des Kaiserreichs und die Anerkennung der von Napoleon aufgehäuften Staatsschulden ausgesprochen.[68]

So vielversprechend sich diese Verfassungsnorm ausnahm, so enttäuschend wurde von immer mehr Zeitgenossen binnen weniger Wochen jedoch die Verfassungswirklichkeit erlebt. Die Hauptschuld dafür ist Louis XVIII anzulasten, der die *Charte* nur akzeptierte, um den Wünschen der Alliierten zu entsprechen. Keinesfalls war er ernsthaft gewillt, ein konstitutioneller Herrscher zu sein, wie sich dies eine Mehrheit der Franzosen erhoffte, die der Kriege Napoleons müde waren. Das wäre die realistische Chance für das Gelingen der bourbonischen Restauration gewesen, die einfach deshalb vertan wurde, weil Louis XVIII aufgrund seines Wesens unfähig war, sie zu erkennen und zu ergreifen. Der von Gicht geplagte schwergewichtige Monarch, dem ein Rollstuhl als Thron diente und den das fast zwanzigjährige Warten darauf, als König über Frankreich zu herrschen, ausgelaugt hatte, sah sich wegen der *Charte* mit der Zumutung konfrontiert, auch zu regieren. Dieser Herausforderung war er nicht gewachsen, weshalb er sich wie alle schwachen Naturen damit beschied, den Dingen einfach ihren Lauf zu lassen. Die Regierungsgeschäfte überantwortete er Ministern, deren divergierende Anschauungen ein trügerisches Spiegelbild der im Lande miteinander konkurrierenden politischen Vorlieben und Abneigungen waren, die sich nach einer gut anderthalb Jahrzehnte dauernden Entpolitisierung wieder zu regen begannen.

Das war schon fatal genug. Noch nachteiligere Folgen hatte diese Haltung Louis' XVIII jedoch, weil sie *Monsieur*, dem Comte d'Artois, einem bigotten Reaktionär und dessen Familie, ein unkontrollierbar großes Gewicht einfach deshalb verschaffte, weil angesichts der körperlichen Hinfälligkeit Louis' XVIII viele in dem jüngeren Bruder den Nachfolger auf dem Thron sahen. Minister und andere Schranzen der bourbonischen Restauration, die auf ihre Zukunft bedacht waren, zogen daraus ihre Schlüsse und passten dementsprechend ihr Agieren an. Das schien angeraten, denn auch die beiden Söhne des Comte d'Artois, der Duc d'Angoulême und der jüngere Duc de Berry, schlugen ganz dem Vater nach. Der Ältere war überdies mit seiner Cousine Marie-Thérèse-Charlotte, einer Tochter Louis' XVI und Marie-Antoinettes, verheiratet, die als Einzige ihrer Familie die Revolutionszeit überlebt hatte und deshalb alles, was mit dieser Epoche zusammenhing, zutiefst hasste und keine Gelegenheit ausließ, diesem Hass Ausdruck zu verleihen.

Als *Princes de sang* hatte diese Sippschaft Sitz und Stimme in den *Conseils*, bildete hier gewissermaßen eine Familienpartei, der sich die Emigranten und die ewiggestrigen Ultras anschlossen. Die verfolgten allen Ernstes das Ziel, die Uhren zurückzustellen, den *Ancien Régime* in seiner ganzen barocken Ungeschlachtheit wiederzuerrichten. Um dahin zu kommen, musste erst einmal gründlich aufgeräumt werden, galt es nicht nur die *Charte* zu beseitigen, sondern auch die ganze innere Organisation des Landes, die Revolution und *Empire* geschaffen hatten, abzuwickeln und durch die frühere, in Jahrhunderten monarchischer Herrschaft ausgebildete Ordnung zu ersetzen. Hand in Hand damit musste auch eine umfassende Säuberung stattfinden, es war notwendig, auf allen Ebenen das gesamte Personal durch verlässliche Gewährsleute zu ersetzen.[69]

Das waren die Träume dieser Ultras, die jenen, die davon Wind bekamen, Albträume bereiteten. Dieser Aufschluss war den meisten Zeitgenossen zwar verwehrt, aber denen genügte das Betragen des Vaters und der Söhne, um sich einen Reim zu machen. Gelegenheit dazu gab es im reichen Maß, denn Louis XVIII hatte den Einfall, den Comte d'Artois, den Duc d'Angoulême nebst Gattin und den Duc de Berry zu einem Werbefeldzug für die bourbonische Restauration in die Provinz zu senden. Das nahmen die zum Anlass, sich wie Elefanten im Porzellanladen aufzuführen und ihre retrograde Gesinnung mit ebenso großer Dummheit wie Brutalität unter Beweis zu stellen.[70] Ihr Betragen ließ sich keinesfalls als standesgemäße Ungezogenheit verharmlosen, weil es mit zahlreichen Anordnungen einzelner Minister übereinstimmte, die den nämlichen Ungeist verrieten und entweder im eklatanten Widerspruch zu einschlägigen Bestimmungen der *Charte* standen oder völlig konträr zum Zeitgeist waren.

Schon wenige Wochen nach dem Einzug Louis' XVIII in Paris am 3. Mai, dem nach übereinstimmendem Zeugnis vieler Beobachter der *peuple* mehrheitlich weder mit Begeisterung noch Ablehnung, sondern einfach schweigend beiwohnte,[71] war abzusehen, dass dem Regime der bourbonischen Restauration keine Fortune beschieden sein würde. Dafür sorgten zunächst zwei ministerielle Anordnungen, die den Lebensgewohnheiten der meisten diametral zuwiderliefen. Am 7. Juni 1814 wurde eine Regelung zur Ruhe an Sonn- und kirchlichen Feiertagen erlassen. Handel und Wandel waren verboten, Geschäfte und Werkstätten mussten geschlossen werden, während der Betrieb in Cafés, Schänken und Restaurants während der gottesdienstlichen Zeremonien untersagt wurde. Für Zuwiderhandlungen waren empfindliche Geldstrafen angedroht. Am 10. Juni gestattete eine weitere Ordonnanz Straßenprozessionen anlässlich kirchlicher Feiertage. Die waren nicht nur mit einem Verkehrsverbot garniert, sondern auch mit der Auflage, die Häuser, die den Prozessionsweg säumten, zu schmücken![72] Beide ministeriellen Anweisungen waren Verstöße gegen Bestimmungen der *Charte*, wie ein in Paris lebender Engländer, der Liberale John Cam Hobhouse, mit Empörung notierte.[73] Die beiden Verfügungen, die nur wenige Tage nach Oktroyierung der *Charte* erlassen wurden, machten den Anfang einer Reihe weiterer ministerieller Eigenmächtigkeiten, die Geist und Buchstaben der liberalen Verfassung eklatant widersprachen und die dazu beitrugen, die Ablehnung der Restauration in Teilen der Bevölkerung zu steigern.

Die für den Bestand des Regimes nachteiligste Wirkung, die Napoleons Absichten vorzüglich entsprach, entfaltete die instinktlose Art und Weise, mit der die Restauration die Armee behandelte. Dafür stand nicht nur das verächtliche Verhalten, das die Ultras nach dem Vorbild des Comte d'Artois gegenüber den Veteranen der Napoleonischen Kriege an den Tag legten, sondern vor allem auch weitere unüberlegte, überstürzte und in jedem Fall unkluge ministerielle Entscheidungen. Außer Frage stand zwar, dass die Armee auf einen «Friedensfuß» von rund 200 000 Mann reduziert werden musste, so eine königliche Ordonnanz vom 12. Mai 1814.[74] Was die einfachen Soldaten anbelangte, machte dies keine Probleme, weil viele von ihnen schon von sich aus nach dem Ende der Kämpfe von der Fahne gegangen waren oder aus der Kriegsgefangenschaft zu ihren Familien zurückkehrten. Anders verhielt es sich dagegen mit jenen, denen der Dienst in der Armee ein Brotberuf war. Es waren die Masse der rund 100 000 Unteroffiziere, die entlassen, und die 15 000 Offiziere, die ausgemustert wurden und sich auf halben Sold gesetzt sahen, aber dennoch rein theoretisch jederzeit wieder zum aktiven Dienst verpflichtet werden konnten. Außerdem hatten sie unter der Androhung, ihren kargen Sold zu verlieren, die Pflicht, jeden Sonntag zur Messe zu gehen![75] Das war für viele von ihnen ein umso bitteres Erlebnis, als gleichzeitig einige hundert Adelsemigranten höherrangige Offiziersstellen erhielten, ohne dass sie für diese Bestallungen irgendeinen Befähigungsnachweis beibringen konnten oder mussten. Für besonders böses Blut sorgte in diesem Zusammenhang, dass sich sowohl Louis XVIII wie auch der Comte d'Artois eine eigene personell sehr üppig ausgestattete *Maison militaire* zulegten, eine mehrere tausend Mann, fast nur Offiziere umfassende Paradetruppe von keinerlei militärischem Nutzen, die nur aus alt- und einigen wenigen neuadeligen Zierbengeln bestand.[76] Diese Soldatenspielerei verschlang beträchtliche Summen, die vermutlich ausgereicht hätten, alle auf halben Sold gesetzten Offiziere entsprechend ihrem Rang zu unterhalten.[77]

Mit den entlassenen oder auf halben Sold gesetzten Offizieren, die das Regime hassten, schuf sich die Restauration eine Reservearmee von Unzufriedenen, die die Ränge all jener anschwellen ließ, die im Kult einer nostalgischen Verehrung Napoleons ihren Unmut mit den herrschenden Zuständen artikulierten.[78] Das waren just jene, auf die Napoleon sein Augenmerk richtete und deren Anzahl wie Einfluss er verständlicherweise überschätzte, weil er auf ihre Unterstützung seiner Pläne rechnete. Das waren zumeist übertriebene Hoffnungen, denen nicht minder übertriebene Befürchtungen der Bourbonen entsprachen, die überall Verschwörungen witterten, zumal sie darin eine bequeme Ausrede für die zunehmenden Schwierigkeiten der Regierung hatten. Das alles schuf eine Atmosphäre des Misstrauens und der Verdrossenheit, die der grassierenden Unzufriedenheit mit den durch die Restauration heraufgeführten Umständen neue Nahrung gab.

Der Furcht der einen, Napoleon erschiene über kurz oder lang wie ein Schachtelteufel auf der Szene, war die Hoffnung der anderen, die in ihm den Retter sahen, der den Spuk der Bourbonen verjagte. Selbst in Schönbrunn bei Wien, so der Bericht eines Polizeispitzels vom 13. Februar 1815, gehe «in der unmittelbaren Umgebung von Marie-Louise und bis hin zum französischen Personal, das in ihren Diensten steht, die Rede, *der Vogel wird nicht zögern, auszufliegen*».[79] Noch nicht einmal vierzehn Tage später, am 26. Februar, war es so weit: Napoleon bestieg in Begleitung weniger Getreuer sowie von rund 1100 Soldaten und Domestiken mehrere kleine Schiffe, die von Elba aus unbemerkt das Mittelmeer durchquerten und am 1. März 1815 in Golfe-Juan unweit von Antibes anlandeten. In einem von Portoferrajo vom Tag seines Aufbruchs datierten Schreiben an den Intendanten Lapi, den er zum Divisionsgeneral und Gouverneur der Insel Elba ernannt hatte, heißt es: «Ich verlasse die Insel Elba. Ich war mit dem Betragen ihrer Bewohner sehr zufrieden. Ich überantworte ihnen die Sorge für dieses Land, dem ich große Bedeutung beimesse. Dafür kann ich ihnen keinen größeren Beweis meines Vertrauens geben, als den, dass ich meine Mutter und Schwester ihrer Obhut anvertraue. Die Mitglieder der Regierungsjunta und alle Bewohner der Insel können auf meine Zuneigung wie auf meinen besonderen Schutz zählen.»[80]

# ZWEITES KAPITEL

# DER *VOL DE L'AIGLE*

Die in Frankreich vermeintlich wachsende Unzufriedenheit mit dem neuen Regime war nur ein Anlass für Napoleons Entschluss, Elba zu verlassen und den tollkühnen Versuch zu wagen, die Macht zurückzuerobern. Ein zweiter war, dass die Bourbonen ihm die zugesicherten 2 Millionen nicht auszahlten.[1] Der Vertragsbruch drohte seinem Zaunkönigtum, dessen Erträge auch nicht annähernd ausreichten, um die Ausgaben zu decken, die materielle Basis zu entziehen.[2] Also galt es, dem drohenden Bankrott zuvorzukommen. Hinzu kam noch ein dritter, für Napoleon sehr charakteristischer psychologischer Aspekt, denn er weigerte sich hartnäckig, die eigene Verantwortung für die Niederlage, in deren Folge er nach Elba gekommen war, anzuerkennen. Jedem seiner Besucher versicherte er, allein Verrat habe ihm dieses Schicksal verhängt. Ausführlich wird diese Sicht durch die Schilderungen eines Vertrauten dokumentiert, der, als er Mitte Februar 1815 auf Elba erschien, mit seinen Berichten über die in Frankreich herrschende Stimmung nachdrücklich dazu beitrug, Napoleons bislang noch eher vage Absichten zum Entschluss reifen zu lassen.

Dieser Besucher war ein junger, ehemaliger *Auditeur* im *Conseil d'Etat*, der in der letzten Phase des Kaiserreichs als *sous-préfet* in Reims tätig gewesen war und der als glühender Bonapartist anlässlich der Rückkehr Louis' XVIII an die Macht diesen Posten quittiert hatte. Aus freien Stücken fasste er den Entschluss, nach Elba zu reisen. Im Januar 1815 suchte er deshalb Napoleons einstigen Kabinettsdirektor Hugues-Bernard Maret, Duc de Bassano, zu einer längeren Unterredung auf, der ihn autorisierte, deren Inhalt Napoleon mitzuteilen.[5] Das verschaffte Fleury den Zugang und das Vertrauen Napoleons, als er ihn Mitte Februar aufsuchte. Was Fleury berichtete, fügte Napoleon mit den ihm von anderen Besuchern zugetragenen mehr oder weniger bruchstückhaften Informationen zu einem Bild, das die Lage in Frankreich für seine Absichten sehr vorteilhaft erscheinen ließ. Vor allem elektrisierte ihn, dass nicht nur die Bonapartisten, als deren Emissär sich Fleury dank der Unterredung mit Maret legitimiert hatte, seiner harrten, sondern dass auch die Liberalen und die einstigen Jakobiner, die ihm zwar herzlich abgeneigt waren, sich gleichwohl einfach deshalb gewinnen lassen würden, weil sie keinen eigenen Kandidaten vorweisen konnten, mit dem sich die verhassten Bourbonen ersetzen ließen. Deren Unterstützung musste er also gewinnen. Das war eine Herausforderung, der er sich gewachsen glaubte.

Während ihrer ersten Unterhaltung hütete sich Napoleon jedoch, diesen Gedanken auch nur aufblitzen zu lassen. Vielmehr beschied er sich damit, den Besucher seiner Zufriedenheit darüber zu versichern, wie zutreffend seine Sicht auf die Lage in Frankreich bereits gewesen sei, in der er sich nun bestätigt sehe. «Das Geschlecht der Bourbonen ist nicht mehr in der Lage zu regieren. Ihre Herrschaft taugt nur für die Priester, die Adeligen und die alten Comtessen von damals. Der gegenwärtigen Generation bedeuten sie gar nichts. Das Volk hat sich dank der Revolution daran gewöhnt, eine Rolle im Staat zu spielen; es wird deshalb niemals damit zufrieden sein, in die alte Bedeutungslosigkeit zurückzufallen und wieder das Mündel von Adel und Klerus zu werden. (…) Die Könige vermögen sich nur durch die Liebe oder die Furcht ihrer Völker zu behaupten. Die Bourbonen werden weder geliebt noch gefürchtet; sie werden sich selbst um ihren Thron bringen, auf dem sie sich aber noch für lange Zeit behaupten können. Die Franzosen verstehen sich nicht auf Verschwörungen.» Schließlich wollte er wissen, ob Maret denn glaube, die Bourbonen könnten sich noch länger an die Macht klammern, worauf ihm Fleury antwortete: In Frankreich sei man weithin davon überzeugt, die Regierung gehe unweigerlich ihrem Untergang entgegen. Ihre einzigen Stützen seien Priester und Emigranten, während alle Aufrechten und patriotisch Gesinnten zu ihren Gegnern zählten. – Wie dies dann alles enden würde, wollte Napoleon wissen, glaube man etwa, dass es eine neue Revolution geben werde? – Die Erbitterung, so die Antwort, sei derart, dass auch nur die kleinste Unruhe einen allgemeinen Aufruhr provoziere. – Was werde man aber machen, wenn man die Bourbonen verjagt habe? Würde wieder eine Republik proklamiert werden? – Nein, an die Republik denke niemand. Vielleicht würde man eine Regentschaft installieren. – Darauf Napoleon mit Heftigkeit und sichtlich überrascht: «Eine Regentschaft! Warum? Bin ich etwa tot? – Aber, Sire, Sie sind nicht zugegen (...) – Meine Abwesenheit tut nichts zur Sache. Binnen zwei Tagen werde ich in Frankreich sein, sollte die Nation mich rufen (...) Glauben Sie, ich handelte richtig, wenn ich zurückkehrte?» Darauf versetzte Fleury, dass Maret und er der Auffassung seien, das Volk wie die Armee empfingen ihn als Befreier und würden mit Begeisterung seine Sache unterstützen. – Sei also Maret der Ansicht, er solle zurückkehren? – Mit dieser Frage hätten sie gerechnet, weshalb ihm dieser aufgetragen habe, Napoleon zu sagen, dass er sich außer Stande sehe, eine derart wichtige Frage zu entscheiden. Andererseits könne Napoleon aber versichert sein, dass die augenblickliche Regierung vom Volk wie der Armee abgelehnt werde. Der deswegen herrschende Unmut nähere sich unweigerlich dem Siedepunkt. Auch habe Maret ihn beauftragt zu sagen, dass die Wünsche von Armee und Nation dem Kaiser gälten. Vor diesem Hintergrund müsse der Kaiser in seiner Weisheit allein entscheiden, was zu tun sei.[4]

Damit endete das erste Gespräch Napoleons mit Fleury de Chaboulon, den er für den nächsten Tag zu einer weiteren Unterredung bat. Diese eröffnete Napoleon mit dem Eingeständnis, er habe zwar damit gerechnet, dass in Frankreich eine Krise herrsche, aber nicht geglaubt, dass diese derart akut sei. Seine Absicht sei im Übrigen gewesen, sich nicht mehr in die Politik einzumischen; nach dem, was er höre, habe er jedoch seinen Entschluss geändert. «Ich allein bin schuldig am Unglück Frankreichs, das ich wiedergutmachen muss.» Bevor er eine Entscheidung treffe, müsse er erst die Lage genau geschildert bekommen. Fleury solle ihm also noch einmal wiederholen, was er bereits am Vortag ausgeführt habe. Der tat, wie ihm geheißen, und nachdem er geendet hatte, fragte Napoleon: «Glauben Sie also, dass Frankreich von mir seine Rettung erwartet, dass es mich als seinen Befreier begrüßen wird?» Nachdem Fleury dies zweimal versichert hatte, äußerte Napoleon die Furcht, die Emigranten würden, sobald er in Frankreich gelandet sei, sofort alle Patrioten ermorden. – Dazu würde es nicht kommen, denn diese seien in der Überzahl und auch die Tapfereren. – Nun gut, aber wenn man die Patrioten in die Gefängnisse werfe, dann könne man sie dort leicht ermorden. – Das Volk werde das nicht zulassen. – «Wenn Sie sich da nur nicht täuschen! Im Übrigen jedoch werde ich so schnell in Paris erscheinen, dass sie keine Zeit haben werden, sich dazu zu besinnen. Ich werde ebenso schnell zur Stelle sein wie die Nachricht von meiner Landung (…) Ja, ich habe mich dazu entschlossen (…) Ich habe Frankreich die Bourbonen angeschafft; ich werde das Land auch wieder von ihnen befreien (…) Das ist ein gewaltiges, ein schwieriges und auch gefährliches Unterfangen, allein es überfordert meine Kräfte nicht. Das Glück war mir bei den großen Fragen immer hold (…) Ganz Frankreich ist für mich. Ich gehöre ihm ganz. Mit Freuden bringe ich ihm meine Ruhe, mein Blut und mein Leben zum Opfer.» Niemand werde es wagen, ihm den Weg zu verlegen. Allein sein Name würde alle in die Flucht schlagen. Auch die Nationalgarden machten davon keine Ausnahme. Schließlich: «Die Armee, das ist gewiss, wird nicht zögern, sich zwischen der weißen Fahne [i. e. der Fahne der Monarchie] und der Trikolore, zwischen mir, der sie mit Wohltaten und Ruhm überhäuft hat, und den Bourbonen, die sie nur zu entehren trachteten, zu entscheiden. (…) Frankreich ist der Bourbonen überdrüssig; es verlangt seinen alten Souverän; die Armee und der *peuple* werden zu uns stehen; die ausländischen Mächte werden stillhalten; wenn nicht, werden wir ihnen Bescheid zu geben wissen. Da haben Sie in Zusammenfassung unsere augenblickliche und künftige Situation. Machen Sie sich auf den Weg; sagen Sie Maret, dass Sie mich gesehen haben, dass ich entschlossen bin, alles zu wagen, um den Wünschen Frankreichs zu willfahren und um es von den Bourbonen zu befreien (...) Zum 1. April werde ich von hier mit meiner Garde aufbrechen, vielleicht auch schon früher.»[5]

Gleichgültig, ob sich Napoleon in den beiden Gesprächen, die er mit dem Besucher führte, wortwörtlich oder nur dem Sinne nach so geäußert hat, wie von Fleury de Chaboulon in extenso überliefert. Bedeutsam sind diese Unterredungen deswegen, weil sie den psychologischen Verlauf des Prozesses anschaulich machen, der in Napoleons tollkühnen Entschluss einmündete, von dessen Unvermeidlichkeit er sich mit einer gehörigen Portion Autosuggestion überzeugte. Letzten Endes waren es nicht die Mitteilungen seines Besuchers über die innere Lage in Frankreich, die sich so ganz in die von Napoleon sowieso gehegten Erwartungen einfügten, die den Ausschlag gaben, sondern er gehorchte damit einmal mehr seinem Spielerinstinkt, der ihn immer die Chance erkennen und ergreifen ließ, um sich die daraus resultierenden Folgen zunutze zu machen.

So auch jetzt wieder. Die Entscheidung loszuschlagen war gefällt. Also konnte keine Rede davon sein, mit deren Ausführung, wie Fleury de Chaboulon angekündigt hatte, bis zum 1. April zu warten. Unmittelbar nach der zweiten Unterredung diktierte Napoleon eine Anweisung an General Drouot, das größte Schiff seiner Flotte, eine zweimastige Brigantine, zu kalfatern und sie wie ein englisches Schiff seiner Klasse anzustreichen. Außerdem sollte sie mit Reis, Gemüse, Käse und Biskuits, mit Wein und Schnaps sowie Wasservorräten, die für 120 Mann drei Monate ausreichten, sowie mit einem Vorrat an gepökeltem Fleisch für 14 Tage verproviantiert werden. All diese Arbeiten sollten bis zur Nacht vom 24. auf den 25. Februar abgeschlossen sein und das Schiff marschbereit vor Portoferrajo auf Reede liegen.[6]

Die Unterredungen mit Fleury de Chaboulon hatten Napoleon lediglich den letzten Anstoß gegeben, den längst gefassten Entschluss zur Rückkehr zu realisieren. Mit diesem ging er vermutlich schon seit dem Aufenthalt in Fontainebleau um. Die Abdankung, zu der er sich dort durchgerungen hatte, war lediglich die Option eines taktischen Rückzugs, der den Bourbonen die Gelegenheit verschaffte, sich erneut zu kompromittieren. Das jedenfalls sei, so bekannte er im April 1816 auf Sankt Helena dem verblüfften Las Cases, sein Kalkül gewesen. «Ja, ohne jeden Zweifel und gestützt auf eine denkbar einfache Überlegung. Wenn die Bourbonen, so habe er sich gesagt, eine fünfte Dynastie [i. e. in Person des einer Nebenlinie entstammenden Duc d'Orléans, der nach der Julirevolution von 1830 als ‹Bürgerkönig› Louis-Philippe den Thron bestieg] beginnen wollten, hätte ich hier [i. e. in Frankreich] nichts machen können, wäre meine Rolle beendet. Allein, sie versteiften sich auf den Einfall, die dritte Dynastie fortsetzen zu wollen, weshalb ich nicht säumte, wieder auf der Szene zu erscheinen. Man könnte geradezu sagen, dass den Bourbonen damals mein Andenken wie mein Verhalten zur Disposition standen, und wenn sie sich damit beschieden hätten, die Verwalter einer großen Nation zu sein, wenn sie das wirklich gewollt hätten, wäre ich für den gemeinen Mann ein Ehrgeizling, ein Tyrann, ein Unruhestifter oder eine Landplage gewesen. (…) Aber sie beharrten darauf, sich wieder als feudale Grundherren aufzuspielen, sie zogen es vor, die verhassten Chefs einer der ganzen Nation verhassten Partei zu sein. Auch ihre Entourage und eine Reihe von Fehltritten hatten mich erneut begehrenswert gemacht, und es waren sie, die meine Popularität wiederbelebten und das Verlangen nach meiner Rückkehr weckten. Unter anderen Voraussetzungen wäre meine politische Mission damals beendet gewesen; ich wäre für immer auf Elba geblieben. Ohne jeden Zweifel hätten sie und ich davon unseren Vorteil gehabt, denn ich bin nicht zurückgekehrt, um wieder einen Thron zu besteigen, sondern nur, um eine große Schuld zu begleichen. Wenige werden verstehen – aber das ist gleichgültig –, eine wie seltsame Pflicht ich damit auf mich nahm, allein ich war sie dem französischen Volk schuldig. Seine Schreie drangen selbst an meine Ohren, konnte ich da im Nichtstun verharren?»[7]

Auch Napoleon war der *esprit d'escalier* geläufig. Allein diese Überlegungen, von denen er auf Sankt Helena behauptete, sie bereits zwei Jahre zuvor angestellt zu haben, entsprechen andererseits passgenau seiner Psychologie eines Spielers. Außerdem: Der Diagnose Napoleons lässt sich nicht widersprechen, denn erst das unbestreitbare Versagen der Bourbonen lieferte die trügerische Gewissheit, sein tollkühnes Unternehmen könne gelingen. In jedem Fall gab das, was Napoleon seinem «Eckermann» Las Cases sagte, sein Verständnis der Wirklichkeit wider, mit dem er sein Handeln in den *Cent Jours* zwischen Elba und Sankt Helena motivierte. Sich selbst begriff Napoleon als den am besten legitimierten Herrscher seiner Zeit, wie er Las Cases bei anderer Gelegenheit sagte: «Ich vermochte allein gestützt auf das Prinzip der Volkssouveränität zu herrschen, das sie [i. e. die Bourbonen] ausschloss»,[8] denn schließlich galt, wie er von sich einmal im *Conseil d'Etat* gesagt haben will: «Ich habe keineswegs die Krone usurpiert, sondern sie aus der Gosse geborgen; der *peuple* hat sie mir dann aufs Haupt gesetzt: dessen Handeln gilt es zu respektieren!»[9]

Darin, die Dynamik der Revolution gebändigt zu haben, begriff er seine politische Mission, seine historische Rolle, die zu zerstören die Bourbonen sich anschickten. Das nötigte ihn jetzt dazu zurückzukehren, um eine «große Schuld zu begleichen», denn schließlich hatte das souveräne Volk ihm «die Krone aufs Haupt gesetzt» und ihn damit als Herrscher legitimiert, der es sich angelegen sein lassen musste, die Errungenschaften der Revolution gegen die Übergriffe der Bourbonen zu verteidigen. Das war der Auftrag, dem er sich verpflichtet wusste, das war das Programm der Proklamation *au Peuple Français*, die er bei seiner Landung in Golfe-Juan am 1. März 1815 veröffentlichte: «Dank eurer Entscheidung auf den Thron gelangt, ist alles, was ohne euch veranlasst wurde, illegitim. Seit 25 Jahren hat Frankreich neue Interessen, neue Institutionen und einen neuen Ruhm, die alle nur durch eine nationale Regierung und von einer Dynastie garantiert werden können, die sich diesen neuen Umständen verdankt. Ein Fürst, der über euch herrscht, der auf meinen Thron durch die Gewalt von Armeen gesetzt wurde, die unser Land verheert haben, wird vergebens versuchen, sich auf die Prinzipien des Feudalrechts zu stützen; er vermag damit allein nur der Ehre und den Ansprüchen einer kleinen Zahl dem Volk feindlich gesinnter Individuen zu genügen, die von ihm seit 25 Jahren in allen Nationalversammlungen verurteilt wurden. Eure Ruhe im Inneren und eure Wertschätzung draußen werden für immer verloren sein. – Franzosen, in meinem Exil habe ich eure Klagen und Wünsche vernommen: Ihr verlangt die Regierung eurer Wahl, die allein legitim ist; ihr verklagt meinen langen Schlaf, macht mir zum Vorwurf, meinem Ruhebedürfnis die großen Interessen des Vaterlands zu opfern. – Inmitten von Gefahren aller Art habe ich die Meere überquert; ich bin unter euch angelangt, um meine Rechte, die auch eure Rechte sind, einzufordern.»[10]

Dementsprechend war auch die eigens an die Armee adressierte Proklamation formuliert, die den berühmten Satz enthielt: «Der Sieg geht im Marschtritt voran. Der Adler mit den nationalen Farben wird von Kirchturm zu Kirchturm bis hin zu den Türmen von Notre-Dame fliegen.»[11] Im Widerspruch zu dieser Erfolgsgewissheit ließ sich der Zug, den Napoleon, begleitet von rund 1000 Getreuen, von der Küste nach Paris antrat und der seither als *vol d'aigle*, als der Flug des Adlers, apostrophiert wird, eher mühsam an. Die Provence war ihm, wie sich Napoleon noch gut erinnerte, als er sie rund acht Monate zuvor auf dem Weg nach Elba passiert hatte, entschieden feindlich gesinnt. Deshalb wollte er das Rhône-Tal meiden und stattdessen auf beschwerlichen Wegen durch die Alpen so schnell als möglich nach Grenoble gelangen. Diese Entscheidung, den bequemen Weg nach Norden zu meiden und stattdessen die Route über felsige, für Wagen und Kanonen kaum passierbare Gebirgspfade zu nehmen, war, so gesehen, richtig. Nachteilig war jedoch, dass unter diesen Umständen an ein rasches Fortkommen, auf das es ihm des Überraschungsmoments wegen ankam, kaum zu denken war.

Die unkalkulierbaren Risiken bei diesen Schwierigkeiten konnte Napoleon jedoch einmal mehr glänzend meistern, weil er sich auf die Marschleistung seiner Soldaten verlassen konnte: Nach dem Aufbruch am frühen Morgen des 2. März aus dem Biwak am Strand von Golfe-Juan gelangte die Truppe bis zum Abend nach Seranon, rund sechzig Kilometer von der Küste entfernt. Am 3. März wurde bis zum Halt in Barrême eine Strecke von 48 Kilometern zurückgelegt. Am 4. März passierte man Digne und biwakierte nach einem Marsch von 54 Kilometern in Malijai unweit von Sisteron, von wo man am 5. März das 63 Kilometer entfernte Gap erreichte. Bis zum nächsten Etappenziel in Corps, der ersten Ortschaft im Département de l'Isère, betrug die am 6. März zurückgelegte Strecke 42 Kilometer. Nach einem weiteren Marsch über 61 Kilometer stand Napoleon am 7. März vor Grenoble.[12]

In Paris, wo die Nachricht von der Landung Napoleons dank der zwischen Lyon und Paris bestehenden Telegraphenverbindung bereits am frühen Nachmittag des 5. März eingetroffen war, zog man aus der eingeschlagenen Route zunächst völlig falsche Schlüsse, wie Baron Vitrolles berichtet: «Ich war der Überzeugung – und der Marschall Soult [i. e. der Kriegsminister Louis' XVIII] pflichtete mir darin bei –, dass der Verbannte von Elba sich nach einer Durchquerung unserer Alpen nach Italien wenden wollte (...). Augenscheinlich hatte er die Absicht, die Wirkung seines Erscheinens auf dem Schauplatz seiner einstigen Siege zu entfalten, um die italienische Bevölkerung zum Aufruhr anzustiften, die weniger innig als die französische ihren alten Herren verpflichtet ist. Das sollte ihm eine Verbindung zu der von Murat geführten Armee Neapels verschaffen, mit der im Bunde er den gefährlichen Kampf gegen Österreich wieder aufnehmen wollte.»[15] Das waren indes, wie sich schnell erweisen sollte, Illusionen.

Ironischerweise sah sich aber auch Napoleon auf dem beschwerlichen Weg durch die Alpen durch die vermeintliche Bestätigung von Illusionen genarrt, die entscheidenden Anteil daran gehabt hatten, das waghalsige Unternehmen zu beginnen. Die Begeisterung, mit der er in den armseligen Ortschaften, die er mit seiner Truppe passierte, von der Landbevölkerung begrüßt wurde, von der sich manche spontan seinem Zug anschlossen, verstand er als repräsentativ für die in Frankreich herrschende Stimmung. Das war ein großer Irrtum, denn an diesen besitzlosen Bergbauern, die einer kargen Parzelle ihre Nahrung abringen mussten, waren Revolution und *Empire* weitgehend spurlos vorübergegangen. Ihrer Mentalität nach waren sie noch immer dem *Ancien Régime* verhaftet, den der lokale Adel und Klerus verkörperte, die wegen des völligen Fehlens einer bourgeoisen Landbesitzerschicht ihre einstige Bedeutung behalten hatten und deshalb den ganzen Hass der ländlichen Unterschichten auf sich zogen. Für viele war Napoleon zwar eine vom Hörensagen bekannte, zugleich aber auch irgendwie lebensferne Erscheinung, eine Art weltlicher Heiland, an dem sich ihre Hoffnungen entzündeten. Dieses Erlebnis machte auf Napoleon einen tiefen, sein Urteil über die in Frankreich vorherrschende restaurationsfeindliche Stimmung bestätigenden Eindruck. Unmittelbar nach seiner Ankunft in Paris am Abend des 20. März sagte er zu Molé: «Ich bemerkte, dass der Hass auf die

Priester und den Adel ebenso weit verbreitet und auch so heftig ist wie zu Beginn der Revolution.»[14]

Das war für ihn zwar irritierend, verstärkte aber nur seine Illusion, er sei der übergroßen Mehrheit der Franzosen als Retter willkommen.

Davon konnte jedoch keine Rede sein, wie Benjamin Constant in den *Mémoires sur les Cent-Jours* ausführte: «Bonaparte hatte auf seiner Seite weder die gesamte Armee, die Freunde der Aufklärung, den Adel [i. e. die Angehörigen der von ihm geschaffenen *noblesse de l'Empire*], die Kaufleute noch gar die Mehrheit der Käufer von Nationalgütern oder schließlich die weit größere Anzahl jener, die unter seiner Herrschaft ihre Karriere zwar begonnen hatten, diese aber unter dem König fortsetzen wollten. Seine wahren Parteigänger waren die Bewohner des platten Landes, die unter den Bedrückungen seiner vormaligen Verwaltung, sieht man von der Wehrpflicht einmal ab, kaum gelitten hatten und die andererseits mehr als jede andere Schicht die Übergriffe des Adels [i. e. des alten, royalistisch gesinnten Adels] zu erdulden hatten, dessen ungezügelte Arroganz während der kurzen Zeit seiner Blüte die Hassgefühle wieder belebte, die sich unter seiner lang andauernden Leidenszeit etwas abgemildert hatten. Es waren ebendiese Landleute, von denen sich Bonaparte umringt und im Triumph getragen sah, sobald er den Boden Frankreichs betreten hatte.»[15]

Auf dem Weg durch die Alpen musste Napoleon kaum mit ernstlichem Widerstand rechnen. Gewähr dafür boten ihm das unwegsame Gelände wie die Orientierungslosigkeit der Pariser Machthaber, die durch die schlechten Nachrichtenverbindungen noch vergrößert wurde. Entscheidend war jedoch, dass die von ihm gewählte Route weitab größerer Garnisonen verlief, deren Besatzung ihm den Weg hätte verlegen können. Diese Gefahr stellte sich ihm erst mit dem Etappenziel Grenoble, wo fünf Regimenter stationiert waren. Hier würde sich der Erfolg von Napoleons Unternehmung entscheiden, denn bislang waren seine Erwartungen enttäuscht worden, die Armee würde sich ihm anschließen.[16] Stattdessen waren es über eintausend Bauern und Handwerker, die begeistert seinem Zug das Geleit gaben. Das irritierte Napoleon nachdrücklich, denn nichts lag ihm

*Gedenktafel in Grenoble*

ferner als der Anschein, Führer eines Bauernaufstands zu sein. Als die Bewohner von Saint-Bonnet etwa die kleine Schar seiner Getreuen gewahrten, machten sie sich erbötig, die umliegenden Ortschaften zu alarmieren, um ihm Verstärkung zuzuführen. Dieses Ansinnen verbat er sich mit den Worten, dass ihm ihre Bereitschaft vollauf genüge, zumal sie ihm sichere Gewähr für die Gesinnung seiner Soldaten sei. Diejenigen, die ihm begegneten, würden sich ihm anschließen. Je größer deren Zahl sei, desto gewisser sei ihm der Erfolg, weshalb sie getrost zu Hause bleiben könnten.[17]

So Napoleons Kalkül, das am 7. März bei dem Dorf Laffrey südlich von Grenoble glänzend aufging, wo ein Bataillon des 5. Infanterieregiments, das seinen Vormarsch aufhalten sollte, sich vom bloßen Prestige seiner Erscheinung überwältigen ließ und geschlossen zu ihm überlief.[18] Das Geschehen inspirierte Napoleon zu einer kurzen Ansprache, mit der er sich an die aus Bauern und Soldaten bunt gemischte Menge wandte, die ihn umringte. «Ich komme mit einer

Handvoll von Tapferen, denn ich zähle auf das Volk und auf euch; der Thron der Bourbonen ist illegitim, denn er wurde nicht von der Nation errichtet; er steht im Widerspruch zum nationalen Willen, denn er ist nicht im Einklang mit den Interessen unseres Landes, sondern nur in dem einiger Familien. (...) Ist es nicht wahr, dass man euch in euren Kommunen mit der Wiedereinführung des Zehnten, der Privilegien, der Feudalrechte und all der Missbräuche droht, von denen ihr euch erfolgreich befreit habt?»[19]

Von nun an gab es kein Halten mehr, und es wurde siegesgewiss die letzte Etappe nach Grenoble zurückgelegt. Nachdem Vizille passiert war, schloss sich das in Grenoble stationierte 7. Regiment, angeführt von seinem Chef, Oberst Charles de La Bédoyère, einem glühenden Bonapartisten, der mit ihm schon auf Elba in geheimen Kontakt gestanden hatte, dem Heerhaufen Napoleons an. Dieser bestand trotz der Verstärkung noch immer aus mehr Bauern denn aus regulären Soldaten.[20] Angesichts dieser Flut, die in den Abendstunden an die Mauern von Grenoble anbrandete, war an Widerstand nicht zu denken, als dessen Einwohner mit den Angreifern fraternisierten, die Stellmacher aus den Vororten die Porte de Bonne in Bresche schlugen, während die Verteidiger sich den Befehlen verweigerten, auf die Eindringlinge zu schießen.[21] Die Besetzung der Stadt, die Begeisterung, die ihm hier entgegenschlug, waren für Napoleon die Gewähr seines Erfolgs. «In Grenoble», so bekannte er Las Cases auf Sankt Helena, «gehörte Frankreich mir. (...) Einmal hier angelangt, wurde ich zu einer wirklichen Macht. Von nun an hätte ich, falls es notwendig gewesen wäre, Krieg führen können.»[22] Das war gewiss übertrieben, denn die fünf Regimenter, die in Grenoble stationiert waren und die mit Ausnahme ihrer Kommandeure, die sich aus dem Staub machten, alle zu ihm überliefen, ließen Napoleons Truppe auf nur rund 7000 Mann anwachsen.

Was diese bescheidene Macht unwiderstehlich machte, war ein Fehler Louis' XVIII, der seinen in der Armee verhassten jüngeren Bruder, den Comte d'Artois, zum Oberbefehlshaber jener Truppen ernannte, die im Raum Lyon Napoleon die Stirn bieten sollten. Die Entscheidung war allein dynastischen Rücksichten geschuldet, weshalb dem Comte d'Artois zwei militärische Fachleute, die Marschälle Macdonald und Ney, zur Seite gestellt wurden, die sich wie manch andere des einstigen militärischen Führungspersonals Napoleons aus sehr opportunistischen Beweggründen auf die Seite der Bourbonen geschlagen hatten. Dessen war Michel Ney, Duc d'Elchingen und Prince de la Moskwa, Sohn eines Böttchers aus Saarlouis, im Besonderen verdächtig. Um Zweifel an seiner Loyalität für die Bourbonen zu zerstreuen, äußerte er wüste Drohungen gegen seinen einstigen Gönner. So versprach er etwa Louis XVIII, Napoleon in einem Gitterkäfig gefangen abzuliefern,[23] eine Ankündigung, die in Paris sogleich die Runde machte.

Am 9. März 1815 verließ Napoleon an der Spitze einer kleinen Armee Grenoble. Statt beschwerlicher Gebirgspfade, die bisweilen im Gänsemarsch bezwungen werden mussten, gewährleisteten jetzt gut ausgebaute Chausseen ein zügiges Fortkommen. «Von Grenoble bis Lyon», so heißt es in dem Bericht, den Napoleon über seinen Zug diktierte und der am 23. März im *Moniteur* erschien, «war der Marsch des Kaisers nur noch ein Triumph. Der erschöpfte Kaiser saß in seiner Kalesche, die ständig im Schritttempo dahinrollte, während eine große Menge von Bauern ihm das Geleit gab und unablässig Lieder sang, die von den erhabenen Empfindungen der tapferen Bewohner der Dauphiné Mitteilung machten.»[24] Dieser geradezu revolutionär anmutenden Springflut war nicht standzuhalten. Das erkannte der Comte d'Artois, der am 8. März in Lyon eintraf. Auf die Truppen, mit denen er hier eine große Schlacht schlagen sollte – zwei Infanterieregimenter, ein Kavallerieregiment, einige Einheiten der Nationalgarde sowie Artillerie –, war kein Verlass. Um die Schande zu vermeiden, von den eigenen Truppen im Stich gelassen zu werden, ließ er Marschall Macdonald, der noch nicht in Lyon eingetroffen war, wissen, dass er zum Rückzug entschlossen sei. Dem widersprach Macdonald entschieden, der sich auch damit durchsetzte, für den 10. März auf der Place de Bellecour im Zentrum von Lyon eine Revue der Regimenter anzusetzen, von der er sich versprach, die schwankende Loyalität der Truppen zu festigen. Das ging gründlich schief, weshalb der Comte d'Artois nach dem vorzeitigen Abbruch der Parade eine Kutsche nach Paris bestieg und die Verteidigung Lyons dem Oberbefehl Macdonalds anvertraute.[25]

Macdonald stand auf verlorenem Posten. Zwar versuchte er noch, wie er in seinen Memoiren schrieb, ein «simulacre de défense et même d'offensive» zu organisieren,[26] scheiterte damit aber, denn die meisten der ihm unterstellten Generale verweigerten den Gehorsam. Als der Vortrab von Napoleons Truppe am Spätnachmittag des 10. März auf dem Pont de la Guillotière von Lyon erschien und sich hier mit den Verteidigern verbrüderte, wandte sich auch Macdonald zur Flucht. Am Abend gegen 7 Uhr zog Napoleon kampflos in Frankreichs zweitgrößter Stadt ein, die ihm einen stürmischen Empfang bereitete.[27]

In Lyon, wo Napoleon für drei Tage verweilte, agierte er wieder ganz als Kaiser. Es wurden Entscheidungen getroffen und Maßnahmen ergriffen, die darauf abzielten, die Macht, die zum Greifen nahe war, zu gestalten, den Anspruch auf den Thron zu rechtfertigen und propagandistisch zu untermauern. Das war die Botschaft der insgesamt elf Dekrete, die während des Aufenthalts in Lyon mit Datum vom 13. März erlassen und mit denen die gesamten Dekorationselemente der bourbonischen Restauration von der Fassade Frankreichs entfernt wurden: Die Fahne der Monarchie wurde ebenso abgeschafft wie die obligatorischen weißen Kokarden und wieder durch die Trikolore und das blauweißrote Abzeichen ersetzt, die feudalen Adelstitel geächtet, die Schweizer Regimenter und die *Maison du Roi* aufgelöst, alle Beförderungen in der Armee wie bei den Gerichten rückgängig gemacht und die von der Monarchie verliehenen Orden für ungültig erklärt, die Apanagen der königlichen Familie beschlagnahmt und alle Emigranten, die im Zuge der alliierten Invasion nach Frankreich zurückgekehrt waren, des Landes verwiesen. All diese Dekrete, mit denen die Merkmale königlicher Autorität beseitigt wurden, waren zunächst einmal eine logische Retourkutsche darauf, dass Louis XVIII Napoleon mit der Ordonnanz vom 6. März zum Verräter und Rebellen erklärt und ihn außerhalb des Schutzes der Gesetze stehend erklärt hatte.[28] Um diesen Maßnahmen Wirksamkeit zu verschaffen, galt es zuvor die Legitimation des eigenen Machtanspruchs zu begründen. Das ließ sich nur dadurch bewerkstelligen, dass man unter Berufung auf die revolutionäre Legitimation der Volkssouveränität die traditionelle Legitimität der bourbonischen Restauration beseitigte und als überlebtes Gerümpel entsorgte.

*Napoleons Einzug in Lyon 1815*

Napoleon sah sich damit, wie der Militärtheoretiker Antoine-Henri Jomini erkannte, in einen Zugzwang versetzt, der ihm nicht behagte, in den er sich aber gleichwohl schicken musste: «Wenn Napoleon die unerhörten Vorteile, die mit dem Prinzip der Legitimität verknüpft waren, verkennen konnte, dann mussten diese ihm aufgehen, sobald er die außergewöhnliche Leichtigkeit gewahrte, mit der es Louis XVIII im Jahr 1814 gelungen war, sich die Macht anzueignen. Da er sich seinerseits nicht auf dieses Prinzip für seine Rückkehr an die Macht berufen konnte, sah er sich dazu genötigt, dagegen das Prinzip der nationalen Souveränität in seinem vollen Umfang auszuspielen, zumal nur dieses vollkommen mit der öffentlichen Meinung übereinstimmte.» Um das mit dem gehörigen Effekt zu erzielen, verbot es sich für ihn jedoch, die Ausübung dieses Prinzips einer Repräsentativversammlung zu überlassen, deren leerlaufender Routine das Land zeit der Revolution überdrüssig geworden sei. «Napoleon hatte deshalb den Einfall, die Masse der Wähler nicht in ihren jeweiligen

Départements zur Wahl von Abgeordneten zu versammeln, sondern sie nach Paris kommen zu lassen, um hier unter dem feierlichen Namen einer Versammlung auf dem *Maifeld* eine Zusammenkunft aller nationalen Notabeln zu organisieren, die aus ihrer Mitte Kommissare bestimmte, die sich gemeinsam mit ihm über den Neubau des Staates auf nunmehr unerschütterlichen Grundlagen verständigen sollten.»[29]

Jomini beschrieb das Dilemma, das Napoleon mit dem elften und wichtigsten Dekret, das er in Lyon erließ, zu meistern suchte. Als er mit dem Putsch vom November 1799 zum ersten Mal die Macht ergriffen hatte, stützte er sich auf die Rechtfertigung, das Chaos, in das die revolutionäre Dynamik Frankreich gestürzt hatte, dadurch zu bändigen, dass er den Errungenschaften der Revolution uneingeschränkte Geltung verschaffen wolle. Dieses Versprechen wurde von ihm mit der Errichtung des *Empire* endgültig verleugnet. Das konfrontierte ihn jetzt mit dem Problem, nicht einfach die Praxis der einstigen uneingeschränkten kaiserlichen Herrlichkeit restaurieren zu können, sondern diese unter Anerkennung der von ihm verachteten volkssouveränen Willensbekundungen rekonstruieren zu müssen. Mit anderen Worten: Keineswegs aus innerer Überzeugung, sondern allein aus politischem Kalkül sah sich Napoleon jetzt genötigt, seinen Machtanspruch zu legitimieren, indem er ihn mit den Erinnerungen an die Anfangsphase der Revolution verband. Das war nicht ungeschickt, denn damit bediente er die Erwartungen sowohl der konstitutionellen Monarchisten wie der Liberalen, ohne die sozialrevolutionären Hoffnungen jener, die ihn unterwegs begeistert akklamierten und sich durch seine bisherigen Proklamationen in ihren Erwartungen bestätigt fühlten, ausdrücklich zu enttäuschen.

Entsprechend diesen sehr unterschiedlichen Interessen, die für eine Zustimmung zu seinem Machtanspruch gewonnen werden mussten oder bereits erworben waren, formulierte Napoleon das elfte, gewissermaßen «konstitutionelle» Dekret. Mit ihm wurde die Auflösung des Oberhauses, der *Chambre des Pairs*, und der Abgeordnetenkammer, des *Corps législatif*, mit einer Begründung verfügt, die alle Befürchtungen bestätigte, die jene umtrieben, die Napoleon als Retter bejubelt hatten. Das Oberhaus setzte sich demnach aus Persönlichkeiten zusammen, «die gegen Frankreich gekämpft haben und die es nach der Wiederherstellung der Feudalrechte, der Beseitigung der Gleichheit zwischen den einzelnen Klassen und der Annullierung des Verkaufs der Nationalgüter [i. e. des während der Revolution enteigneten Kirchen- und Adelsbesitzes] gelüstet, kurz, die nichts anderes wollen, als das Volk eben der Rechte zu berauben, die es sich in 25 Jahren des Kampfes gegen die Feinde der *Gloire nationale* erworben hat». Was die Abgeordnetenkammer betreffe, so habe sich diese in Teilen «des Vertrauens der Nation als unwürdig erwiesen, weil sie für die Wiedereinführung des Feudaladels eingetreten sei, der von den Verfassungen, denen das Volk zugestimmt hatte, abgeschafft worden war, (...) weil sie den Bourbonen den Titel legitimer Könige gegeben (...) und sie alle Rechte des Volkes verletzt haben, indem sie das Prinzip anerkannten, dass die Nation für den Thron und nicht der Thron für die Nation geschaffen sei». Schließlich wurde für den kommenden Mai die Einberufung einer *Assemblée extraordinaire du Champ de Mai* angekündigt, die in Übereinstimmung mit den Wünschen und Interessen der Nation die Verfassung modifizieren sollte. Außer Frage stand jetzt jedoch, dass es sich dabei um die Verfassung des Kaiserreichs handelte, denn die Versammlung sollte auch der Krönung der Kaiserin wie von Napoleons Sohn beiwohnen.[30]

Napoleon unterstellte damit den beiden Kammern in schöner Vollständigkeit das als Absicht, was diejenigen, die ihm zujubelten, fürchteten. Das Dekret war also geschickte Propaganda, die eine Karikatur der Restauration entwarf, die von den ländlichen Unterschichten gleichwohl als deren getreues Abbild verstanden wurde. Das machte es ihm noch leichter, seine überraschende Absicht, das Kaiserreich wiedererrichten zu wollen, gleichsam *en passant* anzukündigen. Fleury de Chaboulon, der ebenfalls am 10. März in Lyon eintraf, war nicht der Einzige, der darin eine neue und im Licht seiner bisherigen Verlautbarungen überraschende Volte Napoleons erkannte. «Was er in Lyon äußerte, war nicht dasselbe (...) wie das, was er in Gap oder Grenoble hatte verlauten lassen. In diesen beiden Städten war es ihm in erster Linie darum zu tun gewesen, den Hass auf die Bourbonen und die Liebe zur Freiheit anzufachen, und dabei äußerte er sich mehr als Bürger und nicht als Monarch. Kein einziges Wort, keine verbindliche Versicherung entdeckte seine Absichten. Man hätte meinen können, dass er sich eher mit der Absicht trüge, die Republik oder den *Consulat*, nicht aber den *Empire* wiederherzustellen. In Lyon gab es in dieser Hinsicht keine Unklarheit, keine Unsicherheit mehr. Er äußerte sich als Souverän.»[31]

Diese Entschiedenheit Napoleons überraschte Fleury de Chaboulon sehr, denn er hatte sich bei ihrer ersten Begegnung in Lyon am Abend des 10. März ganz anders geäußert: «Die Franzosen werden mit mir zufrieden sein. (…) Ich werde ihnen Garantien geben: Ich habe ihnen nicht den Ruhm erspart, ich werde ihnen jetzt nicht die Freiheit vorenthalten. Von der Macht beanspruche ich für mich nur so viel, wie ich benötige, um zu regieren. Die Macht ist keineswegs unvereinbar mit der Freiheit. (…) Ich weiß darum, was die Franzosen brauchen; wir werden uns schon verständigen. Auf jeden Fall keine Zügellosigkeit, keine Anarchie, denn diese überantwortet uns dem Despotismus der Republikaner, die in allen tyrannischen Handlungen am erfinderischsten sind, weil sich alle Welt einmischen kann.»[32] Diese Worte ließen sich allenfalls als Votum für den Consulat, in jedem Fall aber als entschiedene Absage an das Kaisertum verstehen, denn dieses war das Vehikel gewesen, Napoleons Macht und Ruhm zu steigern, während die Freiheit unter dessen Räder gekommen war.

Am nächsten Tag, nachdem er auf der Place de Bellecour eine Parade der in Lyon stationierten Truppen abgenommen und im Anschluss daran ein Bad in der begeisterten Menge genommen hatte, empfing er eine Reihe lokaler Würdenträger und Armeekommandeure, mit denen er sich zunächst über die Fehler der Bourbonen und die gedrückte Lage Frankreichs aussprach, eine Unterredung, die er mit der bemerkenswerten Erklärung abschloss: «Ich habe, durch die Umstände gezwungen, eine falsche Route eingeschlagen. Allein, aus dieser Erfahrung gewitzt, habe ich der Liebe zum Ruhm, die den Franzosen eigentümlich ist, die aber für Frankreich wie für mich so schreckliche Folgen hatte, abgeschworen (…) Ich bin zurückgekommen, um die Anliegen, die unsere Revolution hervorgebracht hat, zu schützen und zu verteidigen. Ich bin zurückgekehrt, um gemeinsam mit den Repräsentanten der Nation einen Familienpakt auszuarbeiten, der für immer die Freiheit und die Rechte aller Franzosen bewahrt.

Mein Ehrgeiz und mein Ruhm werden zuerst dem Ziel gelten, diesem großen Volk, dem ich alles verdanke, das Glück zu sichern. Meine Absicht ist nicht, euch, wie Louis XVIII, eine jederzeit abänderbare *Charte* zu oktroyieren; vielmehr will ich euch eine unverletzbare Verfassung geben, die gleichermaßen eine Schöpfung des Volkes wie mein Werk sein soll.»[35]

So spricht ein Politiker, der weiß, dass ihm nur der Opportunismus, es möglichst vielen recht zu machen, die Macht verschafft. Bislang war alles ein Kinderspiel gewesen. Die Anbiederung an die öffentliche Meinung war der Preis, den Napoleon für den Erfolg entrichten musste, der ihn bis Lyon getragen hatte. Der Einsatz schien vertretbar, denn Napoleon konnte sich damit bescheiden, in die sozialrevolutionäre Glut zu blasen, an der sich der *peuple* im Hass auf die Bourbonen wärmte, und den in der Armee grassierenden Unmut zu schüren, um der Restauration diese entscheidende Stütze ihrer Macht abspenstig zu machen. Erst recht wohlfeil war der Versuch, auch die anderen, die Unentschlossenen und die Gegner, die Liberalen und die Jakobiner, mit dem Eingeständnis, eigene Irrtümer eingesehen zu haben und Besserung zu geloben, auf seine Seite zu ziehen. Das alles galt aber nur so lange, wie er noch nicht ans Ziel gelangt, in Paris eingetroffen und wieder im Besitz der Macht war. Damit würde sich alles ändern. Es verwandelten sich die unverbindlichen Versprechungen in beglaubigte Sichtwechsel, die zügig bedient werden mussten, sollten sie nicht zu Protest gehen. Ebendas drohte mit Gewissheit, weil die Bedingungen zur Erfüllung der Wechsel sich weder miteinander vereinbaren ließen noch mit dem eigenen Geschäftsziel übereinstimmten, das jenes elfte Dekret, das am Tag danach erlassen wurde, mit der Wiedererrichtung des Kaiserreichs identifizierte.

Napoleon verließ Lyon am frühen Nachmittag des 13. März. Von nun an war der Weg bis Paris nur noch eine umjubelte Landpromenade. Alle Dörfer und Städte entlang seiner Route standen in hellem Aufruhr, überall flatterte die Trikolore, zählte die Autorität Louis' XVIII nichts mehr. Die einzige Macht, die sich Napoleon jetzt noch in den Weg hätte stellen können, war jene Armee, die Marschall Ney aus in der Franche Comté verstreuten Einheiten zu formieren suchte. Das war, wie ihm schnell klar wurde, vergeblich, denn auf die Soldaten, die sich für Napoleon begeisterten und die in geschlossenen Formationen zu ihm übergingen, war kein Verlass, um dessen Vormarsch auf Paris zu verhindern. Die Ängste des Präfekten im Département de l'Ain, Baron Capelle, der sich in Bourg-en-Bresse nach der Desertion des 76. Regiments nicht mehr sicher fühlte und am 13. März nach Lons-le-Saunier ins Hauptquartier Neys geflüchtet war, beschied dieser mit dem Zynismus eines alten Haudegens, der sich über die verzweifelte Lage keinerlei Illusionen mehr macht: «Der König hat keine andere Wahl, als sich auf einer Tragbahre [i. e. wegen Übergewichts und geplagt von heftigen Gichtanfällen bewegte sich Louis XVIII meist nur in einem Rollstuhl sitzend fort] an die Spitze seiner Truppen bringen zu lassen, die sich ob seiner Gegenwart ermannen zu kämpfen. Was erwarten Sie sich von mir? Ich vermag nicht, die Flut des Meeres mit einer Hand aufzuhalten.»[34]

Ney deutete damit auch an, dass er sich ungeachtet seiner Aufschneiderei, Napoleon in einem Käfig gefangen nach Paris zu schaffen, ebenfalls dazu entschlossen hatte, von der Fahne des Königs zu gehen. Diesen Sinneswandel hatte Napoleon klug gefördert, der Ney einen Brief zukommen ließ: «Mein Cousin, mein Generalmajor [i. e. Henri Gatien Comte Bertrand] übermittelt Ihnen den Marschbefehl. Ich hege keinerlei Zweifel, dass Sie in dem Augenblick, in dem Sie von meiner Ankunft in Lyon erfahren haben, Ihre Truppen die Trikolore aufziehen lassen. Folgen Sie den Befehlen Bertrands, und treffen Sie mich in Chalons. Ich werde Sie so empfangen wie am Tag nach der Schlacht an der Moskova [i. e. der sehr blutigen Schlacht von Borodino am 7. September 1812, in der sich Ney ausgezeichnet hatte].»[35] Der Einladung leistete Ney am 18. März Folge, als er sich in Auxerre Napoleon anschloss, der ihn, wie versprochen, bei ihrer Begegnung umarmte.

Die Desertion Neys hatte für das Verhängnis der Bourbonen lediglich symbolische Bedeutung, denn es waren nicht nur die Marschälle und Soldaten, sondern auch die zivilen Repräsentanten, Bürgermeister und Präfekten, von der Bevölkerung ganz zu schweigen, die sie jetzt im Stich ließen. Napoleon musste nicht mehr, schreibt Fleury de Chaboulon, «wie in Grenoble oder Lyon vor den Stadttoren ausharren; die Bevölkerung und die Magistraten eilten ihm entgegen und wetteiferten miteinander um die Ehre, ihm als Erstes Bewunderung und Glückwünsche zu bezeugen».[36] Am Vormittag des 20. März traf Napoleon wieder im Schloss von Fontainebleau ein, aus dem er elf Monate zuvor nach Elba aufgebrochen war. Hier erhielt er die Nachricht vom Comte Lavalette, dem früheren Generaldirektor der Post, dass Louis XVIII im Schutz der Nacht Paris verlassen habe.[37] Damit war der Weg nach Paris frei, drohte Napoleon hier nicht mehr ein letzter verzweifelter Widerstand der Bourbonen, mit dem er gerechnet hatte, galt es lediglich erneut eine Krone aus der Gosse zu bergen und sich aufs Haupt zu setzen. Am Abend des 20. März stieg Napoleon, von einer begeisterten Menge empfangen, aus einer Kutsche vor den Tuilerien und nahm die Macht in Frankreich wieder in Besitz.[38] Das Ereignis vermeldete der *Moniteur* vom 21. März mit der lakonischen Mitteilung: «Der König und die Prinzen sind in der Nacht abgereist. Seine Majestät der Kaiser ist an diesem Abend [i. e. dem 20. März] an der Spitze derselben Truppen, die man an diesem Morgen ausgeschickt hatte, sich seinem Kommen zu widersetzen, in Paris eingetroffen.»[39]

Die Restauration der Bourbonen war wie ein Kartenhaus in sich zusammengefallen. Die dynastische Legitimität, die ihr Palladium war und mit dem Talleyrand die Siegermächte so erfolgreich geblendet hatte, erwies sich jetzt als bloßer Popanz, zu dessen Verteidigung sich keine Hand rührte. Es war ausgerechnet ein preußischer Altadeliger, Friedrich August Ludwig von der Marwitz, der in seinen aus dem Nachlass veröffentlichten Erinnerungen die ganze Existenz der Bourbonen in einen treffenden Vergleich fasste: «Sie waren dort [i. e. in Frankreich] wie Fremde, die in einem Wirtshaus leben.»[40] Allein durch sein keineswegs überraschendes Auftauchen hatte Napoleon den Beweis erbracht, dass der König nackt war.[41] Darin verbirgt sich das ganze Geheimnis jenes «Wunders der Invasion eines einzigen Mannes», das Chateaubriand dem Erfolg Napoleons zusprach.[42] Das lächerliche Ende der Restauration hatte alle Ursachen nur in ihrer eigenen Schwäche, die sie in den knapp zehn Monaten ihres Bestehens nicht zu überwinden vermochte, sondern durch ihr Agieren noch vergrößerte. Emblematisch für die Unfähigkeit des Regimes zur

Selbstbehauptung, das Napoleon in zwanzig Tagen unbehelligt von der Mittelmeerküste bis Paris ziehen ließ, sind dessen letzte, hilf-los-konvulsivische Zuckungen, die Baron Vitrolles protokolliert hat.

Nach dem Fall von Lyon, der Desertion Neys, mit der die letzte kümmerliche Aussicht schwand, Napoleon vor Paris aufhalten zu können, entwickelte der Comte Blacas, Louis' XVIII engster Vertrau-ter, der als *Ministre de la Maison du Roi* quasi die Rolle eines Premier-ministers spielte, wie Vitrolles berichtet, einen phantastischen Plan, den er im *Conseil* vortrug. Der König, so der Vorschlag von Blacas, solle in aller Ruhe das Nahen Napoleons abwarten. Sei der einige Meilen vor Paris angelangt, müsse der König zusammen mit seinem ersten Kammerdiener, dem Hauptmann seiner Garde und ihm, Bla-cas, eine Kutsche besteigen, um die sich hoch zu Ross alle Mitglieder der *Chambre des Pairs* und der *Chambre des Députés* versammelten. Dieser Konvoi sollte Napoleon entgegenziehen und von ihm Auskunft verlangen, welches seine Pläne seien! Vielleicht, so vermutet Vitrol-les, verband der Comte Blacas damit die aberwitzige Hoffnung, Napo-leon würde sich, weil um eine Antwort auf diese Frage verlegen, zum Rückzug wenden. Um die ganze Lächerlichkeit dieses vermeintlich magischen Spektakels zu erweisen, will Vitrolles die ironische Be-merkung gemacht haben, es fehle noch ein entscheidendes Element. «Der Prozession muss der Erzbischof von Paris, das Heilige Sakra-ment in den Händen, voranschreiten, so wie der hl. Martin von Tours dem Gotenkönig gegenübertrat.»[45]

Kaum weniger absurd war der Plan, den Marschall Marmont Louis XVIII vorlegte: Der König solle sich in den Tuilerien verschan-zen, die er, Marmont, so verbarrikadieren werde, dass er sie sechs Wochen lang gegen jeden Angriff verteidigen könne. Um der Belage-rung standzuhalten, benötige er nur die *Maison du Roi* und einige Truppen, deren Befehl er übernähme. Allein diese Disposition würde Napoleon nachdrücklich irritieren, der sich gewiss scheute, inmitten von Paris einen gekrönten Greis anzugreifen (...) Diesen blühenden Unsinn will Vitrolles im Gespräch mit Louis XVIII mit den Argumen-ten zerpflückt haben, Napoleon niste sich einfach im Palais du Luxembourg ein und beschiede sich im Übrigen damit, die Tuilerien abzuriegeln und ihre Verteidiger auszuhungern, die sich über kurz oder lang ergeben müssten. Das würde unter Wahrung aller Formen geschehen, und ein Adjutant Napoleons geleitete den König und Familie danach zur Grenze. Damit hätte alles ein Ende.[44]

Beide Vorschläge illustrieren drastisch die Unfähigkeit einer Regierung, ihre Aufgaben zu erfüllen. Die Verantwortung für dieses aberwitzige Defizit trug Louis XVIII, der, wie Vitrolles urteilt, «wegen seines Alters und seiner lebenslangen Gewohnheiten das Königtum schlicht als ein Prinzip auffasste, sich aber niemals verpflichtet fühlte, als eine Macht zu handeln».[45] Ebendiese Disposition machte ihn auch unfähig, eine Regierung zu berufen, die sich aufs Regieren verstand. Letztlich war das die große Chance, die Napoleon so spektakulär nutzte, wie ihm das sein Kammerdiener Marchand bescheinigte: «Die Rückkehr des Kaisers in den Palais des Tuileries, die Eroberung der Macht mit nur 900 Mann und ohne dass ein einziger Schuss abgefeuert, ein Tropfen Blut vergossen wurde und ohne irgendeine Verschwörung der Einwohner des Landes, wird immer zu den staunenerregenden Ereignissen gerechnet werden, für die es in der Geschichte der Völker entweder kein oder nur sehr wenige Beispiele gibt.»[46] Das zeigt aber auch, dass Napoleon die Ausnahme von der Regel ist, niemand könne in den Augen des eigenen Kammerdieners als Held bestehen.

Napoleon sah das Geschehen und den Anteil, den er daran genommen hatte, viel nüchterner. Als sich ihm sein früherer Schatzminister Mollien am Abend jenes 20. März nahte und ihn mit Komplimenten zum Erfolg seines Marsches und der begeisterten Aufnahme, die er bei der Bevölkerung gefunden habe, überschüttete, unterbrach er ihn: «Ach, mein lieber Mollien, die Zeit der Lobreden und Schmeicheleien ist vorüber. Man hat mich ebenso kommen lassen, wie man die anderen ziehen ließ.»[47]

# DRITTES KAPITEL

# DER KONGRESS TAGT

Im Nachhinein ist man immer klüger. Die Erfahrung machte auch Napoleon. Als er am 24. Februar 1817 zum wiederholten Male die Ursachen für das Scheitern zergliederte, das zur Verbannung nach Sankt Helena führte und für das er gerne den Einfluss oder das Versagen anderer verantwortlich machte, überraschte er seinen Begleiter Gourgaud mit dem Eingeständnis: «Schließlich ist es mein großer Fehler gewesen, sechs Monate zu früh von Elba aufgebrochen zu sein. Ich hätte das Ende des Kongresses [i. e. des Wiener Kongresses, der sich seit dem Herbst 1814 mit der Neuordnung des nachnapoleonischen Europa befasste] abwarten müssen. In diesem Fall hätten die Kabinette sich mittels Kurieren austauschen müssen, was immer mit Schwierigkeiten und Zeitverlusten verknüpft ist, die aber nicht eintraten, weil der Kongress noch immer versammelt war.»[1]

Der Selbstvorwurf Napoleons klingt plausibel, denn der diplomatische Verkehr zwischen den Hauptstädten der Siegermächte wäre nicht nur sehr zeitaufwendig gewesen, sondern hätte vermutlich auch deren Interessendivergenzen deutlich zum Vorschein gebracht. Das eine wie das andere materialisierte sich für ihn in einem Zeitgewinn, der seinen diplomatischen und militärischen Vorbereitungen entschieden zugutegekommen wäre. Die Spanne, die Napoleon stattdessen verblieb, um sich an der Macht in Frankreich gegen Europa

*Napoleon im Hintergrund beobachtet den Wiener Kongress*

zu behaupten, schrumpfte auf die «Hundert Tage», nach denen diese Episode benannt wurde. Es ist fraglich, ob solche Überlegungen tatsächlich die Bedeutung für den Entschluss hatten, Elba zu verlassen, die ihnen Napoleon nachträglich zusprach. Viel einleuchtender scheint hingegen, dass er die Reaktion der europäischen Mächte auf seinen Griff nach der Macht in Frankreich ebenfalls aus der Perspektive eines Spielers einschätzte. Die Nachrichten vom Wiener Kongress, die ihm auf Elba zu Ohren kamen, waren allemal geeignet, in der verdrießlichen Muße seiner dortigen Existenz spekulative Überlegungen zu nähren. Die scharfen Interessengegensätze zumal, die England, Österreich und Frankreich von Russland und Preußen trennten, sobald es darum ging, dass der Zar die polnische Frage durch die endgültige Liquidation des Landes lösen oder Preußen Anspruch auf das Königreich Sachsen durchsetzen konnten, weckten Napoleons Zuversicht, als Mitspieler unverzichtbar zu sein. Also redete er sich ein, dass seine Rückkehr an die Macht in Frankreich die europäischen Mächte, die jetzt mit wachsender Angst die Expansion Russlands nach Westen sahen, nur kurzfristig irritieren würde, weil sie ihn längerfristig als wertvollen Bundesgenossen gegen die Machtprojektionen des Zaren erkennen würden. Im Einzelnen sprach dafür auch die Überlegung, dass Großbritannien keine Mühe haben würde, ein starkes und saturiertes napoleonisches Frankreich zu akzeptieren, sofern sich dieses nur harmonisch in das europäische Mächtekonzert einfügte. Auch in Wien würde man schnell die Vorteile erkennen, die ein Bündnis mit dem Schwiegersohn des Kaisers böte, um den unverhohlenen Expansionsgelüsten Preußens, das, gestützt auf das Einverständnis des Zaren, sich in Norddeutschland bis zum Rhein hin breitmachen wollte, die Stirn zu bieten. Verweigerte sich Österreich dieser Einsicht, ließe sich schließlich das politische Störpotenzial Wiens leicht dadurch neutralisieren, dass sich Frankreich mit Murat zusammentat, der noch immer das Heft in Neapel in der Hand hatte, um das alte Königreich Italien wiederherzustellen. Kurz, einem durch sein Scheitern klug gewordenen Napoleon, der seine imperialen Gelüste zügelte, schienen sich eine Fülle von Möglichkeiten zu bieten, das ohnmächtige Zaunkönigtum von Elba einzutauschen gegen die Herrschaft über Frankreich, die ihm wieder gleichberechtigte Teilnahme an den europäischen Machtspielen verschaffte.

All diese Überlegungen zehrten von Wunschdenken, das sich nicht ausmalen konnte, welche Wirkung die Nachricht der Flucht von Elba auf die in Wien versammelten Repräsentanten der Siegermächte haben würde, als sie dort am 7. März 1815 eintraf. «Ungeachtet der Tatsache, dass die Politiker gewöhnt waren, sich zu beherrschen, blieb diese Schreckenssekunde in ihren Mienen doch deutlich zu lesen. Am tiefsten war sie Talleyrands Zügen eingegraben; am lautesten äußerte sie sich bei Stewart [i. e. Lord Castlereagh] und Alexanders Blässe, seine gedrückte Physiognomie sprachen deutlich aus, was sein Mund für keinen Preis gestanden hätte.»[2] Auch wenn die Mächte wegen der polnischen und sächsischen Frage tief zerstritten waren, England, Österreich und Frankreich sogar eine geheime Allianz geschlossen hatten, um die Expansion von Russland und Preußen notfalls mit Waffengewalt zu zügeln, lieferte ihnen die Flucht Napoleons jetzt den willkommenen Vorwand, ihre wegen konkurrierender Interessen brüchig gewordene Entente wieder zu festigen und das europäische Mächtekonzert zur Abwehr des gemeinsamen Feindes neu zu organisieren. Der Zar, vom schlechten Gewissen geplagt, tat sich dabei besonders hervor, wie Metternichs Sekretär Friedrich von Gentz voller Spott am 10. März 1815 schrieb: «Kaiser Alexander ist von der großen Neuigkeit umso aufgewühlter, als alle Welt darum weiß, dass der Plan, Napoleon die Insel Elba zu überlassen, von ihm stammt, weshalb er sich jetzt zu größten Anstrengungen bereiterklärt (...) und sich erneut zum Vorkämpfer der Freiheit in Europa ausruft.»[5] Der Zar verschreckte die Verbündeten sogar mit dem Vorschlag, den Oberbefehl der alliierten Truppen zu übernehmen, ein Einfall, den ihm Wellington wieder ausredete.[4] Allerdings vergingen einige Tage, bis diese Reaktion sich konkretisierte und in einer gemeinsamen Deklaration der vier Siegermächte und Frankreichs ihren Niederschlag fand. Der Grund für diese Verzögerung war die zunächst herrschende Unklarheit über die Absichten Napoleons, von dem man zunächst vermutete, er würde sich nach Italien wenden. Hinzu trat die Versuchung, die den einen oder anderen Kongressteilnehmer anwandelte, aus dem unerwarteten Ereignis einen Vorteil für die von ihm vertretenen Interessen herausschlagen zu können.[5]

Talleyrand machte vor allem zu schaffen, dass er mit jedem Tag, an dem Napoleon seinen Marsch unbehelligt fortsetzte, beim Kongress an Einfluss verlieren würde. Auch machte er sich hinsichtlich der Widerstandsfähigkeit und Stabilität der bourbonischen Restauration, die zu installieren ganz wesentlich sein Werk gewesen war, keinerlei Illusionen. Das galt es um jeden Preis zu verbergen, wollte Talleyrand nicht seine mit großem Geschick eroberte Stellung am Kongress gefährden, die das besiegte Frankreich zum gleichberechtigten Partner im kleinen Kreis der vier Siegermächte gemacht hatte.[6] Deshalb reagierte er, kaum dass die Nachricht in Wien eingelaufen war, Napoleon sei bei Antibes mit einer kleinen Schar von Getreuen unbehelligt gelandet und habe den Marsch ins Landesinnere angetreten, die Talleyrand angesichts seiner Einschätzung der Bourbonen zutiefst alarmieren musste, mit einem sarkastischen *bon mot*, das seine ungetrübte Selbstsicherheit signalisieren sollte: «Dieser Mann [i. e. Napoleon], der nicht mit einer Tragödie enden wollte, wird jetzt mit einer Farce enden.»[7]

Mit geistreichen Bemerkungen, das wusste Talleyrand, ließ sich der seiner Stellung und seinem Einfluss auf das weitere Kongressgeschehen drohende Schaden auf Dauer nicht begrenzen. Also fasste er den Entschluss, selbst die Initiative zu ergreifen und eine scharfe, gegen Napoleon gerichtete Deklaration zu entwerfen, die, um ihr möglichst großen Nachdruck zu verleihen, nicht nur von den vier Siegermächten und Frankreich, sondern auch von den anderen Vertretern der acht Signatarstaaten des Pariser Friedens – Schweden und Norwegen, Portugal und Spanien – unterzeichnet werden sollte. Um diese kühne Absicht zu verwirklichen, die die Beteiligung Frankreichs am künftigen Vorgehen des Kongresses gegen Napoleon sicherstellen sollte, legte Talleyrand den Entwurf der Deklaration erst Wellington und dann Metternich zur Prüfung und Billigung vor, ehe er ihn am 12. März den Vertretern der anderen Mächte zur Beratung und Verabschiedung unterbreitete.[8]

Auch wenn der ursprüngliche, sehr scharf formulierte Text der Proklamation noch verschiedentlich überarbeitet und abgemildert wurde, bis er, wie Friedrich von Gentz im Tagebuch vermerkte, nach «einer fünf Stunden dauernden und heftigen Diskussion» sowie weiteren Abänderungen am 13. März gegen Mitternacht von den Repräsentanten der Unterzeichnermächte des Pariser Friedens gebilligt und unterschrieben wurde,[9] erzielte Talleyrand damit einen großen diplomatischen Erfolg. Seinen berechtigten Stolz ließ er im Schreiben vom 14. März an seinen Mitarbeiter Jaucourt anklingen, der während seiner Abwesenheit in Paris als Außenminister amtierte: «Ich übermittle dem König, mein lieber Freund, die Deklaration, von der in meinem gestrigen Schreiben die Rede war: Sie ist sehr stark; niemals zuvor hat es ein Dokument dieser Wucht und Bedeutung gegeben, das von allen Souveränen Europas unterzeichnet wurde. (...) Adieu. Ich kann mir nicht vorstellen, dass wir hier je noch Besseres zustande bringen.»[10]

Die «Déclaration des puissances signataires du traité de Paris au sujet de l'évasion de Napoléon de l'île d'Elbe» ist ausweislich ihres Wortlauts ein Dokument, das nichts weniger als einen politischen Exorzismus darstellt:

«Die Mächte, die den Vertrag von Paris unterzeichnet haben, die, auf einem Kongress in Wien versammelt, vom Entweichen Napoleon Buonapartes und von seinem Endringen mit bewaffneter Hand in Frankreich unterrichtet wurden, sind ihrer eigenen Würde und dem Interesse der sozialen Ordnung eine Erklärung der Empfindungen schuldig, die dieses Geschehen sie erfahren ließ.

Indem er in dieser Weise die Vereinbarung gebrochen hat, die ihm die Insel Elba als Wohnsitz anwies, hat Buonaparte den einzigen Rechtsanspruch zerstört, der ihm seine Existenz garantierte. Indem er wieder in Frankreich auftauchte, mit der Absicht, hier Unfrieden und Unordnung zu stiften, hat er sich selbst des Schutzes der Gesetze beraubt und gegenüber dem Universum zu verstehen gegeben, dass es mit ihm weder einen Frieden noch einen Waffenstillstand geben kann.

Und auch wenn sie zutiefst davon überzeugt sind, dass ganz Frankreich, um seinen legitimen Souverän geschart, diesen letzten Versuch einer kriminellen und machtlosen Raserei unverzüglich im Keim erstickt, erklären alle Souveräne Europas, die sich die nämlichen Empfindungen teilen und die sich von denselben Prinzipien leiten lassen, dass, wenn wider alles Erwarten aus diesem Geschehen eine wirkliche Gefahr, welcher Art auch immer, erwachsen sollte, sie bereit sein werden, dem König von Frankreich und der französischen Nation oder auch jeder anderen angegriffenen Regierung, sobald die Aufforderung vorliegt, die notwendige Unterstützung zukommen zu lassen, um die öffentliche Ruhe wiederherzustellen und gemeinsame Sache gegen all die zu machen, die den Versuch unternehmen sollten, diese zu stören. In der Konsequenz dessen erklären die Mächte, dass sich Napoleon Buonaparte außerhalb der bürgerlichen und sozialen Ordnung gestellt hat und dass er, als Feind und Störer des Weltfriedens, der gerichtlichen Verfolgung überantwortet ist.

Die Mächte erklären zugleich auch ihre unerschütterliche Entschlossenheit, den Pariser Vertrag vom 30. Mai 1814 sowie die von diesem Abkommen sanktionierten Bestimmungen ebenso wie die, die geschlossen wurden, um jene zu ergänzen und zu festigen, aufrecht-zuerhalten, und dass sie ferner alle ihnen zur Verfügung stehenden Mittel einsetzen und all ihre Anstrengungen vereinen werden, damit der allgemeine Frieden, der Wunsch ganz Europas und das ständige Ziel ihrer Anstrengungen, nicht erneut gestört wird, und diesen Frieden gegen jeglichen Anschlag zu verteidigen, der die Gefahr herauf-beschwört, die Völker in neue Unordnung und in das Unglück einer Revolution zu stürzen.»[11]

Die Erklärung, die überall in Frankreich veröffentlicht werden sollte, verfehlte jedoch die Absicht, den Widerstand der Restauration gegen den Eindringling nachdrücklich zu stärken. Als der Text nach Frankreich gelangte, hatte sich hier die Lage durch die Flucht Louis' XVIII und den unangefochtenen Einzug Napoleons in Paris grundlegend verändert. Das verschaffte der Deklaration einen ganz anderen und von den Unterzeichnern so nicht gewollten Charakter.[12] Jetzt stellte diese einen Blankoscheck dar, der die europäischen Mächte dazu verpflichtete, den Bourbonen, die sich als grotesk unfähig zur Selbstbehauptung der Macht erwiesen hatten, wieder zur Herrschaft über Frankreich zu verhelfen! Solchen Unfug konnte keiner der Kontrahenten bei Unterzeichnung des Dokuments im Sinn gehabt haben, zumal die Restauration der Bourbonen im Vorjahr nur als Verlegenheitslösung gegolten hatte.

Diese Einsicht formulierte Castlereagh im Schreiben an Wellington vom 16. März 1815 unverblümt: «Die große Änderung, die bei der Sache eingetreten ist [i. e. die Unfähigkeit Louis' XVIII, den Vormarsch Napoleons aufzuhalten], lässt es jedoch geraten scheinen, so lange mehr Vorsicht bei der Verlautbarung von Erklärungen von Wien aus walten zu lassen, bis sich der Verlauf der Auseinandersetzung genauer darstellt; denn ungeachtet dessen, dass eine Intervention der europäischen Mächte in der Sicht der Regierung ihrer Majestät [i. e. des britischen Königs] eben sowohl als klug und notwendig erscheint, wenn sie eine angemessene nationale Unterstützung vonseiten Frankreichs erfährt und damit im Einklang mit den Grundsätzen steht, die bislang für die Alliierten maßgeblich waren, so wäre es eine gänzlich andere Frage, in Frankreich einzumarschieren, nur um einen Souverän wieder auf den Thron zu setzen, der von seinen eigenen Truppen und Untertanen verraten und verlassen worden ist.»[13]

Das Gambit einer bourbonischen Restauration nach deren eklatantem Scheitern mit unabsehbar großen Aufwand und manchen Risiken noch einmal zu spielen wäre also schiere Tollheit, der keiner der Beteiligten auch nur entfernt verdächtig war. Die Vermutung wird durch Tagebucheintragungen des Repräsentanten der Republik Genf beim Wiener Kongress, Jean-Gabriel Eynard, bestätigt, der damals in der Westschweiz weilte und deshalb schon einige Tage früher die Nachricht von der Flucht Louis' XVIII und der Rückkehr Napoleons nach Paris erfuhr, die in Wien erst am 28. März eintraf.[14] Seine ausführlichen Reflexionen beschloss Eynard am 26. März mit dem Resümee: «Ich beharre mehr denn je auf meiner Ansicht, dass die Mächte mit Bonaparte in Verhandlungen eintreten werden. Wenn der König, von dem Geschehen entnervt, Frankreich im Stich lässt, dann ist die Sache der Bourbonen für alle Zeit verloren. Und selbst wenn man vom Tod Napoleons ausgeht, werden die Bourbonen nicht mehr nach Frankreich zurückkehren; ihr Abgang vollendet die Revolution.»[15]

So ist es, wie bekannt, nicht gekommen. Eine Ursache dafür war die von Talleyrand geschickt formulierte Deklaration vom 13. März, die eine Falle spannte, in die die Signatarmächte gingen. Diese Falle schnappte zu, als die Nachricht von der feigen Flucht des Königs und des triumphalen Einzugs Napoleons in Paris nach Wien gelangte. Talleyrand, der lange Jahre sein Mentor gewesen war und ihn deshalb weit besser einschätzen konnte als die anderen Staatsmänner und Diplomaten des Wiener Kongresses, die sich zu ihrer gelinden Überraschung mit einem Mal Napoleon gegenüber irgendwie verhalten mussten, machte sich keine Illusionen. Kaum hörte er von dessen Flucht, sah er sofort das Geschehen voraus, das mit dem 20. März seinen vorläufigen Höhepunkt fand. Für Talleyrand war das ein *déjà-vu*, denn er konnte sich gut der überraschenden Rückkehr Bonapartes nach dem Debakel der ägyptischen Expedition entsinnen.[16] Diese Gewissheit behielt er für sich; sie steht in keinem Widerspruch dazu, dass er gegenüber Gesprächspartnern wie dem Baron Montet die Möglichkeit, Napoleon könnte bis nach Paris gelangen, entschieden bestritt und ihn darüber hinaus als «Erznarren» qualifizierte.[17]

Das erkannte Talleyrand sofort. Wenn es Napoleon gelänge, die Bourbonen zu verjagen und unwidersprochen die Macht in Paris an sich zu reißen, wenn er dann ohne Zögern dem Vertrag von Paris zustimmte, hätten dessen Signatarmächte nach den Bestimmungen des Völkerrechts keine Handhabe mehr, ihm die förmliche Anerkennung zu verweigern, geschweige einen Krieg gegen ihn zu führen. Das musste er im eigenen Interesse verhindern, denn Talleyrand gehörte zu jener Handvoll einstiger Würdenträger des *Empire*, der Napoleon in den Lyoner Dekreten Vergeltung für ihren Verrat angedroht hatte. Auch wenn diese Ankündigung ihm noch nicht bekannt gewesen sein dürfte, war er sich gleichwohl der Rachegefühle Napoleons gegen ihn gewiss. Dem Dilemma konnte er nur entgehen, wenn es ihm gelang, die Vertreter der europäischen Mächte dazu zu gewinnen, Napoleon förmlich in Acht und Bann zu setzen und für vogelfrei zu erklären. Damit konnte er sich zwar nicht durchsetzen, aber denselben Zweck erfüllte der in der Erklärung vom 13. März enthaltene mildere Passus, der Napoleon wegen der durch Flucht begangenen Vertragsverletzung außerhalb des gesetzlichen Schutzes stellte, Verhandlungen mit ihm verbot und seine unnachsichtige Verfolgung forderte.[18]

Auch wenn Napoleon wieder an die Macht gelangte, würde seiner Herrschaft keine Dauer beschieden sein. Dazu hatten sich die Mächte, die den Pariser Frieden von 1814 unterzeichnet hatten, mit der Erklärung vom 13. März 1815 verpflichtet. Also mussten sie umgehend einen neuen Krieg gegen Napoleon führen, an dem Frankreich, das sowohl jenen Frieden geschlossen wie diese Deklaration unterzeichnet hatte, zumindest mittelbar aufseiten der Alliierten beteiligt sein würde. Diese Konstellation verhieß aber auch eine Garantie für die Bourbonen, dass sie nach erfolgreichem Abschluss dieses Krieges wieder die legitime Herrschaft über Frankreich ausübten.

Das war eine Perspektive, die dem Zaren, Louis' XVIII in tiefer Abneigung verbunden, keineswegs behagte. Deshalb bemerkte er, er sei weit davon entfernt, die Bourbonen zu favorisieren. Ganz im Gegenteil sei er zutiefst überzeugt, Napoleon werde sich klug und gemäßigt betragen, was eine sichere Gewähr für eine lange Periode des Friedens und der Ruhe böte. Ganz auf dieser Linie lag es auch, dass er Napoleons Frau Marie-Louise Ende März 1815 mit der Überlegung verblüffte: «Wenn sich die Nation für Napoleon oder die Regentschaft [i. e. von Napoleons minderjährigem Sohn aus der Ehe mit Marie-Louise] ausspricht, werde ich nicht zögern, ebendies in Vorschlag zu bringen. Schließlich kann man sich nicht [dem Verlangen] einer ganzen Nation widersetzen.»[19] Das war kein Lapsus des galanten Alexander, wie seine Bemerkung zeigt, ihm sei in Frankreich jede Regierung «mit Ausnahme der des Kaisers» genehm, gleichgültig, ob «demokratisch, aristokratisch oder monarchisch», die Baron Méneval am 7. April 1815 Napoleons Außenminister Caulaincourt steckte.[20] Schließlich dokumentierte ein Memorandum des russischen Kabinetts, das die Kriegsziele der Alliierten in der geplanten Auseinandersetzung mit Napoleon Mitte April präzisierte, nachdrücklich, wie ernst diese Äußerungen des Zaren zu nehmen seien. Zwar wurde darin die Absicht bekräftigt, Napoleon zu verjagen, aber es wurde auch ausdrücklich festgestellt: «Louis XVIII kann und darf nicht den Wunsch hegen, dass es Ziel des Krieges sei, Frankreich einem anderen Joch zu unterwerfen, will sagen, dem von Gesetzen und Institutionen, die nicht mit den Erwartungen und den Interessen des Volkes übereinstimmen, die ein Ergebnis der völligen Veränderung der inneren Verhältnisse sind, die während der letzten 25 Jahre eintraten. Der Fürst kann nicht davon ausgehen, allein unter dem Schutz seiner Alliierten zu herrschen und die Macht der Koalition dafür in Anspruch zu nehmen. (...) Worin man übereinstimmt, das einzige Ziel, dem alle Anstrengungen gelten müssen, *ist, Frankreich von Bonaparte zu befreien.* (...) Dieser Marschroute folgend, werden die verbündeten Mächte Krieg allein gegen Bonaparte führen.» Zugleich versprechen sie, die Unabhängigkeit der Franzosen *scrupuleusement et par le fait* zu respektieren. «Diese, sobald sie unter sich sind, werden unter den Auspizien Louis' XVIII in aller Freiheit ihren Gesellschaftsvertrag erörtern. Der König (...) wird inmitten der Alliierten in Frankreich ankommen, aber nicht, um durch die Macht der Armeen, sondern durch das Votum der Nation wieder auf den Thron gesetzt zu werden, so wie dies zuvor schon durch deren Wünsche geschehen ist. Diese Vorgehensweise mutet dem König, wie man sich nicht verheimlichen sollte, große Opfer zu.»[21]

Die Abneigung des Zaren, den Bourbonen nach dem Sieg über Napoleon wieder auf den Thron in Frankreich zu verhelfen, wurde auch, wenngleich weit weniger prononciert, von Metternich und der britischen Regierung geteilt. Metternich etwa ließ Joseph Fouché, der, kaum dass ihn Napoleon zum Polizeiminister berufen hatte, mit dem österreichischen Außenminister konspirierte, am 9. April 1815 wissen: «Die Mächte lehnen Napoleon Bonaparte ab. Sie werden einen Krieg *à outrance* gegen ihn, aber nicht gegen Frankreich führen. Sie wünschen zu wissen, was Frankreich und was Sie wollen.

Keineswegs ist es ihre Absicht, sich in die inneren Angelegenheiten einzumischen und auf das Verlangen der Nation hinsichtlich der Regierung Einfluss zu nehmen, aber sie werden auf keinen Fall Bonaparte weiterhin auf dem Thron Frankreichs dulden.»[22]

Dieser diskrete Wink fand erst am 25. April eine diplomatisch verklausulierte Bekräftigung. Von diesem Tag datiert eine Erklärung, die der britische Außenminister Castlereagh namens des Prätendenten, des künftigen George IV., abgab. Diese Erklärung war mit dem Austausch der Ratifikationsurkunden des von den Siegermächten in Wien am 25. März geschlossenen Vertrags verknüpft, mit dem das am 1. März 1814 in Chaumont zwischen ihnen geschlossene Bündnis gegen Napoleon erneuert und bekräftigt wurde. Darin wurde ausdrücklich betont, dass «dieser Vertrag keineswegs so verstanden werden könne, dass sich die Regierung Ihrer Majestät dazu verpflichtet, den Krieg mit dem Ziel zu führen, Frankreich eine besondere Regierung aufzunötigen», auch wenn es dieser als wünschbar erscheine, «Seine Allerchristliche Majestät [i. e. Louis XVIII] wieder auf dem Thron installiert zu sehen».[23] Dieser Erklärung schloss sich Metternich mit einer eigenen Note an, in der er bekräftigte, dass die Prinzipien, die das Handeln Großbritanniens bestimmten, auch den «Grundsätzen entsprechen, denen zufolge Seine Kaiserliche Majestät vorschlage, alle Anstrengungen gegen die Usurpation von Napoleon Bonaparte zu richten (…), die es ihm aber keineswegs gestatteten, sich dafür einzusetzen, den Krieg in der Absicht fortzuführen, Frankreich eine Regierung aufzudrängen».[24]

Die Erklärungen von Großbritannien und Österreich, die gewissermaßen ein Echo auf das Memorandum des russischen Kabinetts waren, lassen erahnen, wie sehr man unterdessen im Hinblick auf die künftige französische Regierung bemüht war, sich nicht von der vollmundigen Deklaration vom 13. März präjudizieren zu lassen, der man in der Perspektive ganz anderer Erwartungen zugestimmt hatte. Das galt im Besonderen dafür, dass man Louis XVIII «die notwendige Unterstützung» versprochen hatte, «um die öffentliche Ruhe wiederherzustellen», sollte Napoleon «wider alles Erwarten» sich zu einer Gefahr für diese auswachsen. Das war nur als Drohung gemeint gewesen, von der man annahm, sie würde genügen, um jene Gefahr zu bannen. Als man sich in dieser Erwartung getäuscht sah, erkannten die Signatarmächte dieser Deklaration, dass sie die Gefangenen ihrer Worte waren, denen sie nun wohl oder übel Taten folgen lassen mussten. Das war mehr als misslich, weil keine der Siegermächte zehn Monate nach Unterzeichnung des Pariser Friedens, der einen rund 20 Jahre dauernden Krieg Europas gegen die Französische Revolution besiegelt hatte, darauf brannte, geschweige im Besitz der dafür erforderlichen Mittel gewesen wäre, diesen Konflikt wieder aufzunehmen. Allein, die Macht in Frankreich erneut in den Händen Napoleons zu wissen war eine zu große Herausforderung für das stolze Selbstwertgefühl der Sieger und ließ sich überdies auch als manifeste Gefahr für den Frieden und das europäische Mächtegleichgewicht darstellen, das der Wiener Kongress soeben mühsam austariert hatte.

Diesen Zwängen musste man sich beugen, doch die Deklaration vom 13. März 1815 wies nur die Richtung und stellte keine tragfähige Handlungsgrundlage dar. Als deren Muster ließ sich das am 1. März 1814 geschlossene Bündnis von Chaumont verwenden. Dessen wichtigste Bestimmungen sahen vor, dass die vier Parteien – Russland, Preußen, Österreich und Großbritannien – jeweils 150 000 Mann gegen den gemeinsamen Feind ins Feld stellten und sich gegenseitig dazu verpflichteten, weder in separate Verhandlungen mit diesem einzutreten noch einen Frieden oder Waffenstillstand mit ihm zu schließen. Außerdem verpflichtete sich Großbritannien, den drei anderen Kontrahenten Subsidien von insgesamt 5 Millionen Pfund Sterling für das Jahr 1814 zur Verfügung zu stellen. Sollte der Krieg länger dauern, sagte Großbritannien zu, diese Zahlungen entsprechend zu verlängern. Das Vereinigte Königreich bedang sich außerdem aus, sein Truppenkontingent entweder mit Söldnern oder mit Soldaten von Bündnispartnern auszufüllen. In diesem Fall erklärte man sich zur Zahlung von Subsidien von 20 Pfund/Jahr für jeden Infanteristen und 30 Pfund/Jahr für jeden Kavalleristen bereit.[25]

Die Bestimmungen des Vertrags von Chaumont waren die Grundlage des am 25. März 1815 in Wien geschlossenen neuen Bündnisses, dessen Notwendigkeit im Protokoll damit begründet wurde, dass «das bewaffnete Eindringen Napoleon Bonapartes in Frankreich und die Provokation zum Aufruhr, mit denen er seine ersten Handlungen begleitete, gegen die Ordnung der Dinge in Frankreich und Europa gerichtet sind». Deshalb sähen sich die vertragschließenden Parteien genötigt, die Vereinbarungen von Chaumont erneut wirksam werden zu lassen und zu diesem Zweck einen neuen Vertrag zu vereinbaren, um den Exkaiser der Franzosen zu zwingen, «von seinen Vorhaben abzulassen», und ihn «außer Stande zu setzen, in Zukunft die Ruhe Europas und den allgemeinen Frieden zu stören».[26]

Der Vertrag wurde bezeichnenderweise als Erstes von Talleyrand für Frankreich am 27. März ratifiziert.[27] Damit gelang ihm ein doppeltes Kunststück, denn Frankreich wurde so nachträglich auch Kontrahent des Vertrags von Chaumont. Weitaus bedeutsamer war jedoch, dass er mit dieser Ratifikation den Nachrichten von der Flucht Louis' XVIII und dem Einzug Napoleons in Paris, die am 29. März Wien erreichten, um einen Tag zuvorkam. Andernfalls hätte es seine Stellung im Konzert der Mächte entschieden geschwächt. Österreich, Preußen und Russland machten ihre Ratifikation von einem Vorbehalt abhängig, den sie in einer Note zum Ausdruck brachten, die dem Protokoll der Paraphierung des Vertrags angefügt wurde. Darin wiesen sie darauf hin, dass ihre Staaten sich nach dem langen und kostspieligen Krieg außerstande sähen, ohne Hoffnung auf massive finanzielle Unterstützung vonseiten Großbritanniens die von ihnen erwarteten Bündnispflichten erfüllen zu können. Deshalb werde der Vorschlag gemacht, diese Frage in einem Separatabkommen zu regeln. Der Vorschlag war eine Erpressung, denn, so hieß es in der Note abschließend, «erst wenn die Frage der Subsidien derart geregelt ist, werden sich die *augustes maîtres* in der Lage sehen, die ihnen aus diesem Vertrag erwachsenden Verpflichtungen in ihrem ganzen für die Erreichung des Ziels so unverzichtbaren Umfang zu erfüllen».[28]

Großbritannien war traditionell Zahlmeister in den Koalitionskriegen der europäischen Mächte gegen Napoleon. Das bedeutete eine beträchtliche finanzielle Last, die nur durch unpopuläre Steuern aufgebracht werden konnte, weshalb man sich beeilte, mit dem Frieden von Paris vom 30. Mai 1814 die monatlich fälligen Subsidien an die drei Bündnispartner umgehend einzustellen. Blieb noch die Begleichung der für den Rücktransport der Truppen vertraglich vereinbarten Summen, die sich im Falle Österreichs und Preußens jeweils rund

1 Million Pfund betrugen, während Russland 1,25 Millionen Pfund erwarten konnte sowie die Tilgung eingegangener Subsidienverpflichtungen, die sich für diese drei Hauptalliierten auf insgesamt rund 5 Millionen Pfund beliefen. Zum Leidwesen des britischen Repräsentanten Castlereagh beim Wiener Kongress, der diese noch fälligen Gelder gerne als ein Druckmittel bei den schleppend vorangehenden Verhandlungen Sachsens und Polens wegen genutzt hätte, war diese Schuld aber bereits bis Ende des Jahres 1814 vollständig bedient worden.[29]

Der Freude, dieser Last ledig zu sein, bereitete die Rückkehr Napoleons ein jähes Ende. Die drei Kontinentalmächte waren ausweislich jener Note nur dann zu Kriegsanstrengungen bereit, wenn sich Großbritannien erneut zu Subsidien verpflichtete. Dazu musste sich London im Interesse eines Erfolgs der Bündnispolitik bequemen, auch wenn Castlereagh am 12. April Clancarty mitteilte, «(...) die europäischen Mächte dürfen weder erwarten, dass wir alle Welt mit Subsidien unterstützen, noch dass wir bestimmte Grenzen bei unseren Aufwendungen überschreiten».[30] Am 30. April 1815 wurden mit Preußen, Österreich und Russland Abkommen geschlossen, die den einschlägigen Bestimmungen des Vertrags von Chaumont entsprachen. Die Proteste der Alliierten, die jetzt höhere Zahlungen erwarteten, wurden von Wellington namens der britischen Regierung zunächst zurückgewiesen.[31] Schließlich jedoch erhielt Österreich zusätzlich 280 000 Pfund bewilligt, während Russland sogar 1 Million Pfund zugesprochen bekam.[32]

Nun erst wurde die am 25. März 1815 unterzeichnete Neuauflage des Bündnisses von Chaumont wirksam, nach der sich jeder der daran beteiligten Souveräne dazu verpflichtete, sofort 150 000 Mann auf Kriegsfuß zu stellen und diese «aktiv und konzertiert gegen den gemeinsamen Feind» vorgehen zu lassen.[33] Binnen drei Wochen nach der Rückkehr Napoleons war die Kriegskoalition von 1814 wieder um den Preis reaktiviert worden, dass Großbritannien über 6 Millionen Pfund seinen drei Hauptverbündeten als Subventionen zusagte. Noch einmal die Hälfte dieser Summe musste außerdem aufgewendet werden, um auch die britische Streitmacht auf die zugesagte Sollstärke von 150 000 Mann zu bringen. Davon stand weit weniger als ein Drittel, das mehr niederländische und hannoversche als britische Truppen umfasste, in Flandern zur Verfügung. Also mussten weit über 100 000 Mann rekrutiert werden. Da die Aufstellung einer eigenen, rein britischen Armee wesentlich mehr Zeit und Geld verschlingen würde – die Aufwendungen für einen britischen Soldaten, der in Europa zum Einsatz kommen sollte, wurde von Castlereagh mit 60 bis 70 Pfund pro Jahr veranschlagt –, mussten diese Soldaten entweder als Söldner angeworben werden, oder die kleineren deutschen Staaten fanden sich dazu bereit, gegen Zahlung von Subsidien Kontingente ihrer Armeen unter britischer Fahne in den Krieg ziehen zu lassen. Das hatte den Abschluss gesonderter Bündnisverträge mit den einzelnen deutschen Fürstentümern zur Voraussetzung. Das war diplomatisch zwar aufwendig, verhieß aber den großen politischen Vorzug, diese Duodezfürstentümer dem Begehren Preußens, das seine Hegemonie bis zur Mainlinie ausdehnen wollte, zu entziehen.

Das Verfahren hatte, wie vorhersehbar, seine eigenen Tücken, die Wellington zu seinem Leidwesen auskosten musste. Sobald am 28. März in Wien bekannt wurde, Napoleon sei in Paris angelangt, erhielt Wellington, seit Januar 1815 der britische Bevollmächtigte beim Wiener Kongress, den Oberbefehl über die unter britischem Kommando stehenden rund 22 000 Mann umfassenden Truppen in Flandern. In der Nähe zur französischen Grenze befand sich zu diesem Zeitpunkt außerdem noch ein deutsches Armeecorps von etwa 30 000 Mann unter preußischem Oberbefehl im Raum Koblenz. Kleinere bayerisch-österreichische Kontingente waren in der Pfalz verteilt, und um Köln lagen sächsische Truppen im Quartier.[34] All diese Einheiten mussten umgruppiert, zu Armeecorps formiert und insbesondere zügig aufgestockt werden, denn sie würden die Hauptlast der Kämpfe im Konflikt mit Napoleon zu tragen haben. Nach dem Pariser Frieden war die österreichische Armee nach Italien transferiert worden, um den Besitzansprüchen Wiens auf die Apenninhalbinsel gehörigen Nachdruck zu verleihen und um Murat aus Neapel zu vertreiben, während die russischen Truppen wieder ins Zarenreich zurückmarschiert waren. Allerdings standen noch größere russische Einheiten in Polen, mit deren raschem Eingreifen in das Geschehen aus zwei Gründen nicht gerechnet werden konnte: zum einen wegen ihrer großen Entfernung vom Rhein, zum anderen weil Österreich wegen des Streits um die Teilung Sachsens, bei dem Russland auf der Seite Preußens stand, sich weigerte, diese Truppen auf dem kürzesten Weg durch Sachsen ziehen zu lassen. Stattdessen wurde für sie ein schmaler Korridor durch Böhmen ausgewiesen, der einen riesigen Umweg bedeutete und am 23. Mai 1815 vertraglich vereinbart wurde.[35]

Schon am 11. März hatten österreichische, preußische und russische Militärs beraten, wie der napoleonischen Drohung am besten zu begegnen sei. Zankapfel dieser und weiterer Konferenzen bildete die Frage, welche der nord- und mitteldeutschen Staaten ihre Kontingente entweder dem britischen oder preußischen Oberbefehl unterstellen sollten. Die Frage war deshalb von Belang, weil die Beantwortung den Anteil der Verbündeten am Sieg über Napoleon präjudizierte, der bei den Friedensverhandlungen ins Gewicht fallen würde. Also war Preußen darauf bedacht, den Löwenanteil der Truppenkontingente, die von den deutschen Staaten nördlich der Mainlinie aufgeboten werden sollten, seinem Kommando einzuverleiben. Ausgenommen sollten davon nur die hannoverschen Truppen sein, wegen der Personalunion Hannovers mit der britischen Krone. Damit wollte Preußen weiter den Anspruch untermauern, die Hegemonie über ganz Norddeutschland auszuüben, eine Perspektive, die den britischen Interessen, die auf ein fein austariertes Gleichgewicht der europäischen Kontinentalmächte abgestellt waren, entschieden zuwiderliefen.[36] Ungeachtet dieser Kontroverse wurde am 1. April die Bildung von drei großen Armeen entlang der französischen Grenze geplant: am Oberrhein, Mittelrhein und in den Niederlanden. Die rund 150 000 Mann der Armee am Oberrhein standen unter dem Befehl des österreichischen Feldmarschalls Schwarzenberg. Am Mittel- und Niederrhein sollte eine von Feldmarschall Blücher kommandierte und ebenfalls rund 150 000 Mann umfassende Armee Aufstellung nehmen, während Wellington den Oberbefehl über die britisch-niederländische Armee im Raum Brüssel hatte.

Kaum war das entschieden, machten die Herrscher der kleineren deutschen Staaten, die sich als Bündnispartner begehrt sahen, Probleme. Dank des Selbstbewusstseins, das ihnen damit zuwuchs, fassten sie am 5. April den Beschluss, keine der Großmächte dürfe einseitig über die Verwendung ihrer Kontingente entscheiden. Außerdem beharrten sie darauf, dass ihre Truppen nicht nach Belieben auf die drei Armeen aufgeteilt werden dürften. Vielmehr sollten diese zu Divisionen und Armeecorps zusammengefasst und jeweils *en bloc* dem Oberbefehl eines der alliierten Befehlshaber unterstellt werden. Der Beschluss signalisierte erhebliches Misstrauen der deutschen Klein- und Mittelstaaten gegenüber den preußischen Hegemonialabsichten. Sie gaben damit auch zu erkennen, dass ihre Sympathien eher Großbritannien galten. Das war umso verständlicher, als Preußen ihnen nichts zu bieten hatte, Großbritannien hingegen Subsidien verhieß, mit denen sich die notorisch leeren Kassen der Duodezfürsten auffüllen ließen.[37]

Zuvor schon, am 31. März, war eine Einigung über die Aufstellung von Schwarzenbergs Armee am Oberrhein vereinbart worden, die demnach zu zwei Dritteln aus bayerischen, württembergischen und badischen Einheiten bestand, dazu noch die kleineren Kontingente von Hessen-Darmstadt, Hohenzollern, Liechtenstein und der Freien Reichsstadt Frankfurt am Main, und zu einem Drittel aus österreichischen Truppen.[38] Wesentlich schwieriger war es, eine Einigung über die Zuteilung der Truppenkontingente aus den nord- und mitteldeutschen Staaten zu erzielen. Mit Rücksicht auf seine hegemonialen Absichten beharrte Preußen nachdrücklich darauf, für den Kampfgeist dieser Truppen sei es wichtig, sie zögen für Deutschland in den Krieg; also sollten sie mit Ausnahme der hannoverschen Truppen unter seiner Fahne fechten. Dem widersprach der die Verhandlungen seitens der Briten führende Diplomat Cathcart mit dem Argument, die britischen Subsidien würden Wellington das Recht geben, so viele Einheiten, wie er brauchte, für sich zu reklamieren. Das war auch deswegen einleuchtend, weil Wellington in großer Not war, die ihm unterstehenden Verbände in Belgien auf die erforderliche Sollstärke zu bringen. Das musste auch der preußische Verhandlungsführer General Knesebeck einsehen, der daher zustimmte, die Kontingente von Braunschweig, Oldenburg und der Hansestädte an Wellington abzutreten, dessen weitergehende Wünsche auf die Truppen von Nassau, Hessen-Kassel und Sachsen aber mit Entschiedenheit ablehnte.

Für diesen Zank der Militärs musste also eine Konferenz der fünf

Großmächte, die am 1. April zusammentrat, eine politische Lösung finden, die, wie in solchen Fällen absehbar, einen Kompromiss darstellte: Das Kontingent von Hessen-Kassel wurde Preußen zugesprochen, während Wellington die Truppen von Nassau erhielt, von denen ein Teil bereits den niederländischen Truppen angehörte, die seinem Befehl unterstanden. Komplizierter war jedoch das Problem mit den als vorzüglich geltenden sächsischen Truppen. Im Unterschied zu anderen Rheinbundfürsten – wie etwa der bayerische König – hatte der sächsische Monarch Friedrich August nicht die Zeichen der Zeit erkannt und Napoleon auch noch bei der «Völkerschlacht» von Leipzig im Oktober 1813 die Bündnistreue gehalten. Dafür musste er nach dem Sieg der Alliierten in dieser Schlacht damit bezahlen, dass Preußen das Königreich Sachsen militärisch besetzte, um dessen gesamtes Territorium, auf das es seit dem Siebenjährigen Krieg schielte, zu annektieren. Dieses Verlangen, neben der polnischen Frage einer der Hauptstreitpunkte des Wiener Kongresses, wurde schließlich dadurch befriedigt, dass Preußen fast die Hälfte Sachsens abgetreten wurde.

Ungeachtet dieser Teilungsvereinbarung war ganz Sachsen noch immer von preußischen Truppen besetzt, und die gesamte stolze sächsische Armee war bereits in das preußische Corps eingegliedert worden, das im Rheinland stand. Da sich aber der sächsische König bislang hartnäckig weigerte, die Truppen vom ihm geleisteten Eid zu entbinden, galten deren Einheiten als wenig zuverlässig. Andererseits war es kein Geheimnis, dass sich Friedrich August zu diesem Schritt nur unter der Bedingung entschließen würde, dass die sächsischen Truppen dem Kommando Wellingtons und nicht dem Blüchers respektive Preußens unterstellt würden. Da deswegen die Kampfmoral der sächsischen Einheiten nicht allzu hoch zu veranschlagen war, einigte man sich auch hier auf einen windigen Kompromiss: Die königlich sächsischen Truppen sollten Wellington, jene aus dem von Preußen annektierten Sachsen dem Kommando Blüchers zugeteilt werden.[59]

Das Gros von Blüchers Armee bestand überwiegend aus Milizen der preußischen Landwehr sowie aus zum Dienst in der preußischen Armee gepressten vormals königlich-sächsischen Soldaten. Ihr wurden noch rund 16000 Mann zugeschlagen, die zusammen das Aufgebot von Hessen-Kassel, Mecklenburg, der fünf sächsischen Herzogtümer sowie der Fürstentümer Anhalt, Schwarzenburg, Reuss, Lippe-Detmold, Schaumburg-Lippe und Waldeck darstellten. Die britisch-niederländische Armee wies unterdessen rund 32000 britische, 25000 niederländische und rund 17000 hannoversche Soldaten auf, zu denen noch die Kontingente von Braunschweig, Oldenburg, Nassau und der Hansestädte, alles in allem rund 14000 Mann, sowie 9000 Soldaten der Königlich Sächsischen Armee hinzustoßen sollten.[40] Auch wenn Wellington bei Beginn der Kämpfe auf das Kontingent Oldenburgs (1600) verzichten musste – die Großherzog Peter, ein Verwandter des Zaren, lieber den Preußen zur Verfügung stellte –, die Hansestädte ihre Truppen (3000 Mann) nicht rechtzeitig aufbieten konnten und das Kontingent der Königlich Sächsischen Armee nie am Kampfgeschehen teilnahm,[41] stellten rund 36000 deutsche Soldaten den Löwenanteil an der britisch-niederländischen Armee.

Die zahlreichen Probleme bis zur Aufstellung der alliierten Truppen, die deshalb erst im Laufe des Monats Mai vollendet war und die von den fortdauernden britisch-preußischen Unstimmigkeiten überlagert wurden, schlossen ein offensives Vorgehen gegen Napoleon von vornherein aus. Das war misslich, weil der Gegner die Zeit nicht nur für seine eigenen Rüstungen nutzen konnte, sondern ihm so auch die Initiative für Zeitpunkt und Ort des Angriffs zufiel. Für Napoleon war dies eine große, unwiderstehliche Versuchung, der er nicht nur deshalb mehr als bereitwillig nachgab, da sie seinem Naturell entsprach, sondern weil eine siegreiche Offensive die Überwindung zahlreicher Schwierigkeiten versprach, die sich in Frankreich immer höher vor ihm auftürmten.

Damit durchkreuzte Napoleon auch die strategischen Planungen der Alliierten, die sich am 19. April in Wien darauf verständigt hatten, den Krieg gegen Frankreich mit drei Armeen am 1. Juni zu beginnen, die von Norden und Osten angreifen und sich bei Paris vereinigen sollten. Bis zu diesem Termin, so glaubte man, seien die alliierten Truppen in ihren Bereitstellungsräumen in den Niederlanden sowie entlang dem Rhein vollzählig versammelt.[42] Das erwies sich jedoch als zu optimistisch, sodass der österreichische Oberbefehlshaber Fürst Schwarzenberg erst am 10. Juni den verbündeten Souveränen einen definitiven Ablauf der geplanten Invasion vorlegte, die erst am 27. Juni beginnen sollte.[43] Dieser Plan war weniger von militärstrategischen als politischen Rücksichten geprägt: Alle Verbündeten sollten den gleichen Anteil am Sieg über Napoleon haben, um so ihre gleichberechtigte Stellung bei den sich anschließenden Friedensverhandlungen von vorneherein zu gewährleisten. Das gab auch den Ausschlag für die Übereinkunft, dass die britisch-niederländischen und die preußischen Streitkräfte wegen ihrer größeren Nähe zu Paris die Invasion Frankreichs erst am 1. Juli beginnen sollten.[44]

# VIERTES KAPITEL

# L'EMPIRE LIBÉRAL

Napoleons Einzug in Paris in den Abendstunden des 20. März 1815 wird gern als triumphaler Höhepunkt seiner Rückkehr an die Macht geschildert. Als eine unauffällige Kutsche bei den Tuilerien anhielt und der in seinen grauen Mantel gehüllte Napoleon, den bekannten Hut auf dem Kopf, ausstieg, sah er sich von einer begeisterten Menge von Generälen und Offizieren umringt, die ihn auf die Schultern hoben und in das Innere des Palais trugen.[1] Auch waren seit den Nachmittagsstunden die Pariser Unterschichten in Bewegung, die sein Eintreffen erwarteten. Die Boulevards, die von den Toren von Saint-Denis und Saint-Martin in die Stadt führen, waren, wie eine englische Besucherin berichtet, bis hin zum Jardin-des-Plantes von «treuen Anhängern Buonapartes, der Hefe des *peuple* aus den Vorstädten», dicht gefüllt. «Welche abscheulichen Gestalten zeigten sich aus diesem Anlass im Tageslicht, das von ihnen seit Langem gemieden wurde!»[2] Dieser Empfang gefiel Napoleon ganz und gar nicht, weshalb er sich angeblich bei Fouché mit den Worten beklagt haben soll: «Man berichtete mir, dass beim Einzug Louis' XVIII die Damen an den Fenstern standen und ihre weißen Taschentücher schwenkten. Wie erklärt es sich, dass ich nichts dergleichen gewahrte? – Sire», soll daraufhin Fouché versetzt haben, «ich bin nicht verantwortlich dafür, dass die Freunde Ihrer Majestät sich mit den Fingern schnäuzen.»[3]

Napoleon, gegen vier Uhr in der Frühe in Fontainebleau angelangt, erhielt hier bereits drei Stunden später die Kunde von der
Flucht Louis' XVIII und musste folglich mit keinerlei Widerstand auf
dieser letzten Etappe rechnen. Er hatte seine Ankunft in Paris absichtlich verzögert. Das Motiv dafür war, wie Jean-Baptiste Germain
Fabry vermutet, die tiefe Gespaltenheit der öffentlichen Meinung in
der Hauptstadt, wo Trauer und Bestürzung die Begeisterung überwo-
gen. «Napoleon wagte es nicht, am hellen Tag seinen Einzug in Paris
zu halten. Er wartete ab, bis die Dunkelheit ihn den Blicken entzog
und auch den Seinen das Erleben dieser riesigen Kapitale verbarg,
die sich teilte in den Schmerz über die Flucht ihres Königs und das
Erschrecken, das ihr der Anblick des Tyrannen einflößte.»[4] Im Unterschied zu Grenoble, Lyon, Auxerre und anderen Städten, deren Ein-
wohnerschaft ihn auf seinem Zug begeistert begrüßten, hatten sich
die bürgerlichen Schichten in Paris mit der Restauration arrangiert.[5]
Das Regime der Bourbonen versprach Frieden und Handlungssicher-
heit, zwei Gewissheiten, die man während der Herrschaft Napoleons
vermissen musste. Darüber, dass man ihm in Paris überwiegend mit
Skepsis, wenn nicht gar mit Ablehnung begegnen würde, hatte sich
Napoleon umso weniger Illusionen gemacht, als er darum wusste,
dass sein Wiederauftauchen in Frankreich keineswegs das ganze
Land in Begeisterungstaumel versetzt hatte. Nicht nur im Süden war
man ihm feindlich gesinnt, wie die Erlebnisse nach der Landung be-
stätigten, sondern auch im Westen und Norden Frankreichs überwog
trotz aller Ungeschicklichkeiten des Regimes die Zustimmung für die
Bourbonen, die sich entgegen der Illusionen Napoleons auf soliden
Zuspruch in gut zwei Dritteln des Landes stützen konnten.[6]

Am Ziel des beschwerlichen Marsches angelangt, wurde damit
offensichtlich, was entscheidend für dessen Erfolg gewesen war: die
Armee, die Napoleon entweder offen unterstützte und zu ihm in hellen Scharen überlief oder sich zumindest weigerte, ihm entgegenzu-
treten. Das hat Pasquier mit sprödem Realismus diagnostiziert: «Die
neue und letzte Herrschaft Napoleons kann nur von dem Augenblick
an datiert werden, an dem er in der Hauptstadt auftauchte; seit seiner
Landung verfügte er lediglich über eine Armee, von nun an brauchte
er jedoch eine Regierung.»[7] Eine Regierung war der Ausweis dafür,

dass sich seine Herrschaft auf Legitimität gründete, denn wie Talleyrand gesagt haben soll: «Man kann mit Bajonetten alles machen, außer sich daraufsetzen.» Dessen war sich auch Napoleon immer bewusst, weshalb er es stets vermieden hatte, als Erster Consul und als Kaiser lediglich als Chef einer Militärdiktatur zu figurieren. Das galt jetzt nicht minder, denn wollte er den Nimbus als «Retter» nicht von vorneherein verspielen, mit dem er es rechtfertigte, den Bourbonen die Herrschaft entrissen zu haben, musste er diesen allzu offensichtlichen Eindruck überspielen. Das stürzte ihn in ein Dilemma, mit dessen Lösung er sich heillos verstrickte: Das sein Handeln rechtfertigende Selbstbild eines allenthalben begeistert akklamierten «Retters» stand, wie Carnot bemerkte, im Widerspruch zur Wirklichkeit. «Ich habe Napoleon nicht meines Erstaunens über den Erfolg seines Marsches versichert, wie er später dies behauptete,[8] weil ich diesen Erfolg weniger der Begeisterung der Nation für ihn zuschrieb als vielmehr der Furcht, die sie vor einer Rückkehr des *Ancien Régime* plagte.»[9]

Diese Furcht wurde vornehmlich von den unterbürgerlichen Schichten geteilt, die Napoleon unterwegs zugejubelt und ihn mit ihren revolutionären Parolen verschreckt hatten, aber nicht von den anderen Klassen der Gesellschaft. Die hatten die Restauration der Bourbonen keineswegs als Versuch erlebt, den *Ancien Régime* wiederzuerrichten. Leicht war es ihnen gefallen, sich mit einer Monarchie zu arrangieren, die nicht Rache und Vergeltung übte, sondern Verzeihen und Vergessen praktizierte und überdies die Meinungs- und Pressefreiheit in einer Weise respektierte, dass sich wieder liberale und durchaus auch regierungskritische Strömungen entfalten konnten. Das wurde insgesamt als Befreiung erlebt, die sich sehr vorteilhaft von den Erfahrungen mit dem *Empire* abhob, dessen mit der Rückkehr Napoleons drohende Neuauflage keineswegs auf ungeteilte Begeisterung stieß. Das erlebte Napoleon sofort, als er sich, kaum in den Tuilerien eingetroffen, anschickte, eine Regierung zu bilden, deren Posten von ebenden Männern wieder eingenommen werden sollten, die diese ein Jahr zuvor bereits innegehabt hatten.

Das Verlangen war unschwer abzusehen, weshalb sich bereits am Vormittag des 20. März einige davon wie Molé, Rovigo oder Lavalette beim früheren Erzkanzler des *Empire*, Cambacérès, einfanden, mit dem sich Napoleon, wenn er von einer längeren Abwesenheit wieder nach Paris zurückkehrte, stets als Erstes besprach. In seinen Memoiren berichtet Rovigo, dass er Cambacérès gebeten habe, Napoleon wissen zu lassen, dass er nicht für ein Ministeramt zur Verfügung stehe. Wenn der jedoch darauf bestünde, würde er dennoch um nichts in der Welt wieder der Polizeiminister sein wollen. Dafür hatte Cambacérès mehr als Verständnis, der seinerseits durchblicken ließ, ebenfalls einer neuerlichen Verwendung ablehnend gegenüberzustehen und nur unter Zwang ein Amt annehmen zu wollen.[10] Noch bizarrer und für das Zaudern jener besonders aufschlussreich, auf deren Unterstützung Napoleon zählte, war der Dialog, der aus einem Bühnenstück Molières stammen könnte, den Cambacérès und Molé miteinander führten.

Cambacérès: «Wie ich Ihnen schon oft sagte, wünsche ich, mein Leben in Ruhe zu endigen, und niemals wird man mich bei etwas gewahren, das diese Absicht in Unordnung bringen könnte. Der Duc de Rovigo [i. e. Savary] bat mich bereits um meine Anweisungen; ich vermochte ihm keine zu geben, weil der Kaiser mir nichts hatte bestellen lassen; also ist es an Ihnen, meine Herren Minister, die Regierung während des Interregnums zu übernehmen, wenn Sie sich dazu bereitfinden, aber ein großer Würdenträger wie ich hat damit nichts zu schaffen.»

Molé: «Ich betrachte mich nicht als Minister des Kaisers, wenigstens nicht so lange, bis er mich wieder berufen hat; außerdem führte mich der Wunsch zu Ihnen, mich mit Ihrer Hoheit über meine Haltung auszutauschen. Sie können sich gewiss daran erinnern, was ich Ihnen vor rund einem Jahr in Blois [i. e. wohin sich der Regentschaftsrat und die Kaiserin beim Vorrücken der Alliierten auf Paris geflüchtet hatten] sagte. Die Revolution und vor allem die jüngsten Entwicklungen waren mir eine derartige Last, dass ich mich alt und vor der Zeit verbraucht fühlte [i. e. Molé war 34 Jahre alt!]. Der Kaiser weiß um meine Hingabe, allein ich besitze nicht mehr genug Kraft, um meine Laufbahn wieder aufzunehmen. Würden Sie, Monseigneur, mir dabei helfen, dass er meinen Verzicht annimmt, dann könnten Sie mir niemals einen spürbareren Beweis Ihrer Güte und Freundschaft geben.»

Cambacérès: «Mein Lieber, ich bin sehr entrüstet, bei Ihnen ein solches Verlangen bemerken zu müssen, denn ich betrachtete Sie dazu berufen, eine ganz herausgehobene Rolle zu spielen. Von dem Moment an, an dem Sie zum Minister des Kaisers berufen wurden, mussten Sie sich gewiss sein, Ihre Schiffe verbrannt zu haben. Der Kaiser liebt Sie, schätzt Ihre Fähigkeiten, insbesondere Ihr juristisches Wissen, er vertraut Ihnen, weshalb Sie nicht im Traum daran denken können, sich von den Geschäften zurückzuziehen.»

Molé: «Monseigneur, ich habe mich aber gleichwohl entschieden, ich bin ohne allen Ehrgeiz, meine Gesundheit ist zerstört, haben Sie also den Großmut, mein Vorhaben zu unterstützen, denn niemals erwiesen Sie mir einen größeren Dienst.»

Cambacérès: «Hören Sie, mein Lieber, Sie kennen meine Aufrichtigkeit. Ich verspreche Ihnen, dem Kaiser unsere Unterhaltung getreulich wiederzugeben, aber wenn er mich dann um meinen Rat fragen sollte, werde ich ihm antworten, dass er Sie umstimmen muss. Ihr Rückzug machte einen ganz schlechten Eindruck, während Sie andererseits wegen des großen Vertrauens, das der Kaiser in Sie setzt, ja ich sage sogar wegen des großen Einflusses, den Sie auf ihn ausüben, von weitaus größerem Nutzen wären als jeder andere. Es gibt Wahrheiten, die nur Sie ihm sagen, und Dinge, die allein Sie verhindern können.»[11]

Savary wollte nicht wieder Polizeiminister werden, Molé sträubte sich dagegen, das Amt des Justizministers zu übernehmen, und selbst der getreue Caulaincourt wehrte sich zunächst mit Händen und Füßen dagegen, noch einmal den Außenminister zu geben. Allein Lavalette hatte aus freien Stücken bereits am Morgen des 20. März wieder die Verwaltung der Post usurpiert.[12] Mit diesem Übereifer war er gut beraten, denn damit konnte er umso leichter das ihm angebotene Innenministerium ablehnen.[13] Zu dessen Übernahme musste Napoleon Carnot nötigen, der viel lieber Kriegsminister geworden wäre, zu dem Marschall Davout ernannt wurde.[14] Auch die anderen Minister gaben durch das bisweilen hartnäckige Widerstreben, ihre Ämter zu übernehmen, unschwer zu erkennen, dass sie einer Restauration des *Empire* keine großen Chancen einräumten. Die geringsten Umstände von allen machte Fouché, der zwar lieber Außenminister geworden wäre, aber auf Bitten Napoleons hin das Polizeiministerium übernahm.[15]

Allein diese Personalentscheidung machte die Verlegenheit Napoleons deutlich. Fouché hatte seit je gegen ihn konspiriert, und Napoleon hatte ihm einmal, 1810, in Gegenwart der anderen Minister sogar offen ins Gesicht geschleudert, dass er darum wisse, von ihm verraten zu werden, und er dafür auch zahlreiche Beweise besitze, weshalb er ihn füsilieren lassen sollte.[16] Zu diesem drastischen Schritt, den Fouché verdient gehabt hätte, konnte sich Napoleon nie entschließen. Jetzt ernannte er diesen Mann aus schierer Not zum Polizeiminister. Das bedeutete nichts anderes, als den Bock zum Gärtner zu machen, auch wenn Napoleon die Illusion hegte, dessen Umtriebe kontrollieren oder gar vereiteln zu können. Fouché ließ sich davon nicht im mindesten beeindrucken, zumal er sich aus guten Gründen für den gewiefteren Spieler hielt, wie er im Gespräch mit Pasquier wenige Tage nach seiner Ernennung durchblicken ließ: «Ich sage Ihnen, dass trotz der Versicherung, die er [i. e. Napoleon] gegeben hat, ganz Europa über ihn herfallen und es ihm dann ganz unmöglich sein wird, dem zu widerstehen, und dass seine Sache dann binnen vier Monaten erledigt ist.»[17]

Die Schwierigkeiten Napoleons mit der Regierungsbildung waren nur ein schwacher Widerschein des viel größeren Problems, vor das er sich gestellt sah: dem neu zu gründenden Kaisertum eine tragfähige Legitimationsgrundlage zu geben. Die Lösung, die ihm unterwegs so oft und mit Nachdruck offeriert wurde, die er nur entschlossen hätte ergreifen müssen, um erfolgreich zu sein, war ihm zutiefst zuwider. Für Napoleon war die jakobinische Revolution selbst in der vermeintlich gemäßen Spielart eines «jacobinisme militaire», die ihm von Mme. de Staël nachträglich als denkbare Lösung angesonnen wurde,[18] keine tragfähige Alternative. Die Revolution markierte eine vergangene, verabscheute Episode, die mit dem *Empire* endgültig überwunden worden war. Das verbot es ihm geradezu, an diese Zeit jetzt anknüpfen zu wollen. Unmöglich war es ihm andererseits auch, einfach mit seiner Herrschaft so weiterzumachen, wie er sie als Erster Consul und als Kaiser 14 Jahre ausgeübt hatte. Der Publikumsgeschmack hatte sich erheblich verändert und formulierte neue Erwartungen, die es nicht nach Ruhm und Macht gelüstete, sondern die auf Frieden und Freiheit erpicht waren. Dazu hatte das Erlebnis der bourbonischen Restauration, die nicht die von manchen gefürchtete Reaktion heraufbeschworen und den *Ancien Régime* in seiner barocken Ungeschlachtheit wieder eingeführt hatte, ebenso beigetragen wie die milde und paternalistische Herrschaft Louis' XVIII, die vergleichsweise große gesellschaftliche Spielräume tolerierte.

In den von ihm auf Sankt Helena diktierten Erinnerungen hat Napoleon die schiere Unmöglichkeit, die Herrschaftspraxis des *Empire* einfach fortzusetzen, mit der er sich bei seiner Rückkehr nach Frankreich konfrontiert sah, unumwunden eingestanden: «Die Entwicklungen, die eingetreten waren, hatten die öffentliche Meinung derart erschüttert und so grundlegende Veränderungen in den Abläufen und bei den Personen bewirkt, dass dieses ganze System, das mit so viel Mühe errichtet worden war, dem Zustand Frankreichs nicht mehr angemessen zu sein schien.» Dieses Erlebnis nötigte dazu, «etwas Neues, wesentlich Größeres zu schaffen, das sich als geeignet erweist, alle Hoffnungen zu befriedigen und allen Meinungen zu willfahren».[19] Kurz, Napoleon sah sich, kaum dass er vermeintlich am Ziel angelangt war, genötigt, einem Regime das Wort zu reden, das zwar keineswegs seinen autoritären Vorstellungen von Herrschaft entsprach, dafür aber umso mehr den in der Öffentlichkeit virulenten Vorstellungen. Der *vol d'aigle* von Golfe-Juan nach Paris war für Napoleon insofern, wie dies der Marquis de Lafayette erkannte, der in diesem Genre reichlich Erfahrung gesammelt hatte, eine Art von politischem Passionsweg. «Napoleon, in der Provence ein Republikaner, in Lyon ein halber Republikaner und in Paris ein absolutistischer Kaiser, gelangte zu der Einsicht, dass es für ihn kein Heil gäbe, wenn er sich nicht als konstitutioneller Herrscher kostümierte. Sein Geist und sein Wesen gleichen zwei Strömungen, die miteinander im Kampf liegen. Das Ergebnis ist eine widrige Mischung aus kaiserlichen, terroristischen und liberalen Direktiven. Allein, die öffentliche Meinung ist weitaus stärker als er, und da er ein außergewöhnliches Talent besitzt, unterwirft er sich allem, das er nicht beherrschen kann, mit einer Geschicklichkeit, von der die anderen weit entfernt waren.»[20]

Unschwer vorherzusehen, dass ein so starker und eigenwilliger Charakter wie der Napoleons sich auf Dauer nicht widerspruchslos in eine solche vom Zwang der Umstände diktierte Unterwerfung schicken würde. Zunächst galt es jedoch, bei der Komödie tatkräftig mitzuwirken und den bereits mit den Dekreten von Lyon angedeuteten *Empire libéral* mit so viel konstitutionellem Flitter zu dekorieren, dass keine Zweifel an seinen Absichten aufkamen. Dieses Treiben hatte auch eine außenpolitische Pointe, denn für das Gelingen seiner Machtübernahme in Frankreich war entscheidend, wie sich die europäischen Mächte dazu verhielten, denen Napoleon keineswegs zu Unrecht als der personifizierte Gottseibeiuns galt. Auch wenn die einschlägigen Anstrengungen kaum überzeugend sein würden, setzte Napoleon dennoch alles daran, seine grundlegende Wandlung glaubwürdig erscheinen zu lassen. Das war ein vergebliches Werben, das, wie der ironische Kommentar des ultraroyalistischen Baron de Frénilly zeigt, bei niemandem verfing. «Das Erste, was Bonaparte in den Tuilerien unternahm, (...) war, sich als Schaf, als Lamm ohne Groll und Makel auszugeben, als Freund der ganzen Welt, den es einzig und allein danach verlangte, in seinem kleinen Königreich in häuslicher Zurückgezogenheit sein Leben zu fristen.»[21]

Frénillys Bemerkung bezog sich wohl auf die Erklärung, die Napoleon am 26. März vor den im *Conseil d'Etat* versammelten Ministern abgab: «Ich habe auf die Ideen des *Grand Empire* Verzicht geleistet, für den ich seit fünfzehn Jahren lediglich die Fundamente gelegt habe. In Zukunft werden das Glück und die Festigung des *Empire français* all meine Gedanken beherrschen.»[22] Hand in Hand mit dieser Ouvertüre wurde auch der Versuch unternommen, die Achterklärung Napoleons, die von den Alliierten am 13. März in Wien verkündet worden war, für gegenstandslos zu erklären. Eine entsprechende Demarche wurde im *Conseil d'Etat* am 2. April vorgestellt und nach Wien übermittelt.[23] Zugleich wurde eine an die alliierten Souveräne adressierte Zirkularnote Napoleons ausgesandt, mit der er anzeigte, seine Rückkehr sei allein mit «ungeteilter Zustimmung der Nation» erfolgt. Das Dokument schloss mit der Versicherung: «Nachdem ich der Welt das Spektakel großer Kämpfe vorgeführt habe, wird es von nun an *plus doux* sein, keine andere Rivalität mehr als jene der Vorteile des Friedens, keine andere Auseinandersetzung als die um das Glück der Völker anzuerkennen.» Frankreich werde sich diesen Erwartungen verpflichtet wissen. «Eifersüchtig auf seine Unabhängigkeit bedacht, wird es unwandelbares Prinzip seiner Politik sein, die Unabhängigkeit der anderen Nationen aufs Genaueste zu respektieren.»[24]

Schließlich sandte Napoleon am 1. April auch ein eigenhändiges Schreiben an den österreichischen Kaiser, in dem er seinem Schwiegervater Franz I. versicherte: «Meine Anstrengungen sind allein darauf abgestellt, den Thron zu festigen, den die Liebe meiner Völker mir verschafft und erhalten hat, um diesen eines Tages, durch unerschütterliche Grundlagen gesichert, dem Kind [i. e. dem Sohn, den ihm Marie-Louise geboren hatte, die sich mit diesem in Wien aufhielt] zu vererben, was Ihre Majestät mit väterlichem Wohlwollen umhegt hat.»[25] Flankiert wurde dieses Schreiben noch von einer Note, die Außenminister Caulaincourt mit Datum vom 4. April an die Amtskollegen der *principaux cabinets de l'Europe* verschickte: «Es ist insbesondere die Dauer des Friedens, von der die Erfüllung der über alle Maßen edlen Wünsche des Kaisers abhängig ist. Entschlossen, die Rechte der anderen Nationen zu respektieren, wiegt sich Seine Majestät in der Zuversicht, dass auch diejenigen der französischen Nation jeder Bedrohung überhoben sind.»[26]

Diese Friedensschalmaien waren das eine; ein anderes war eine Reihe von Initiativen, um die Front der Alliierten aufzubrechen. Dieser Absicht diente etwa die Veröffentlichung des geheimen Vertrags, den Großbritannien, Österreich und Frankreich am 3. Januar 1815 geschlossen hatten, um der drohenden Expansion Russlands nach Europa hinein und der Beutegier Preußens einen Riegel vorzuschieben.[27] Des Weiteren wurde der Versuch unternommen, Bayern aus der Fronde gegen Napoleon herauszulösen. Diese Absicht steht hinter dem Schreiben, das Caulaincourt an den bayerischen Außenminister Graf Montgelas am 13. April sandte, in dem er verlockende Andeutungen ausbreitete, dem Land bei der Erlangung jener territorialen Kompensationen zu helfen, die ihm vom Wiener Kongress versagt worden waren.[28] Dies verfing aber ebenso wenig wie das Verbot des Sklavenhandels, das Napoleon in markantem Gegensatz zu seiner früheren Haltung in dieser Frage am 29. März verkündete, um sich bei den Engländern lieb Kind zu machen, die seit 1811 dessen Ächtung zu einem wichtigen Anliegen ihrer Politik gemacht hatten.

All diese Signale prallten an der Front eisiger Ablehnung ab, mit der die Mächte des Wiener Kongresses auf Napoleon reagierten. Die Noten und Briefe wurden keiner Antwort gewürdigt, und die Emissäre Napoleons scheiterten meist schon daran, überhaupt die Grenzen Frankreichs überschreiten zu können. Angesichts dessen wurde Napoleon sehr schnell klar, dass seinen Versuchen, mit den Mächten ein Arrangement hinsichtlich seiner Herrschaft zu erzielen, keinerlei Aussicht auf Erfolg beschieden war. Trotz zahlreicher Unstimmigkeiten und Zerwürfnisse, die das Geschehen des Wiener Kongresses kennzeichneten und manche Bruchlinien zwischen den verbündeten Mächten sichtbar ließen, hielt deren Koalition zusammen. Das Geheimnis dieser erstaunlichen Stabilität war nichts anderes als die Bedrohung, die Napoleon für die Interessen der Alliierten insgesamt darstellte und die allemal als wesentlich bedeutsamer von ihnen erlebt wurde als die Irritationen, die ihre baldige Entzweiung zu fördern schienen. Folgenlos blieb deshalb auch die feierliche Versicherung Napoleons, die Bestimmungen des Friedensvertrags von Paris anzuerkennen, die den Alliierten jeden Vorwand nehmen sollte, gegen ihn vorzugehen. Sollte er dennoch Illusionen gehegt haben, die europäischen Mächte würden ihn in Frankreich auf Dauer unbehelligt schalten und walten lassen, so wurden diese endgültig vom Beschluss zerstört, den die Bevollmächtigten der Signatarstaaten des Pariser Friedens am 12. Mai 1815 fassten. Darin wurde klipp und klar festgestellt, dass auch die erneute Thronbesteigung Napoleons in völkerrechtlicher Hinsicht völlig gleichgültig sei. Damit war alles gesagt, auch wenn man sich beeilte zu versichern, dass sich die Mächte nicht für befugt hielten, Frankreich eine Regierung aufzunötigen. Das war die Bekräftigung des gegen ihn am 13. März verhängten politischen Exorzismus, mit der man sich beeilte die ursprüngliche Unklarheit zu beseitigen, die Mächte wollten sein Regime durch das der Bourbonen ersetzen. Die Botschaft war eindeutig: Napoleon würde nicht toleriert werden; er war der Feind, den es in gemeinsamer Anstrengung unschädlich zu machen galt.[29]

Es war Caulaincourt, der daraus den korrekten Schluss zog. In einem Bericht für Napoleon vom 7. Juni äußerte er die Einschätzung: «Sich an die Möglichkeit zu klammern, den Frieden zu wahren, wäre heute eine gefährliche Blindheit. Wenn diese Hoffnung, die man vollständig fahren lassen muss, die Ursache dafür war, dass sich Ihre Majestät in der Hauptstadt verweilte, dann gibt es diese Rechtfertigung nicht mehr. (…) Der Krieg ist auf allen Seiten gegen uns im Gange. Nur noch auf dem Schlachtfeld vermag Frankreich den Frieden wieder zu erringen. Auch wenn das Ausland mit seinen Vorstößen innehält, dann nur, um uns umso sicherer zu treffen. Also gebietet es das nationale Interesse, ihm zuvorzukommen, statt es zu erwarten.»[30]

Dieser Ausgang war seit der Erklärung vom 13. März abzusehen. Der Einsicht hatte sich Napoleon sträflich lange verweigert, weil er hartnäckig auf einen Erfolg seiner diplomatischen Offensive bei den Mächten vertraute. Deren Erfolg würde ganz im Sinne des Legitimitätsprinzips eine nachdrückliche Unterstützung erfahren, wenn es ihm gelänge, den *Empire libéral* zügig zu vollenden. An das Kalkül klammerte er sich als seine Ausrede, mit der er verzweifelt zu überspielen versuchte, dass ihm der *Amor fati*, der ihn früher auszeichnete, abhandengekommen war. Emblematisch für diesen Verlust ist der fatale Entwurf des *Empire libéral*, den er zu verwirklichen suchte, obwohl er damit seinem früheren Selbst Gewalt antun musste, dieses sogar willentlich lähmte. Unter diesem Prozess kam ihm das Selbstvertrauen abhanden, weshalb er nur noch zwanghaft, ohne Überzeugung und Zuversicht auf den eigenen Erfolg handelte. In der erzwungenen Muße auf Sankt Helena kam er bei den unablässig wiederholten Versuchen, eine Erklärung für sein Scheitern zu finden, sich einmal selbst zumindest ansatzweise auf die Spur, als er gegenüber Las Cases mit der Einsicht herausrückte:

«Es kann als ausgemacht gelten, dass ich damals [i. e. in der Zeit nach der Rückkehr von Elba] in mir nicht mehr das Empfinden eines sicheren Erfolgs hatte; darin war jedenfalls nicht mehr mein Selbstvertrauen vorrangig gegründet: Sei es, dass das Alter, das für gewöhnlich das Glück begünstigt, anfing, mir abhandenzukommen, sei es, dass in meiner Wahrnehmung, in meiner Vorstellung das Außerordentliche meiner Karriere beschädigt war, jedenfalls ist gewiss, dass ich spürte, mir ginge etwas ab. Es war nicht mehr dieses Glück, das mir treu war und sich mir immer erfüllte, es war nur das bittere Geschick, dem ich noch mit aller Gewalt die eine oder andere Gunst entriss, das sich dafür nur zu bald rächte. Auffallend jedenfalls ist, dass ich damals nie einen Vorteil hatte, auf den nicht sofort wieder ein Rückschlag gefolgt wäre.

Ich habe Frankreich durchmessen, ich wurde bis zur Hauptstadt vom Elan der Bürger und inmitten allgemeiner Begeisterung getragen; kaum jedoch war ich in Paris, musste ich erleben, dass man wie durch einen Zauber, jedenfalls ohne einen stimmigen Grund, plötzlich vor mir zurückwich, alles um mich her erkaltete.»[31]

Als Korse war Napoleon zeitlebens nur zu gern bereit, den Einfluss von Zauber und Aberglauben für wahr und wirklich zu nehmen. Das verstellte ihm auch jetzt wieder die Einsicht in den riesigen Abstand zwischen seinen Projektionen und der Wirklichkeit. Deshalb konnte er nicht begreifen, was in dem zögerlichen Verhalten seiner früheren Minister etwa, ihre Ämter wieder zu übernehmen, unmissverständlich zum Ausdruck kam; das war nicht eine durch Zauberkraft bewirkte Abkühlung ihres einstigen Enthusiasmus, sondern die realistische Einsicht, dass sich die Welt ringsum verändert hatte, Napoleon aber ungeachtet dessen noch immer seinem früheren Selbst verhaftet blieb. Das suchte er zwar mit Worten zu leugnen, die aber die anderen nur zu leicht durchschauten. Diese Diskrepanz begriff er umso weniger, als er sich bereitwillig von der Begeisterung blenden ließ, die ihm unterwegs seitens der Armee und der Unterschichten entgegengeschlagen war und die er mit einer mächtigen Wellenbewegung der Zustimmung verwechselte, die ganz Frankreich ihm entgegenbrächte. Das jedoch war eine Fata Morgana, eine Illusion, die ihn die gefährliche Zurückhaltung jener, auf deren Unterstützung er angewiesen war, übersehen ließ.

Letztlich war es diese erlebte, aber nicht wirklich begriffene Indifferenz, die Napoleon zu überwinden suchte und die ihn wertvolle Zeit mit der Ausschmückung des *Empire libéral* verplempern ließ. Der Alarmruf Caulaincourts vom 7. Juni kam viel zu spät, um das Unheil, das sich längst drohend zusammenballte, noch bemeistern zu können. Wenige Tage später zog Napoleon in die Schlacht, deren Ausgang endgültig über sein weiteres Schicksal entscheiden sollte. Andererseits ist die Frage reichlich müßig, weil nur spekulativ zu beantworten, ob es für Napoleon nach dem 20. März eine realistische

Alternative gegeben hätte, den Versuch eines *Empire libéral* einfach zu unterlassen, der bis zum Juni einen erheblichen Teil seiner Kräfte band, ohne dass der mit diesen Mühen teuer erzielte «Erfolg» eine nennenswerte Kompensation abwarf.

Hinterher ist man immer schlauer, und es war Mme. de Staël, die diese Spielerei mit dem *Empire libéral* als kapitalen Fehler ankreidete: «Wenn es ein Verbrechen war, Bonaparte zurückzurufen, so war es eine Tölpelei, einen solchen Mann als konstitutionellen Herrscher kostümieren zu wollen. Von dem Augenblick an, an dem man ihn wieder zurückhatte, hätte man ihm die Militärdiktatur anvertrauen müssen, galt es, die Wehrpflicht wieder einzuführen, hätte sich die Nation zu einer *levée en masse* ermannen müssen, kurz, es wäre alles zu unterlassen gewesen, was der Freiheit hinderlich war, sobald die Unabhängigkeit bedroht wurde. Man brachte Bonaparte zwangsläufig in Verruf, indem man es ihm zumutete, eine Sprache zu führen, die im völligen Widerspruch zu der stand, die während fünfzehn Jahren die Seine gewesen war. Es war nur zu offensichtlich, dass er sich nicht zu Prinzipien bekennen konnte, die sich derart von denen unterschieden, denen er zuvor gefolgt war, als er allmächtig war, nur weil ihn die Umstände dazu nötigten. (…) Der Schrecken, der ihm eigentümlich war, die Macht, die ihm aus diesem Schrecken erwuchs, gab es nicht mehr. Er war ein Bär mit einem Maulkorb, dessen Brummen man noch vernahm, den aber dessen Dompteure nach ihrem Belieben tanzen ließen. Statt ihn dazu zu nötigen, stundenlang von Verfassungsfragen zu faseln, einen Mann, dem abstrakte Ideen und rechtliche Schranken zutiefst zuwider waren, hätte er vier Tage nach seiner Rückkehr nach Paris in den Krieg ziehen müssen, noch bevor die Rüstungen der Alliierten zu ihrem Abschluss gekommen waren, vor allem jedoch in der Frist, in der die Verblüffung über sein Erscheinen auf der Szene die Wahrnehmung beherrschte. Er hätte die Leidenschaften der Italiener und der Polen anfeuern müssen, den Spaniern versprechen, seine Fehler auszuwetzen, indem er ihnen die *Cortes* [i. e. die traditionellen Ständeversammlungen] wiedergab, und schließlich hätte er die Freiheit als Waffe und nicht als eine Fessel nutzen müssen.»[32]

Ob das eine plausible Handlungsalternative gewesen wäre, kann dahinstehen; unstreitig ist, dass so zu agieren, im Einklang mit seinem Wesen, in nahtloser Übereinstimmung mit seinem Selbst gestanden hätte. Dazu konnte er sich nicht entscheiden, weil die Umstände, mit denen er sich konfrontiert sah, so ganz andere waren, als er sie sich in der rastlosen Muße auf Elba ausgemalt hatte. Dieses Erlebnis verunsicherte ihn, weshalb er sich um wieder festen Tritt zu fassen und den eigenen Ansprüchen zu genügen, an die Verantwortung klammerte, die er gegenüber Frankreich zu haben glaubte und deren Erfüllung er als sein historisches Mandat begriff. Das war der Irrtum eines Spielers, der seine früheren Erfolge mit einem unfehlbaren System verwechselte, das ihm unter allen Umständen einen Gewinn verhieß, den nichts gefährden konnte.

Im Gespräch, das Napoleon unmittelbar nach seiner Rückkehr in die Tuilerien mit Molé führte, entwickelte er seine Sicht der Lage: «Wir beginnen die Revolution von Neuem. Man kann sich nicht das ganze Übel ausmalen, das die unglücklichen Fürsten [i. e. die Bourbonen], ohne sich dessen bewusst zu sein, Frankreich zugefügt haben. Sie haben alles wieder infrage gestellt, was längst entschieden war; ich finde erneut alle Parteien vor, der alte Hass lodert allenthalben auf, und sie haben den freiheitlichen Ideen, dem zu Beginn der Revolution virulenten Verlangen wieder jene Intensität verschafft, die sie längst verloren hatten. Schließlich habe ich bei meiner Landung angekündigt, eine weitaus liberalere Verfassung als die *Charte* der Bourbonen stiften zu wollen und dass für deren Verabschiedung die gesamte Nation zurate gezogen werden soll.»[33] Das formulierte die Festlegung, der er sich verpflichtet fühlte und von der er überzeugt war, sie mit dem Geschick, das den Anschein wahrte, erfüllen zu können. Da irrte er, denn dieser Anschein verlangte von ihm weit mehr als die virtuose Fertigkeit eines Hütchenspielers, weil das Frankreich der Restauration politisch gespalten war in eine unübersichtliche Konkurrenz, in der Royalisten und Jakobiner, Liberale und Bonapartisten um die Meinungshoheit wetteiferten und ein verwirrend schillerndes Spektakel gaben. Den Versuch zu wagen, diese Unordnung sich wechselseitig ausschließender Geltungsansprüche und Ordnungsentwürfe mittels einer Verfassung, die es allen irgendwie recht machte, zu synchronisieren, war ein aberwitziges Unterfangen, das auch Napoleons Charisma überfordern musste. Das galt umso mehr, als die *Charte* trotz ihrer Unzulänglichkeiten sich bislang bewährt und eine funktionierende politische Ordnung gewährleistet hatte. Das Frankreich der Bourbonen war jedenfalls kein brodelndes Chaos, keine Anarchie, die aller Gesetze und Regeln spottete.

Wie im Gespräch mit Molé angekündigt, gab es für Napoleon kein Zurück mehr. Also wurde eine aus Ministern und vertrauten Ratgebern bestehende Kommission berufen, die einen Verfassungsentwurf ausarbeiten sollte, über den mit einem Plebiszit abgestimmt werden sollte. Um dieses Verfahren zu beschleunigen und um die öffentliche Meinung von der Ernsthaftigkeit seiner Absichten zu überzeugen, hatte Napoleon den Einfall, ausgerechnet einen seiner schärfsten publizistischen Widersacher zur Teilnahme an diesem Gremium einzuladen. Dieser Mann war der Publizist Benjamin Constant, der seit dem Consulat zu den enragierten Gegnern Napoleons gehörte, deshalb 1803 ins Exil flüchten musste, aus dem er erst nach der Restauration der Bourbonen wieder zurückgekehrt war. Noch am 19. März hatte er im *Journal des Débats* ein Pamphlet veröffentlicht, das Napoleon als noch größere Geißel der Menschheit als Attila oder Dschingis Khan qualifizierte. Ausgerechnet dessen Berufung, an den Verfassungsentwurf mit Hand anzulegen, war deshalb ein genialer Coup, der einerseits Napoleons geradezu selbstlose Liberalität bezeugte und dem sich andererseits Constant, der auch die Charge eines *Conseiller d'Etat* akzeptierte, aus purer Eitelkeit nicht versagte.

Die neue Verfassung, die bereits am 21. April abschließend beraten war und einen Tag später paraphiert wurde, litt ausweislich ihres Namens, der sie als ein «Acte additionnel» auswies, an einem großen Makel: Wie zuvor schon Louis XVIII, der die von ihm oktroyierte *Charte* auf das 19. Jahr seiner Herrschaft datiert hatte, konnte auch Napoleon nicht der Versuchung widerstehen, die vermeintliche verfassungsmäßige Kontinuität des *Empire* zu behaupten, denn der «Acte additionnel», der eine Kompromissformel stiften sollte, mit der sich alle virulenten politischen Strömungen irgendwie identifizieren konnten, signalisierte nichts anderes als eine Modifikation von dessen konstitutionellen Grundlagen. Diese Vorgehensweise suchte die dem eigentlichen Verfassungsdokument vorangestellte Präambel zur politischen Tugend zu verklären. Deshalb wurde besonders die Schaffung einer Reihe neuer Institutionen betont, deren wichtigste Aufgabe der Schutz der bürgerlichen Freiheiten sei, deren Bedeutung sich vor allem darin erfülle, dass sie eine möglichst weitgefasste politische Freiheit sowie die Garantie der individuellen Sicherheiten mit der Macht und der für ihre Ausübung notwendigen Zentralisierung verbinde. Dies sei notwendig, um die Anerkennung der Unabhängigkeit des französischen Volks und die Würde der Krone zu gewährleisten.[34]

Auch wenn der «Acte additionnel», verglichen mit der *Charte* der Bourbonen, von den imperialen Konstitutionen ganz zu schweigen, weitaus liberaler oder fortschrittlicher war, stellte er einen Kompromiss vor, der viele enttäuschte. Einer davon war Napoleon, der seinem lange gezügelten Groll anlässlich der letzten Beratungen über den Text in der Nacht des 21. April 1815 freien Lauf ließ. «Man zwingt mich, einen Weg einzuschlagen, der nicht der meine ist. Man hat mich geschwächt und in Bande geschlagen. Frankreich sucht nach mir und findet mich nicht. Die öffentliche Meinung war ausgezeichnet, jetzt ist sie abscheulich. Frankreich fragt sich, was aus der alten Macht des Kaisers geworden ist, der Macht, die es braucht, um Europa in Schranken zu weisen. (…) Sobald der Frieden geschlossen ist, wird man weitersehen. Jedem Tag seine Strafe, jedem Umstand sein Gesetz, einem jeden seine Natur. Der meinen entspricht es nicht, ein Engel zu sein. Meine Herren, ich wiederhole: Man muss sie wiederfinden, man muss die alte Macht des Kaisers wiedererkennen.»[35]

Der Ausbruch war kaiserliches Staatstheater, denn der «Acte additionnel» enthielt keinen Passus, der ohne Zustimmung Napoleons aufgenommen worden wäre. Insofern eignete der Feststellung, die Barras in den Memoiren notierte, die Prägnanz der Banalität: «Bei der Formulierung des *Acte additionnel aux Constitutions de l'Empire* ebenso wie bei diesen früheren Verfassungen, war es die Klaue Bonapartes, die man spürte und die sich nicht verkennen ließ.»[36] Gleichwohl war dieses Dokument ein ungeliebter Wechselbalg, zu dessen Vaterschaft sich Napoleon nur unter dem Druck der vermeintlichen Erwartungen entschloss. Der Versuch, in dem Verfassungstext die Ansprüche der Öffentlichkeit mit den eigenen Herrschaftsinteressen und Absichten zu vereinbaren, war deshalb von vorneherein zum Scheitern verurteilt. Carnot, der an Inhalt und Form dieses Vorhabens lebhaften Anstoß nahm, mit dem er auch nicht hinterm Berg hielt, will nach der Schlussredaktion des «Acte additionnel» zu Napoleon bemerkt haben: «Ihr *Acte additionnel* verschafft Ihrer Sache einen größeren Schaden als der Verlust einer Schlacht; und diejenigen, die ihre Unterschrift darunter setzen, beschädigen gemeinsam mit Ihnen ihre Popularität».[37]

Das bewahrheitete sich nicht nur in Paris, wo die Veröffentlichung des «Acte additionnel», der am 23. April im *Moniteur* erschien, einen für den Kaiser, wie Baron Sers schrieb, «verheerenden» Eindruck machte.[38] Das war fatal, denn wie schon zu Zeiten der Revolution gab auch jetzt Paris den Takt an, der die öffentliche Meinung im ganzen Land beeinflusste. Mollien identifizierte diese ablehnende Stimmung damit, dass «die einem Bastard gleichende Regierung der 100 Tage nichts anderes war als eine unverdauliche Melange der großen Macht, die 1814 zusammenbrach, und eines neuen Regimes, das bislang weder von Frankreich noch von der Dynastie, die es angeschafft hatte, verstanden wurde, auch wenn sie für das Land wie den Herrscher den einzigen Schutzschild darstellte. Die Revolution der 100 Tage kam weder einem von Revolutionen wie Eroberungen erschöpften Frankreich zupass noch einem Europa, das sich anschickte, sich wieder auf seinen altehrwürdigen Grundlagen niederzulassen, noch gar dem 15. Jahr eines Jahrhunderts, das viel mehr philosophisch geprägt war als das vorhergehende und das in der Zivilisation seinen wahren Ruhm erkannte, diesem jedenfalls von allen Völkern der Vorzug vor dem Waffenruhm eines Einzelnen gegeben wurde.»[39]

An dem «Acte additionnel» hatten alle Parteien, wie der englische Liberale John Cam Hobhouse schrieb, etwas auszusetzen, der in diesem Zusammenhang auch einen Wandel der öffentlichen Meinung konstatierte, wie er ihn noch nie erlebt habe. Die einhellige Kritik von Royalisten und Republikanern entzündete sich bereits am Titel des Dokuments, das als «Acte additionnel aux Constitutions de l'Empire» firmierte und das eingangs «Napoleon als Kaiser der Franzosen kraft der Gnade Gottes und der Verfassungen» auswies. Das zeige, so wurde gesagt und geschrieben, «dass Napoleon das alte System des Despotismus, den *Empire*, erneut für gültig erachte; dass er damit die *Charte* von Louis, dessen Herrschaft und seine eigene Abdankung einfach überspringe, die all diese Konstitution so zunichtegemacht hatten, als hätte es sie niemals gegeben; und dass er selbst Kaiser von Gottes Gnaden sei, ohne jede Unterbrechung und ganz in der Manier des Monarchen, dessen vermeintlich 19-jährige Herrschaft er selbst lächerlich gemacht hatte».[40]

Die Kritik zielte auf den Kern, denn diese Zusatzakte wurde als nichts anderes erlebt als ein neuer Fassadenanstrich, mit dem die Konstitutionen des *Empire*, die ausdrücklich nicht außer Kraft gesetzt, sondern als weiterhin gültig ausgewiesen wurden, dem gewandelten Publikumsgeschmack genehm gemacht werden sollten. Das wurde als bloße Kosmetik durchschaut, die Napoleon die alte Machtfülle ungeschmälert erneut verschaffte. Das war sehr einleuchtend, weil die neuen Freiheitsrechte, die der «Acte additionnel» als so verlockend ausstellte, nicht durch die notwendigen Verfassungsgarantien, die ihnen Dauer und Geltung gewährleisteten, abgesichert wurden. Also muteten sie an wie ein bloßes Zugeständnis des Machthabers, der mit ihnen nach seinem Belieben verfahren könne. Ein plausibler Verdacht, denn welches Wunder sollte Napoleon auf Elba widerfahren sein, das ihn den alten despotischen Adam ablegen und ihn in die Haut eines neuen, liberalen und alle Freiheitsrechte rückhaltlos garantierenden Herrschers schlüpfen ließ? Derlei für bare Münze zu nehmen war nach allem, was man mit und unter ihm erlebt hatte, entschieden zu viel verlangt. Lavalette gehörte zu jener Minderheit, die an den Stern Napoleons glaubten, als er Anfang Juni Pasquier in aller Unschuld versicherte: «Nehmen Sie keinen Anstoß an dieser liberalen Verfassung, die er sich den Anschein gibt uns verschaffen zu wollen. Steht er erst einmal an der Spitze einer siegreichen Armee, wird er bald die schwachen Fesseln zerreißen, denen er heute zugestimmt hat, ihn darein zu schlagen.»[41] Dass das die Überlegung Napoleons war, zeigt die gegenüber Cambacérès gemachte Bemerkung, als dieser ihn darauf aufmerksam zu machen suchte, wie sehr der Geist der Freiheit die Gemüter ergriffen habe. «In weniger als sechs Wochen werden Sie erleben, wie ich dieses unnütze Geschwätz zum Schweigen gebracht habe.»[42]

Keine Frage: Dieses «Geschwätz» enervierte ihn, weil er damit seine Wandlung beglaubigen wollte, die er so lange heucheln musste, bis ihm der Lorbeer des Schlachtensiegers wieder die ihm gemäße Legitimation als Herrscher verschaffte. Erst nachträglich erkannte er diese Verstellung, die ihn nötigte, sich zu verbiegen und darüber wertvolle Zeit zu verschwenden, als großen Fehler. Gegenüber Gourgaud bemerkte er auf Sankt Helena am 8. September 1817: «Diese Kanaille von Liberalen hat mich, indem sie mich mit Verfassungsfragen behelligte, viel Zeit gekostet. Letzten Endes bin ich nur ein Mann, aber all meine Zeit wurde mit Diskussionen vertan. Ich hätte sie alle zum Teufel schicken sollen. Stark war ich allein durch den *peuple*, und es hätte mir weit mehr genützt, wenn ich stattdessen nach Rouen, Lille, Straßburg oder Metz gegangen wäre.»[43]

Den Spieltisch, an dem die Verfassung erörtert wurde, an dem er, durch die Umstände genötigt, Platz genommen hatte, konnte Napoleon aber weder vor der Zeit verlassen noch umstoßen. Die Partie, von der er spätestens an den Reaktionen der Öffentlichkeit auf den «Acte additionnel» absah, dass er sie verloren hatte, musste bis zum Ende gespielt werden. Zu diesem Eingeständnis sah er sich durch Benjamin Constant genötigt, dem er am 23. März begegnete und dem er sich mit den Worten eröffnete: «Nun gut, der neuen Verfassung ist kein Erfolg beschieden. – Das ist das, was man vermeint», versetzte Constant, «sorgen Sie also dafür, dass man zu ihr Zutrauen fasst, indem man sie in Kraft setzt.» Darauf Napoleon: «Ohne dass sie gebilligt worden wäre! Dann wird man sagen, dass ich mich über das Volk lustig mache.» Constant: «Sobald das Volk erkennt, dass es frei ist, dass es Repräsentanten besitzt, dass Sie der Diktatur entsagen, wird es nicht der Ansicht sein, dass man sich nicht über es lustig macht.» Nach kurzer Überlegung äußerte Napoleon darauf: «Alles in allem liegt darin ein Vorteil; wenn man mich derart handeln sieht, ist man umso mehr von meiner Entschlossenheit überzeugt. Das gilt es zu erweisen.»[44]

Also diktierte Napoleon das Dekret, das die Einberufung der Wahlmännerkollegien für die Bestimmung der Abgeordneten anordnete. Wollte er nicht die letzte Glaubwürdigkeit verlieren, konnte er nicht anders entscheiden, als die Kammerwahlen noch vor dem versprochenen Plebiszit der Verfassung anzuberaumen, dessen Vorbereitungen gerade erst anliefen. Einmal mehr gehorchte er damit dem Zwang von Umständen, die ihm sein vermeintlicher Wandel diktierte. Dabei verstand Napoleon nicht die Pointe, auf die Liberale vom Schlage eines Benjamin Constant zusteuerten, der am 1. Mai 1815 triumphierend an Lafayette schrieb: «Endlich ist das Dekret, das die Versammlung der Deputierten [i. e. der Wahlkollegien] anordnet, erschienen! Binnen drei Wochen ist die Nation ermächtigt, die Verfassung wirksam werden zu lassen. Das wird dann gewiss ihr Fehler sein, wenn sie das nicht ausnutzt, denn noch nie gab es eine liberalere Verfassung.»[45] Das war der springende Punkt, denn der Verfassungstext enthielt keinerlei Hinweis darauf, wann seine Bestimmungen in Kraft treten sollten. Solange die Kammer noch nicht durch Wahlen konstituiert war und tagte, blieb die Verfassung ohne bindende Wirkung; also hatte auch Napoleon in dieser Perspektive so lange die Möglichkeit, nach eigenem Gutdünken zu regieren, ohne auf die Verfassung Rücksicht zu nehmen. Überdies würde es allein in seinem Belieben stehen, den «Acte additionnel» wirksam werden zu lassen!

Die Überlegung Constants verriet das spezifische Wahnsystem, in dem die Liberalen steckten, ihren festen Glauben an die schiere Machtwirklichkeit einer Verfassung, in der sie das probate Mittel erkannten, zweierlei erreichen zu können: Napoleon zum Respekt der Konstitution zu nötigen, also ihn gewissermaßen zu zwingen, als Autokrat abzudanken, andererseits sich seiner unbestrittenen Fähigkeiten als Feldherr zu bedienen, um die Gefahren zu bannen, die Frankreich seitens der europäischen Mächte drohten. Derartige Überlegungen suchten nicht nur Lafayette heim, der unkte, «1,2 Millionen Soldaten aller Nationen schicken sich an, mit vielfach größeren Mitteln die Komplotte von Pillnitz und Koblenz [i. e. die antirevolutionären Revanchegelüste, die von den Adelsemigranten nach Ausbruch der Revolution von 1789 ausgeheckt wurden] zu erneuern, diesmal gestärkt durch die wütenden Rachegefühle aller Völker, die sich nach Frankreich ergießen, dessen Mittel, sich dagegen zur Wehr zu setzen, entweder seit zehn Jahren in den Weiten Europas verschwendet oder von der ersten Restauration abgeschafft wurden. Alle Nachrichten, die man von draußen erhält, selbst die von vernünftigen Royalisten, berichten nur von der Unverschämtheit der neuen Emigranten, von ihren gegenrevolutionären Vorhaben, von den Übertreibungen und den Absurditäten, in denen der Hof in Gent [i. e. Louis XVIII hatte sich mit Hofstaat und Regierung ins niederländische Gent geflüchtet] schwelgt. (...) Es ist bekannt, dass das Eingreifen der Mächte mit enormen Zugeständnissen erkauft worden ist, und ein erheblicher Teil unserer Festungen wie unseres Kapitals wird darangegeben werden, um die Beschützer der Legitimität zu entschädigen.»[46]

Damit ist das unmögliche Dilemma skizziert, in dem Liberale und Napoleon gefangen saßen und sich gegenseitig belauerten. Der einzige Ausweg daraus war, dass jene oder dieser den Kürzeren zogen. Wem dieses Los zufiele, darüber würde nach Lage der Dinge auf dem Schlachtfeld und nicht durch den Ausgang der Wahlen für die Kammer entschieden werden, die von Carnot in seiner Funktion als Innenminister unverzüglich vorbereitet wurden. Während dieser sich strikt an das vorgeschriebene Verfahren hielt, will sagen, sich jeglicher Einflussnahme zugunsten einer Partei oder Napoleons versagte, war Polizeiminister Fouché entschlossen, das Wahlergebnis umso ungehemmter im Sinne seiner Absichten zu manipulieren. Die soll er einem Besucher gegenüber geäußert haben, der ihn wegen der Ausstellung eines Passes aufsuchte, um Frankreich schleunigst zu verlassen, und dem er bei dieser Gelegenheit sagte:

«Dieser Mann [i. e. Napoleon] ist bei seiner Rückkehr noch viel verrückter gewesen als bei seinem Abgang. Er unternimmt große Anstrengungen, aber die werden ihm nur eine Frist von drei Monaten stunden. Sie werden sehen, das liegt klar zutage. Es handelt sich dabei um eine Rechnung nach der moralischen Arithmetik. Für sein Unternehmen hat er sich den denkbar ungünstigsten Moment ausgesucht. Ganz Europa steht unter Waffen. (...) Und die Könige und ihre Minister sind noch immer zu dem Kongress versammelt. (...) Er kann eine oder zwei Schlachten gewinnen, einige Divisionen der Alliierten vernichten, aber den Endsieg wird er nicht davontragen.

Er wird, abgesehen von den Desertionen, den Verzögerungen, dem mangelnden Eifer, der sich immer einstellt, sobald der Chef Schwäche zeigt, vier oder fünf große Armeen gegen sich haben. Er wird feststellen, dass der Gott der Schlachten immer aufseiten der stärkeren Bataillone steht, sofern diese nicht allzu tollpatschig geführt werden. Indem wir das abwarten, überwachen wir ihn hier mithilfe der Nation, wie Sie unweigerlich sehen werden. Während er die ausgeleerten Arsenale durchsucht, Alarm schlägt, die Nummerierung der Regimenter ändert, verschafft man ihm eine Abgeordnetenkammer, in der er von allem etwas vorfindet. Ich werde ihm weder Barère [i. e. einer der Repräsentanten des revolutionären Terrors, der zeit seines Bestehens dem Wohlfahrtsausschuss angehörte] oder Cambon [i. e. Mitglied des im September 1792 gewählten Konvents und bis April 1795 Vorsitzender von dessen Finanzausschuss], noch, wie Sie sicherlich vermuten, Lafayette ersparen. So viel, um den Charakter der Versammlung zu beschreiben. Die Zeit der Ausschlüsse ist vorbei, und heute sind Leute wie diese eine Garantie für uns andere, für Männer, die aus der Revolution ihre Lehren gezogen haben.»[47]

Wie häufig, so ist es auch in diesem Fall unmöglich, sich für den Wortlaut solcher Äußerungen zu verbürgen, die mit dem Anschein des Dokumentarischen bestechen. Aber selbst wenn sie nur ein stilistischer Kniff sind, um dem Bericht, in dem sie figurieren, Glanz zu verleihen, sind sie doch insofern «wahr» oder stimmig, als sie die mehr oder weniger insgeheim gehegten Motive und Überlegungen des Zitierten wiedergeben. Daran jedenfalls, dass Fouché ein solcher Intrigant war und unablässig auf das Scheitern Napoleons hinarbeitete, kann es keine Zweifel geben, da dessen Machenschaften überreich belegt sind.[48] Der als unbestechlich geltende Pasquier hat eine Äußerung Fouchés überliefert, die dieser Anfang Mai 1815 machte und die denselben Tenor hat: «Noch vor Monatsende wird er [i. e. Napoleon] sich genötigt sehen, zur Armee abzugehen. Ist er erst einmal fort, werden wir die Herren im Hause sein. Ich wünsche mir, dass er ein oder zwei Schlachten gewinnt, die dritte wird er jedoch verlieren, und dann werden wir unsere Rolle ausspielen. Seien Sie versichert, wir werden alles zu einem guten Ende bringen.»[49]

Der Ausgang der Wahlen für die Kammer Mitte Mai 1815 war nicht überraschend. Wie bei allen Wahlgängen seit der Revolution war die Beteiligung miserabel. Im Landesdurchschnitt waren die Wahlkollegien, deren nach den Bestimmungen des allgemeinen Männerwahlrechts designierte Elektoren für die Abgeordneten votierten, zu weniger als 50 Prozent besetzt, was sich vor allem mit der massiven Wahlenthaltung der Royalisten erklärt. Das heißt, mehr als die Hälfte der Wahlmänner war nach den Bestimmungen des Zensuswahlrechts nicht designiert worden. Die von diesen Rumpforganen für fünf Jahre gewählten 652 Abgeordneten – eine Anzahl, die von dem «Acte additionnel» festgelegt wurde – waren in ihrer überwältigenden Mehrheit Liberale jeglicher Spielart, die rund 500 Abgeordnetensitze einnahmen, während sich den «Bonapartisten» allenfalls 80 und den Jakobinern rund 30 Abgeordnete zurechnen ließen.[50]

Lafayette, der im Departement Seine-et-Marne gewählt worden war, hat den Charakter der Versammlung beschrieben: «Die Zusammensetzung der Kammer ließ mich mehr Ergebenheit für Bonaparte und größere revolutionäre Gewalt befürchten, als ich in ihr gewahrte. (…) Sicherlich gab es eine kleine Anzahl von Bonapartisten, die sich ausschließlich der Unterstützung des Regimes verpflichtet sahen (…). Allein, fast die gesamte Kammer stand zu Napoleon mit den nämlichen unüberwindlichen Vorbehalten, wie Napoleon seinerseits sie dem Volk gegenüber hegte, insofern sie in ihm das kleinere von zwei Übeln sah. (…) Dessen ungeachtet trugen die Abneigung und das Misstrauen, das die geflüchtete Dynastie verursacht hatte, der Parteigeist und vor allem das Kalkül, das einen Teil der Wähler zur Enthaltung veranlasste, dazu bei, der Versammlung eine gewissermaßen bonapartistische Mehrheit zu verschaffen. Jedenfalls gab es eine große Mehrheit unter den Abgeordneten, die das Heil des Vaterlands nur im Schutz des Throns und des Arms von Napoleon ausmachen konnte. Aber von dieser gaben nur sehr wenige den Ideen des kaiserlichen Systems den Vorzug vor den Institutionen der Freiheit.»[51]

Auch wenn die Wahlen Napoleon nicht eine ausgesprochen feindliche Kammermehrheit bescherten, so verschafften sie ihm andererseits nicht eine, die rückhaltlos sein Kaisertum unterstützte, sondern lediglich eine, die darin das kleinere Übel sah. Für Napoleons Erwartungen war dies eine herbe Enttäuschung, denn sein Regime war damit in der Sicht der Mehrheit nur wegen des herrschenden Notstands hinnehmbar und wurde keineswegs, wie er sich dies immer einbildete, als ideale Lösung akklamiert, die Revolution dauerhaft zu beenden oder die Bourbonen zu ersetzen. Zeit der 14-jährigen Dauer seiner Herrschaft war es ihm, wie er jetzt erkennen musste, nicht gelungen, die Basis an Zustimmung für sich und seinen Thronanspruch über die Armee und den kleinen Kreis jener hinaus, die sich ihre Bewunderung für ihn reich belohnen ließen, zu vergrößern. Dieses Scheitern musste umso schwerer wiegen, als er seine Rückkehr an die Macht unter den Auspizien einer genau gegenteiligen Erwartung unternommen hatte.

Das zur gleichen Zeit wie die Wahlen zur Kammer angesetzte Plebiszit über den «Acte additionnel», das ab Ende März für eine Dauer von zehn Tagen landesweit angesetzt war und zu dem alle männlichen Bürger, die älter als 21 Jahre waren, zur Stimmabgabe aufgerufen waren, versprach unter diesen Umständen ebenfalls kein überwältigendes Ergebnis. Da an einer Zustimmung, nicht zuletzt durch eine Fülle von Manipulationen geschönt, nicht zu zweifeln war – die Ja-Stimmen beliefen sich auf rund 1,5 Millionen, während mit Nein rund 6000 Wähler votierten –, ist nur die ebenfalls manipulierte Angabe über die Abstimmungsbeteiligung aussagekräftig, die sich auf rund 20 Prozent veranschlagen lässt. Damit war der Zuspruch zu diesem Plebiszit so groß wie jener, der bei der ersten, 1800, abgehaltenen Volksbefragung festgestellt wurde und nur halb so hoch wie bei der von 1802 (45 %), als es darum ging, für Bonapartes Consulat auf Lebenszeit zu votieren, und der von 1804 (40 %), als die Franzosen zur Stimmabgabe über die Errichtung des napoleonischen Kaisertums abstimmten.[52] Sowohl das Ergebnis der Kammerwahlen wie das des Plebiszits hatten dem Herrschaftsanspruch Napoleons deutlich die Legitimation durch die Bürger verweigert. Wie schon einmal galt es auch jetzt wieder, den Anspruch auf den Thron mit dem Schwert durchzusetzen.

Zuvor jedoch musste Napoleon noch ein Spektakel inszenieren, um das von ihm in Lyon gemachte, aber nicht gehaltene Versprechen zu überspielen. Das waren die feierliche Beratung und Beschlussfassung aller Maßnahmen, um die Verfassungen des *Empire* zu korrigieren und zu modifizieren, die eine Versammlung auf dem *Champ de Mai*, zu der sich die Mitglieder der Wahlkollegien in Paris einfanden, beschließen sollte. Allein, dieser aberwitzige Gedanke war, kaum dass er ausgesprochen wurde, auch schon wieder fallen gelassen worden, mit der Folge, dass der «Acte additionnel» noch nicht einmal das Ergebnis einer verfassunggebenden Versammlung, sondern das einer

Kommission war, in der Napoleon den bestimmenden Einfluss aus-
übte und über deren Vorlage mittels eines Plebiszits nach den bekannten Regeln abgestimmt wurde. Um dennoch etwas vom fragwürdigen
Zauber eines an die Zeit Pippin des Kurzen und der Karolinger erin-
nernden Rituals eines *Champ de Mai* zu retten, wurde durch Dekret
vom 22. April ein aufwendiges Kostümfest für den 26. Mai anberaumt,
das dann wegen der unvermeidlichen Verzögerungen bei der Stimmabgabe für das Plebiszit auf den 1. Juni verlegt und als dessen Schauplatz der *Champ de Mars* ausgewiesen wurde, der zu diesem Zweck
aufwendig hergerichtet werden musste.[53]

Der mit dieser Festlichkeit verbundene Anspruch, der so symbol-
und bedeutungsträchtig zu sein versprach und den einhundert Kano-
nensalven am Vorabend vom Pont d'Iena aus abgefeuert ankündigten,
wurde von der riesigen Menschenmenge zumeist als enttäuschend
erlebt. Sie verschaffte dem Spektakel eine imposante Staffage, wie
John Hobhouse schrieb, der eine launige Schilderung von dessen Ablauf gibt.[54] Wie hätte es auch anders sein sollen, da, wie Lavalette
schrieb, es an Zeit mangelte, die Phantasie des *peuple* entsprechend
vorzubereiten.[55] Der Hinweis, dass damit eine neue Verfassung feierlich verkündet und in Kraft gesetzt werden sollte, was mit der Anset-
zung der Wahlen für die Kammern einen Monat zuvor bereits de facto
geschehen war, war viel zu abstrakt, um die Massen zu begeistern.
Folglich wurden die aberwitzigsten Mutmaßungen angestellt. Eine
lautete, der Kaiser habe sich entschlossen, die zivile Gewalt den
Repräsentanten der Nation anzuvertrauen und nur den Oberbefehl
über die Armee zu behalten. Das war die Version, an die sich die Liberalen à la Lafayette klammerten. Andere wähnten das genaue Gegenteil, dass er seine Diktatur für die Zeit bis zum Friedensschluss
verkündete, was die enragierten Bonapartisten erwarteten.[56] Eine
dritte, die Fouché streute, lautete schließlich, er werde zugunsten seines Sohnes abdanken.[57]

Nichts davon bewahrheitete sich, alles blieb nur enttäuschtes
Wunschdenken. «Die Versammlung des *Champ de Mai*», schrieb
Fouché, «war nichts als das Spektakel eines verblasenen Pomps, mit
dem Napoleon, der als *Citoyen* verkleidet war, darauf hoffte, die
Masse durch das Prestige einer öffentlichen Zeremonie verführen zu

*Fahnenausgabe auf dem Maifeld in Paris 1815*

können. Die unterschiedlichen Parteien ließen sich damit genauso wenig einfangen wie mit dem *Acte additionnel.*»[58] Den Eindruck, auf den man mit all dem Prunk und der Pracht spekulierte, verdarb, dass man es damit übertrieb. Die Kostüme, die Napoleon und seine vier Brüder bei dieser Gelegenheit zur Schau stellten – der Kaiser in rotem Velours und darüber ein mit Hermelin gefütterter Purpurmantel, die Brüder in weißem Velours mit Spitzen und kurzen Mänteln *à l'espagnole* –, schienen aus dem Fundus der Oper entliehen zu sein. Ähnlich verschwenderisch und gleichzeitig lächerlich gewandet waren auch die anderen Würdenträger. Ein anderer nachteiliger Aspekt war, dass die Tribünen, Altäre, Treppen und sonstigen Kulissenelemente, mit denen Napoleons Architekt Fontaine die kahle Plaine des Marsfeldes hatte möblieren lassen, so unglücklich angeordnet waren, dass einzelne Abläufe des Zeremoniells den Blicken vieler Zuschauer verborgen blieben.

Die Malaise, die ihm das hohle Spektakel einflößte, inspirierte Fleury de Chaboulon, der Napoleon fraglos bewunderte, zu herber Kritik. «Napoleon hatte zu seinem Unglück keinen besseren Einfall, als die Inszenierung auf dem *Champ de Mai*, so wie er sie stattfinden ließ. Das will sagen, dass er versuchte die Sinnleere dieses Festtages mit religiösen und militärischen Feierlichkeiten zu kaschieren, um an die Gemüter zu rühren und durch neue Bande den schon bestehenden Bund zwischen ihm, dem Volk und der Armee zu festigen.»[59] Diese Kritik übersah nur, dass Napoleon aus der Verlegenheit, in der er steckte, das Bestmögliche zu machen suchte. Das scheint ihm nach dem Urteil anderer auch gelungen zu sein, denn das am meisten beeindruckende Zeremoniell dieses Tages, schenkt man dem Zeugnis von Hobhouse Glauben, war weder die feierliche Unterzeichnung des «Acte additionnel» noch der Schwur, den der Kaiser öffentlich darauf ablegte, sondern ein napoleonischer Klassiker, die Verleihung der Adler an die einzelnen Regimenter, verknüpft mit dem Fahneneid und der sich daran anschließenden Truppenparade.

«Mein Freund und ich», schreibt Hobhouse, «erblickten eine Szenerie, die prächtiger war, als sie irgendeine Feder beschreiben könnte. Der Monarch auf seinem offenen Thron, bekrönt von einem weißen Federnbusch, schien die Spitze einer von Adlern, Waffen und Uniformen schimmernden Pyramide zu bilden – eine riesige Fläche, bedeckt mit Soldaten, die von einer so großen Menschenmenge flankiert wurde, dass die Böschungen auf beiden Seiten sich ausnahmen wie ein Teppich aus lauter Köpfen. Der Mann, der Anlass, alles fügte sich zusammen, um uns mit einer überwältigenden, nicht deutbaren Bewunderung für das Schauspiel zu erfüllen, das vor uns ablief. Gesteigert wurde dieser Eindruck noch durch die Bajonette, die Brustpanzer und die Helme, die blitzten, so weit das Auge reichte, die Fähnchen, die an den Lanzen flatterten, und die Musik, die zu spielen begann, was ankündigte, dass sich die ganze Szenerie in der Nähe und Ferne in Bewegung setzte.»[60]

*Ave Caesar, morituri te salutant.* Der Untergang, dem diese schimmernde und funkelnde Wehr im Schlamm und Morast der Schlachtfelder von Ligny, Quatre-Bras und Waterloo entgegenzog, lag um weniger als drei Wochen nach dem Tag dieser Heerschau in der Zukunft.

# FÜNFTES KAPITEL

# DER KRIEG IM SANDKASTEN

Als um 3.00 Uhr am Morgen des 15. Juni 1815 die ersten französischen Truppen bei den Ortschaften Leers, Cour-sur-Heure und Thy die belgisch-niederländische Grenze überschritten und in drei Marschkolonnen auf Charleroi vorrückten, endete das Schattenboxen zwischen Napoleon und den Alliierten, das drei Monate zuvor mit der Erklärung vom 13. März begonnen hatte. Diese Frist nutzten beide Seiten dazu, um sich für den unvermeidlichen Kampf zu rüsten. Von dem Ziel, das sich die Alliierten laut dem Memorandum des österreichischen Oberbefehlshabers, Feldmarschall Fürst von Schwarzenberg, vom 10. Juni gesetzt hatten, mit sechs Armeen von insgesamt rund 600 000 Soldaten in ebenso vielen Marschsäulen die Invasion Frankreichs am Ende des Monats zu beginnen, war man noch weit entfernt.[1] Das war für Napoleon die trügerische Chance, den Alliierten, die noch im Aufbau ihrer gewaltigen Streitmacht steckten, durch einen überraschenden Angriff zuvorzukommen. Gelänge es ihm, den Gegner mit zwei, drei Schlachten in rascher Folge an einer Front zu besiegen, so glaubte er, damit den Zusammenhalt der Alliierten nachhaltig erschüttern zu können. Ein spektakulärer Anfangserfolg würde sich zumindest mit erprobtem Geschick propagandistisch verwerten lassen, um das kriegsmüde Frankreich wieder für seine Herrschaft patriotisch zu begeistern und zu größten Anstrengungen zu motivieren.

Außerdem würde ihm die zügige Eroberung der Niederlande wieder ein reiches Glacis verschaffen, das ihm nicht nur für seine weiteren Rüstungsanstrengungen erhebliche Ressourcen verhieß, sondern ihm auch die Möglichkeit bot, die britischen Truppen vom Kontinent zu vertreiben, was einen erheblichen symbolischen Gewinn versprach.

Dieses naheliegende offensive Gambit hatte sich Napoleon seit seiner Rückkehr nach Paris am 20. März angeboten. Dass er sich nicht sofort dazu entschloss, zumal die Gegenseite noch in keiner Weise auf die Abwehr eines Angriffs vorbereitet war und sich die Erfolgsaussichten demnach umso größer veranschlagen ließen, hatte unterschiedliche Gründe. Besonderes Gewicht hatte die Einsicht, dass sein bloßes Erscheinen zwar die Bourbonen zunächst lähmte und dann in die Flucht schlug, dieses aber bei Weitem nicht ausreichte, ganz Frankreich zu verzaubern und auf seine Führung einzuschwören. Napoleon sah sich deshalb zu der ungewohnten und entsprechend wenig geschätzten Übung genötigt, um Zustimmung zu buhlen, die Bürger vom Segen seiner Herrschaft zu überzeugen, indem er ihren Erwartungen entgegenkam, diese zumindest nicht rundheraus enttäuschte. Diese auf Frieden und Freiheit abgestellten Erwartungen würden sich kaum mit seinen ferneren Absichten und Zielen vereinbaren lassen. Ganz entscheidend war aber zunächst, dass sie ihm Fesseln anlegten, sich zügig für den Kampf zu rüsten, den das verbündete Europa entschlossen gegen ihn führen wollte. Das nötigte Napoleon dazu, sich liberal zu kostümieren und zu gerieren, was ihm zutiefst zuwider war, und Zeit und Energie an den Firlefanz eines «Acte additionnel» zu verschwenden, die ihm für wichtigere Belange abgingen.

All diese als Zumutung erlebten Rücksichten wirkten sich angesichts der Herausforderungen, mit denen sich Napoleon konfrontiert sah, lähmend aus. Unter den Bourbonen war die französische Armee auf einen Bestand von 190000 Mann geschrumpft, der bei Weitem nicht ausreichte, den verbündeten europäischen Mächten die Stirn zu bieten. Deren Anzahl zu verdoppeln wäre das Mindeste gewesen, zu dem sich Napoleon aber nicht entschließen konnte, denn das hätte die Wiedereinführung der verhassten Wehrpflicht bedeutet, die von

Louis XVIII abgeschafft worden war. Also blieb ihm nichts anderes, als die auf halben Sold gesetzten Offiziere, die unbefristet beurlaubten Soldaten, die zurückgekehrten Kriegsgefangenen sowie die Deserteure wieder einzuberufen. Ein entsprechender Gestellungsbefehl wurde bereits am 28. März formuliert, aber aus außen- wie innenpolitischen Rücksichten erst am 9. April 1815 im *Moniteur* veröffentlicht, sodass die einschlägigen Bekanntmachungen erst um den 25. April überall im Lande gemacht werden konnten.[2] Diejenigen, die dieser Aufforderung Folge leisten würden, schätzte Kriegsminister Davout auf lediglich 59 000 Soldaten,[3] was sich als zu pessimistisch angesetzt herausstellte, denn schon Anfang Juni konnte Napoleon über sieben Armeen verfügen, von denen allerdings die meisten nicht größer als ein Armeekorps waren: die Rheinarmee mit rund 23 000 Mann, darunter über 3000 Nationalgarden, also Milizen; die über 14 000 Soldaten der Pyrenäenarmee, von denen fast die Hälfte Miliztruppen waren; die Jura-Armee mit rund 8500 Mann, die meisten Milizionäre; die Armee des Var, deren 5500 Streiter ausnahmslos Liniensoldaten waren; und die ungefähr 10 000 Mann der Loire-Armee. Allein die 7., die *Armée du Nord*, die zwischen Sambre und Meuse gegenüber der Grenze zu Belgien aufgestellt wurde, verfügte mit rund 125 000 Mann über eine fast doppelt so große Anzahl von Truppen wie die übrigen sechs Armeen zusammen.[4] Diese Armee, deren Kommando Napoleon selbst übernahm, war die *force de frappe*, die den Feldzug gegen die britisch-niederländische und die preußische Armee, die in Belgien konzentriert waren, eröffnen und entscheiden sollte.

Die Reaktionen auf den Gestellungsbefehl für die Linientruppen wie die Nationalgarden fielen landesweit sehr unterschiedlich aus. In lediglich 20 Departements im Osten und in der Mitte Frankreichs wurden die jeweils festgelegten Sollzahlen zügig erfüllt, während in mehr als der Hälfte des Landes die Ergebnisse weit hinter den Erwartungen zurückblieben.[5] Auch sonst lag vieles im Argen, ein Zustand, der durch den herrschenden Geldmangel dauerhaft verschlimmert wurde. So konnte den frisch Rekrutierten weder das versprochene «Begrüßungsgeld» noch der Sold bezahlt werden. Das ließ sich in der Stunde der Not leichter verschmerzen als der Umstand, dass alle Truppen nur sehr unzulänglich ausgerüstet in den Kampf ziehen sollten. Bis auf die Munition, die reichlich vorhanden war, fehlte es an so gut wie allem: an Stiefeln, Uniformen, Pferden, Gewehren oder auch Mantelsäcken.[6] Diese Mängel wurden dadurch mehr als wettgemacht, dass die 89 000 Infanteristen, 24 000 Kavalleristen und die 12 000 Artilleristen, Pioniere und Trainsoldaten der Nordarmee zumeist schlachterprobte Veteranen waren, die von erfahrenen Offizieren befehligt wurden und die so gut wie ausnahmslos alle von Kampfgeist umso mehr vibrierten, als ihr Oberbefehlshaber Napoleon war, den sie als «Schlachtengott» verehrten. Im Bericht eines Spions in britischen Diensten vom Mai 1815 heißt es: «Um eine angemessene Vorstellung vom Geist, von der Eintracht und vom Enthusiasmus, der in der Armee Buonapartes herrscht, zu geben, muss ich nur einen Vergleich mit der Zeit um 1792 und diesem Jahr ziehen, um festzustellen, dass die Begeisterung für Buonaparte bei Weitem überwiegt, denn heute ist es nicht mehr nur Enthusiasmus, sondern eine Raserei, die unter den Truppen grassiert. Da sie nach einem Sturz ihres Chefs nichts mehr zu gewärtigen haben, ist ihre Sache untrennbar mit der dieses Generals verbunden.»[7]

Ein Nachteil, der sich auf die Siegesgewissheit, welche die Nordarmee erfüllte, sehr nachteilig auswirken sollte, war, dass Napoleon nicht mehr jene bewährten Truppenführer zur Verfügung standen, die maßgeblichen Anteil an seinen früheren militärischen Erfolgen gehabt hatten. Die *Pléiade* an Marschällen, aus der er zuvor die am besten geeigneten auswählen konnte, war bis auf vier geschrumpft, von denen keiner für die ihm übertragene Aufgabe wirklich geeignet war: Mortier, Ney, Soult und Grouchy. Alle anderen wie Marmont, Victor, Augereau oder Pérignon waren entweder dem König ins Exil gefolgt oder aus der Liste der Marschälle gestrichen worden. Gouvion-Saint-Cyr, Macdonald, Masséna, Moncey oder Oudinot weigerten sich standhaft, ein Armeekommando zu übernehmen; Lefebvre und Sérurier waren zu alt, Jourdan, dessen Befähigung für Führungsaufgaben deutlich zu wünschen ließ, behielt das Kommando über die Festung Besançon, während der energische Davout mit der Verteidigung von Paris betraut wurde.[8]

Mortier, der das Kommando über die Garde übernehmen sollte, erkrankte kurz vor Beginn des Feldzugs und wurde in dieser Funk-

*Michel Ney*

tion nicht ersetzt, weshalb dessen Generaladjutant Drouot, ein Artillerist, den Befehl übernahm. Die größte Lücke hinterließ jedoch Napoleons einstiger Stabschef Berthier, der sich in dieser Funktion über zwanzig Jahre lang sehr bewährt hatte, der aber Louis XVIII ins Exil gefolgt und weiter nach Bamberg gegangen war. Mit dessen immensen Aufgaben wurde Marschall Soult beauftragt, der zwar während mehrerer Jahre eine Armee auf dem spanischen Kriegsschauplatz befehligt hatte, aber für diese neue Verwendung wenig Erfahrungen mitbrachte, weil ihm während dieses Kommandos immer ein eigener Stab zur Verfügung gestanden hatte. Die Entscheidung, einem gewiss erfahrenen und weitgehend selbstständig agierenden Truppenführer die Pflichten eines weisungsgebundenen Stabschefs aufzubürden, der gleichsam als militärischer Bürokrat die Verantwortung dafür trug, dass die strategischen Anweisungen für eine Armee von 125 000 Mann mit 344 Kanonen pünktlich und genau umgesetzt wurden, war einfach bizarr.[9] Erschwerend kam noch hinzu,

dass sich Soult bei den Bourbonen in demonstrativer Weise einge-
schmeichelt hatte, was ihm die Verachtung der gesamten Armee
eintrug. Das ging bisweilen sogar so weit, dass Corpskommandeure
wie Vandamme und andere sich weigerten, Befehle Soults auszuführen, sofern nicht klar war, dass damit ausdrückliche Weisungen
Napoleons ausgesprochen wurden.[10]

Ebenso unverständlich wie die Ernennung Soults zum Generalstabschef war die Entscheidung, Marschall Ney zu Beginn des Feldzugs das Kommando über den linken Flügel der Nordarmee zu geben.
Dass Ney für eine solche Aufgabe denkbar ungeeignet war, wusste
Napoleon nur zu gut, wie seine Einschätzung von dessen Fähigkeiten
zeigt, die er gegenüber Molé äußerte: «Der Marschall Ney ist kaltblü-
tig und hat einen beschränkten Verstand. (...) Er ist ein guter Divisionsgeneral und nichts mehr; sein größtes Verdienst ist es, niemals
in Panik zu geraten oder im Unglück klein beizugeben. Derart hat er
mir große Dienste beim Rückzug von Moskau geleistet.»[11]

Diese Meinung erklärt es, warum sich Napoleon buchstäblich erst
in letzter Minute und auch nur sehr halbherzig entschloss, Ney mit
einem seinem Rang entsprechenden Kommando zu betrauen. Am
11. Juni schrieb er Davout: «Lassen Sie Marschall Ney wissen, dass er
sich, wenn er bei den ersten Schlachten zugegen sein will, am 14. in
Avesnes einfinden soll, wo sich mein Hauptquartier befinden wird.»[12]
Warum sich Napoleon wider besseres Urteil über dessen Fähigkeiten
für Ney entschied, liegt auf der Hand: Unter den gegebenen Umständen war es unmöglich, einen Marschall, der sich wie kaum ein anderer bei den Soldaten großer Beliebtheit erfreute, nicht zu verwenden;
des Weiteren konnte er sich gewiss sein, dass Ney nach seiner spektakulären Abkehr von den Bourbonen keine andere Wahl hatte, als
sich bedingungslos für ihn zu schlagen. Das, so mochte er hoffen,
würde es diesem erlauben, seine Kaltblütigkeit im Kampfgetümmel
erneut unter Beweis zu stellen. Schließlich sah Napoleon sich wohl
auch dazu genötigt, Ney nach allem, was der für ihn getan und ris-
kiert hatte, erneut eine Chance zu geben. Das ändert jedoch nichts an
der fragwürdigen Form, in der er ihm dieses Ansinnen übermittelte,
aus der Ney unschwer die Zweifel und Bedenken herauslesen konnte,
die Napoleon hinsichtlich seiner Person und Eignung trug, die ihm

andererseits angesichts seiner Situation aber auch keine Entscheidungsfreiheit ließ. Damit wurde, mittelbar jedenfalls, das Debakel von Quatre-Bras und in der Schlacht von Waterloo heraufbeschworen, an dem Ney jeweils unmittelbaren Anteil hatte.

Grouchy schließlich, dem Napoleon den Oberbefehl über die Kavalleriereserve gab, wurde von ihm nach der Niederlage von Waterloo zum Hauptschuldigen gestempelt, ein Vorwurf, gegen den sich dieser ebenso wortreich wie vergeblich zur Wehr setzte.[13] Grouchy, Schwager von Condorcet, Teilnehmer aller Feldzüge der Revolution und des Empire, war ein Haudegen, der wie viele seinesgleichen durch Tapferkeit im Kampf bestach, aber weitgehend unfähig war, eigenständig das Kommando zu führen. Dessen ungeachtet verlieh ihm Napoleon aus offensichtlich politischen Rücksichten am 15. April 1815 den Rang eines Marschalls, nachdem er zuvor einen belanglosen Sieg über die vom Duc d'Angoulême angeführten Royalisten im Süden Frankreichs erfochten hatte. Das war ein Fehler, der Napoleon nun zu einem weiteren nötigte, ihn seines Ranges gemäß mit einem Kommandoposten zu betrauen, für den er nicht das Zeug hatte. Beide Entscheidungen waren mehr als unbegreiflich, da Napoleon durchaus bewusst war, dass eine Reihe von Generälen und bewährten Corpskommandeuren zur Verfügung standen, die weit eher als ein Grouchy versprachen, als Marschälle ihre Fähigkeiten als überlegene Truppenführer zu entfalten.[14] Den letzten, untrüglichen Beweis für ihre Eignung, so sagte er sich wohl, würden sie mit ihrem Einsatz bei der bevorstehenden Kampagne noch erbringen. Wenn das Napoleons Kalkül war, dann überreizte er, denn er musste sich unter diesen Voraussetzungen mit Marschällen bescheiden, die sich als unfähig erwiesen.

Die Führungsqualitäten der Marschälle waren aber nur ein Handicap, das Napoleon bei seinem Hazardspiel zu schaffen machen sollte. Dazu kam die unter der Generalität und den höheren Offizierschargen vorherrschende Stimmung, die, wie jene der einstigen Minister und Würdenträger des *Empire*, von düsteren Vorahnungen verdunkelt war. Das galt vor allem, wie der Generalleutnant der Kavallerie Baron Jacques-Antoine-Adrien Delort einem Kriegskameraden am 19. August 1820 schrieb, für jene Offiziere, die sich zuvor mit den Bourbonen arrangiert hatten und sich jetzt in einem kaum lösbaren

Konflikt sahen: «Eine große Anzahl von Generälen und Offizieren, die erst jüngst nicht nur den Eid auf den König geleistet, sondern auch eine große Verehrung für den König und die Mitglieder seiner Familien bezeugt hatten, sahen sich nun dank des bizarren Waltens des Schicksals in einer sehr schwierigen Situation, die sie vor die Wahl stellte, sich zu entscheiden zwischen der Ehre und der Liebe zum Vaterland, zwischen der von der Loyalität geforderten Pflicht und der Notwendigkeit zu kämpfen, um die Würde und die Unabhängigkeit Frankreichs zu verteidigen. Diese gleich starken Empfindungen stürzten die noblen Gemüter in Zweifel und Entmutigung.» Daran habe auch das Erlebnis wenig geändert, dass die Bourbonen zahlreiche bewährte Offiziere in Ungnade entließen, andere hingegen, die seit mehr als zwanzig Jahren in völliger Ruhe geradezu in den Zustand der Fäulnis übergegangen waren, zu Generälen beförderten oder auch die tapferen Veteranen mit unnützen Demütigungen vor den Kopf stießen.[15]

Angesichts der durch die Umstände erzwungenen überstürzten Neuaufstellung und Neuorganisation einer Armee, mit der Napoleon sofort einen Krieg gegen eine europäische Mächtekoalition führen musste, mit dem sich allein durch die Schnelligkeit erzielter Anfangserfolge das Risiko einer unschwer vorhersehbaren Niederlage etwas verringern ließe, waren solche Dilemmata unvermeidlich. Das war der Revers des *vol d'aigle*, der ohne Blutvergießen gelungenen Rückeroberung der Macht, die keine Revolution gewesen war, sondern lediglich die Absetzung eines Bühnenstücks durch Auswechseln der Hauptdarsteller auf offener Bühne. Das verursachte für den weiteren Ablauf des Spektakels eine Fülle von Verstörungen und Friktionen, die sich auch durch die immer neuen Verrenkungen und Improvisationen selbst eines virtuosen Hauptdarstellers nicht für längere Zeit glätten ließen, um das Stück zu einem für das Publikum überzeugenden Ende zu bringen. Zuschauer und Komparsen des Geschehens machten sich über dessen Ausgang keinerlei Illusionen, wie die Bemerkung zeigt, die der Ende April zum Artilleriegeneralinspekteur der Nordarmee ernannte Baron Charles-Etienne-François Ruty im Juni, wenige Tage vor Beginn des Feldzugs, gegenüber dem Artillerieobersten Pion de Loches machte: «*Eh bien*, Monsieur Pion, wir stehen am Beginn einer schweren Krise, Bonaparte ist ohne jede Chance verloren, der König wird binnen Kurzem zurückkehren. Was wird aber aus uns werden? Was für eine elende Armee, die nicht einen Schuss abfeuern wollte [i. e. um Napoleons Rückkehr an die Macht drei Monate zuvor zu verhindern]!»[16]

Solche Überlegungen, sicherlich von vielen angestellt, die in der Lage waren, nüchtern die Mächtekonstellation und die daraus resultierenden Stärkeverhältnisse zu veranschlagen, legen den Schluss nahe, dass Napoleon das Spiel bereits verloren hatte, noch bevor die Würfel auf dem Schlachtfeld gefallen waren. Allein, ungewiss war, wie schnell und mit welchen weiteren Folgen sein Scheitern eintreten würde. In jedem Fall waren solche zweiflerischen Überlegungen keine idealen Voraussetzungen, den bevorstehenden Feldzug mit einer Reihe von so spektakulären Erfolgen zu eröffnen, dass der vorherrschende Defätismus durch einhellige Siegeszuversicht verdrängt werden würde. Eben auf dieses «Wunder des Hauses Bonaparte» setzte Napoleon all seine Hoffnungen, als er am 14. Juni im Hauptquartier von Beaumont Generalstabschef Soult den minutiös ausgearbeiteten Marschbefehl für den unmittelbar bevorstehenden Angriff der Nordarmee diktierte, der vor Tagesanbruch des 15. Juni in Richtung auf die Stadt Charleroi und die Sambre beginnen sollte.[17]

Die möglichen Erfolgschancen Napoleons waren zunächst einmal von Größe und Qualität der gegnerischen Truppen abhängig, mit denen er als Erstes in Berührung kommen würde. Das war zum einen die preußische Armee unter dem Kommando von Feldmarschall Blücher, deren vier Corps im Hinterland von Charleroi (I. Corps Generalleutnant Zieten), Namur (II. Corps Generalleutnant Pirch), Dinant (III. Corps Generalleutnant Thielmann) und Lüttich (IV. Corps Generalleutnant Bülow), alles in allem rund 126 000 Soldaten, die unmittelbar vor Beginn der Kämpfe auf relativ kleinem Raum konzentriert waren. Von den 136 preußischen Infanteriebataillonen gehörten 66 Bataillone, also fast die Hälfte, zur Landwehr, von denen rund ein Drittel (24 Bataillone) neu formiert worden waren, mithin aus Milizionären bestanden, die noch keinerlei Kampferfahrung hatten. Auch von den 70 Linienbataillonen waren 18 erst für diesen Feldzug aufgestellt worden. Zu diesen gehörten die beiden Bergischen Regimenter, deren Soldaten zum Teil zuvor lange Jahre in der französischen Armee gekämpft hatten und deren Mannschaftsbestand durch massive Aushebungen im früheren Großherzogtum Berg, von 1806 bis 1813 als französischer Satellitenstaat verwaltet, aufgefüllt wurden.[18]

Noch katastrophaler war es um die preußische Kavallerie bestellt: Sie setzte sich zusammen aus zehn alten und zehn neuen Linienregimentern sowie 15 Landwehrregimentern, von denen sich die allermeisten Kavalleristen nur mit Mühe im Sattel halten und ihre Waffen handhaben konnten. Insgesamt war die preußische Kavallerie als eigenständig operierende Waffengattung nicht zu gebrauchen, sondern allenfalls bei Aufklärungsaufgaben und als Unterstützung der Infanterie nützlich. Ähnlich waren die Zustände bei der Artillerie, die über 300 Geschütze, meist 6- und 12-Pfünder, aber nur sehr wenige Mörser verfügte und in nur unzulänglich mit Zugpferden ausgestatteten Batterien zu je acht Kanonen gegliedert war. Auch die Zahl der Bedienungsmannschaften pro Geschütz wich deutlich von der in der britischen oder französischen Armee gültigen Norm ab, die jeweils 30 Mann vorsah. Im preußischen Heer versahen den Geschützdienst lediglich 15 bis 20 Mann; das I. Corps musste sogar mit elf Mann auskommen, ein Fehlbestand, der durch die Zuteilung von Infanteristen numerisch ausgeglichen wurde.[19]

Oberst von der Marwitz, der für seine Tapferkeit in der Schlacht von Ligny mit dem Orden *Pour le mérite* dekoriert wurde, urteilte über die damalige preußische Armee: «Die Zusammensetzung unserer Armee war merkwürdig; alle Landwehren waren nackt und bloß, ohne Ergänzung und ohne Entlassung der vielen Unbrauchbaren, an den Rhein getrieben, dagegen die Garden und eine Menge alter Regimenter zurückgehalten. Die ganze Cavallerie ward (es ist merkwürdig zu sagen, aber doch wahr) in dem Augenblick ihres Aufbruchs zur Armee auseinandergerissen und zu neuen Regimentern dadurch formiert, dass jedes Regiment eine Schwadron abgab, welche zu einem neuen Regiment stießen. – Dabei wurden nun die meisten Offiziere versetzt, beinahe alle Befehlshaber gewechselt. Sehr viele von diesen bekamen ihre neuen Truppen nicht eher zu sehen, als in dem Augenblick, wo es gegen den Feind ging. (...) Aller menschlichen Klugheit nach musste diese Armee geschlagen werden.»[20]

Den abschätzigen Urteilen der Fachleute zum Trotz, die diese Armee aus guten Gründen für die schlechteste hielten, die von Preußen in den Revolutionskriegen ins Feld gestellt wurde, schlugen sich diese höchst mangelhaft ausgerüsteten und häufig nicht kampferprobten Soldaten, die in neu zusammengestückelten Einheiten unter dem Befehl ihnen oft nicht vertrauter Offiziere in die Schlacht zogen, hervorragend. Das hatte im Wesentlichen zwei Gründe: Zum einen erfüllte diese Truppen der glühende Revanchegeist der Befreiungskriege, sobald es galt, gegen den verhassten «Erbfeind» Napoleon ins Feld zu ziehen; zum anderen, und das war für den Verlauf der Kämpfe noch wichtiger, wurden diese Soldaten diszipliniert zusammengehalten und geführt durch Generalstabsoffiziere wie Generalmajor von Gneisenau oder dessen Stellvertreter als Generalstabschef der Nordarmee General von Grolman, die hinsichtlich der Schnelligkeit und gefechtstaktischen Übersicht bei ihren Entscheidungen dem Gegner weit überlegen waren. Das gab nicht nur den Ausschlag dafür, dass das Debakel Blüchers bei Ligny für den Ausgang des Feldzugs belanglos blieb, sondern auch für die Niederlage Napoleons in der Schlacht von Waterloo.

Die Einheiten der vom Herzog von Wellington kommandierten britisch-niederländischen Armee, insgesamt rund 110 000 Mann, waren zu Beginn der Kampfhandlungen am 15. Juni in Westbelgien in einem Raum aufgestellt, der sich von der Kanalküste bis zur von Brüssel nach Charleroi führenden Straße erstreckte. Rund 15 000 Mann davon, die auf eine britische Division, einige niederländisch-belgische Bataillone sowie vier hannoversche Brigaden entfielen, waren als Festungsbesatzungen sowie zum Schutz der zu den Häfen Antwerpen und Ostende führenden Versorgungs- und Rückzugsverbindungen eingesetzt, sodass sich die für den aktiven Einsatz bestimmte, in vier Corps gegliederte Armee auf rund 106 000 Mann mit 196 Kanonen belief. Sie bestanden aus über etwa 80 000 Infanteristen, 15 000 Kavalleristen und 8000 Artilleristen sowie Pionieren und Trainsoldaten.[21] Für die bevorstehende Auseinandersetzung verfügte Wellington also über eine Armee, die Napoleons Truppen der *Armée du Nord* zahlenmäßig um rund 20 000 Mann und 150 Geschütze unterlegen war.[22]

Seit der Übernahme des Oberbefehls über die britisch-niederländische Armee in Belgien hatte Wellington die britische Regierung bestürmt, ihm 40000 britische Infanteristen, 15000 Kavalleristen, 150 Geschütze und ein von ihm selbst ausgesuchtes Stabspersonal zur Verfügung zu stellen.[23] Was er bekam, waren lediglich rund 25 800 britische Soldaten aller Waffengattungen, unter denen sich aber nur rund 7000 Veteranen befanden sowie Stabsoffiziere, die ohne seine Mitsprache ausgewählt worden waren.[24] Darüber beklagte er sich im Schreiben vom 4. Mai 1815 an Kriegsminister Lord Bathurst: «Außer Frage steht, dass die Armee nicht sehr gut ist. Angesichts ihrer Komposition hätte ich die Erwartung gehegt, dass man den Generälen und den Stabsoffizieren, die von mir im letzten Krieg geschult worden sind, erlaubt hätte, sich bei mir wieder einzufinden. Stattdessen habe ich es jetzt mit Leuten zu tun, die ich niemals zuvor gesehen habe, und es hat den Anschein, als enthalte man mir diejenigen absichtlich vor, die ich haben wollte. Wohlan, ich werde mein Bestes mit diesen Instrumenten versuchen, die mir zu meiner Assistenz geschickt wurden.»[25]

Diese Beschwerde war noch vergleichsweise zurückhaltend formuliert, denn am 8. Mai schrieb Wellington an Lord Stewart in Wien: «Ich habe *an infamous army* bekommen, sehr schwach und schlecht ausgerüstet mit einem völlig unerfahrenen Generalstab. Meiner Meinung nach tut man in England nichts. Sie haben keinen einzigen Mann ausgehoben und haben noch nicht einmal die Milizen in England oder in Irland mobilisiert; sie sind unfähig, mir irgendetwas (an Verstärkung) zu schicken.»[26]

Wellingtons Klagen waren kaum übertrieben, denn seine Armee war tatsächlich ein nach Nationalitäten, Sprachen, Ausbildung und Erfahrung aus sehr unterschiedlichen Einheiten zusammengewürfelter Haufen, der zu rund zwei Dritteln aus Kontingenten niederländischer und deutscher Söldner der King's German Legion (6400 Mann), Hannoveraner Truppen (16000 Mann), niederländisch-belgischen Truppen (29000 Mann), Braunschweiger Einheiten (6800 Mann) sowie einem Nassauer Kontingent (2900 Mann) bestand, während sich die Anzahl von Soldaten britischer Nationalität auf lediglich rund 31 300 belief.[27] Aus vermutlich guten Gründen ver-

*Der Herzog von Wellington*

traute Wellington insbesondere auf die Kampfkraft des rein britischen Kontingents, das neun der 26 Infanteriebrigaden seiner Armee
umfasste, sowie auf die King's German Legion, einen Verband, der
1803 aus den Überresten der hannoverschen Armee gebildet wurde,
nachdem das mit der britischen Krone in Personalunion verbundene
Kurfürstentum Hannover von Napoleon überrannt worden war. Die
Soldaten der King's German Legion waren Veteranen des mehrere
Jahre dauernden Kriegs auf der Pyrenäenhalbinsel, in dem sie unter
dem Kommando Wellingtons gekämpft hatten. Auch unter den Infanteristen der neun britischen Brigaden befand sich eine Minderheit
von Veteranen der Feldzüge in Spanien und Portugal sowie Teilneh-

mer des britisch-amerikanischen Kriegs von 1812. Die meisten der britischen Infanteristen waren jedoch Soldaten, die erstmals angeworben oder zum Kriegsdienst gepresst worden waren und deren Zuverlässigkeit entsprechend gering veranschlagt wurde. Die Einschätzung der zeitgenössischen Militärexperten über diese englischen Truppen spiegelt die Bemerkung von Damitz wider: «Der englische Soldat gehört dem roheren Theile der Nation an. Die Laster dieser Klasse, Trunkenheit, Völlerei, Rach- und Raubsucht, werden nur durch die strengste Disciplin unterdrückt. Im Gefecht sehr brav und ausdauernd, verlangt der Soldat aber vorher gut zu essen, zu trinken und zu schlafen.»[28]

Vorzüglich beritten und ausgebildet waren jedoch die britische Kavallerie und die der King's German Legion, insgesamt 8500 Mann in sieben Brigaden unter dem Befehl von Lord Uxbridge,[29] die noch durch sechs berittene Batterien verstärkt wurde. Dieses Kavalleriecorps, dem englische, schottische und irische Regimenter wie die Life Guards, Horse Guards, Scots Greys und Inniskilling Dragoons angehörten, diente Wellington im Schlachtgeschehen als zuverlässige «Feuerwehr», während die rund 6000 Mann der hannoverschen, Braunschweiger und niederländisch-belgischen Kavallerie den einzelnen Divisionen zugeteilt waren.[30] Auch bei der Artillerie hatten britische Soldaten das Übergewicht, die bei 18 der insgesamt 29 Batterien die Mannschaften stellten. Jeweils zwei Batterien mit je vier Geschützen zu 9 Pfund und zwei Mörsern zu 6 Pfund waren den einzelnen Divisionen zugeteilt. Lediglich die Geschütze der sich auf 20500 Mann belaufenden Reserve, die sich aus der 5. und 6. Britischen Division unter dem Befehl von Picton und Cole, dem Braunschweiger Corps unter dem Herzog von Braunschweig und dem Kontingent der Nassauer unter General Kruse zusammensetzte, verfügte unter ihren insgesamt 64 Geschützen über 12-Pfünder.

Die allem Anschein nach unzuverlässigsten Einheiten in der Armee Wellingtons stellten die belgisch-niederländischen Truppen mit rund 30000 Mann im Feld dar. Das hatte seinen Grund vor allem darin, dass viele dieser Soldaten in den Armeen Napoleons gedient hatten und sogar noch die Uniformen aus dieser Zeit trugen! Das musste Zweifel an ihrer Loyalität wecken, die durch zahlreiche

Desertionen genährt wurden. Tatsächlich hatten besonders die belgischen Soldaten der niederländischen Armee keinerlei Anlass, sich mit Begeisterung für die Sache der Alliierten einzusetzen, da ihre Hoffnungen auf eine Selbstständigkeit ihres Landes durch den Wiener Kongress eklatant enttäuscht worden waren. Belgien war dem Königreich der Niederlande zugeschlagen worden, und dessen König Willem hatte Brüssel zur Haupt- und Residenzstadt seines erheblich vergrößerten Landes gemacht! Besonders fatal war es deshalb, dass König Willems Kriegsminister, General Janssens, ein geschworener Feind der Briten war, gegen die er in Südafrika und auf Java gekämpft hatte. Im Einverständnis mit dem niederländischen Königshaus setzte Janssens alles daran, vormaligen napoleonischen Offizieren in der neuen niederländischen Armee zu Posten zu verhelfen. Über dieses Treiben informierte den britischen Kriegsminister ein hochgestellter und vertrauenswürdiger Informant. Lord Bathurst leitete dessen Schreiben am 29. April 1815 an Wellington weiter: «Eine von (Janssens) ersten Maßnahmen war die Entfernung beinahe aller deutschen Offiziere aus den belgischen Regimentern, ausnahmslos Männer, auf die man volles Vertrauen setzen konnte. Diese wurden ersetzt durch Offiziere, die unter Napoleon ihre Karriere gemacht haben und die Bewunderer seines Systems und seiner Regierung sind. Einige der aus dem Dienst entlassenen deutschen Offiziere sind unterdessen zwar wieder reaktiviert worden, aber von diesen nur solche, die auch schon unter Buonaparte Dienst taten.»[51]

Das Kopfzerbrechen, das der belgisch-niederländische Verbündete Wellington verursachte, wurde noch dadurch gesteigert, dass der niederländische König sich mit der Forderung durchsetzte, den erst 23-jährigen Erbprinzen von Oranien, einen uniformierten Zierbengel ohne jede militärische Erfahrung, zum Befehlshaber des 1. Corps der Armee Wellingtons zu berufen. Das war der Preis dafür, Schlimmeres zu verhüten, denn das niederländische Königshaus hatte zuvor darauf beharrt, seine Truppen nicht dem Oberbefehl Wellingtons zu unterstellen, sondern sie sollten selbstständig unter dem Kommando des Erbprinzen operieren, ein Verlangen, das erst nach massivem Druck der Alliierten zugunsten jener Kompromisslösung fallen gelassen wurde, die den Prinzen von Oranien zum Befehlshaber des I. Corps machte. Den möglichen Schaden, den er auf diesem Posten anrichten konnte, verringerte von vorneherein der gebürtige Schweizer, Generalmajor Jean Victor de Constant Rebecque, den er als exzellenten Stabschef und Aufpasser zur Seite hatte.[32]

Die Wellington und die Alliierten verstörenden Aktivitäten des niederländischen Königshauses waren dem Bestreben geschuldet, die zwei Landesteile Belgien und die Niederlande in der Folge eines siegreich ausgefochtenen Konflikts zu einer Einheit zu verschmelzen. Im Unterschied zu den Niederländern hatten zahlreiche Belgier durchaus mit Begeisterung aufseiten Napoleons und in dessen *Grande Armée* gefochten. Das verschaffte ihnen eine Expertise, auf die man beim Aufbau der neuen niederländischen Armee, an dem Constant Rebecque maßgeblich beteiligt war, ebenso wenig verzichten konnte wie auf das Offizierscorps, das sich im Zusammenhang damit ausgebildet hatte. Das waren nachvollziehbare Überlegungen, die aber eine längere ungestörte Entwicklung brauchten, um das beabsichtigte Ergebnis einer zweifelsfreien Loyalität der belgisch-niederländischen Armee zum Haus Oranien-Nassau zu erzielen, das vom belgischen Landesteil abgelehnt wurde. Das Auftauchen Napoleons und der neue dadurch provozierte europäische Konflikt stellte diese Überlegungen nachdrücklich infrage, die völlig preiszugeben für den niederländischen König Willem I. keine Alternative waren, da dieser Herrscher dem Traum nachjagte, die Vereinigten Niederlande zu einer europäischen Mittelmacht zu formen, die auf Augenhöhe mit Preußen stand. Eine Voraussetzung dafür war eine starke Armee, die das Konzept durchkreuzen könnte, das der Wiener Kongress mit der Schaffung der Vereinigten Niederlande beabsichtigt hatte. Dieser Plan sah den belgisch-niederländischen Verbund als Pufferstaat zu Frankreich vor, dessen Sicherheit Preußen und Großbritannien garantierten, der dank des Landesteils Luxemburg dem Deutschen Bund angehörte und der für einen Ausgleich der virulenten Interessendifferenzen von französischsprachigen Wallonen und niederländisch sprechenden Flamen sorgen sollte. Dieses fortdauernde Dilemma wurde erst 15 Jahre später mit der Unabhängigkeit Belgiens gelöst.[33]

Das verwirrende Mosaik der britisch-niederländischen Einheiten suchte Wellington, dem dabei die während des Spanienfeldzugs gewonnenen einschlägigen Erfahrungen zupasskamen, zu einer in vier Corps gegliederten Armee zu formen, indem er zuverlässige Verbände mit solchen mischte, deren Eignung zweifelhaft erschien.[54] Das I. Corps unter dem Kommando des Erbprinzen von Oranien umfasste rund 25 000 Mann; das II. Corps, das Lord Hill befehligte, hatte 24 000 Mann. Das III. Corps, die sich auf 20 500 Mann belaufende Reserve, unterstellte Wellington seinem direkten Kommando, während das IV. Corps aus rein britischen Kavallerieschwadronen und solcher der King's German Legion, die von Lord Uxbridge befehligt wurde, rund 8500 Mann hatte. Die übrige Kavallerie mit 6000 Mann wurde ebenso wie die Artillerie mit 8100 Mann und 196 Geschützen auf die einzelnen Corps und Divisionen aufgeteilt.[55] Die rastlosen Bemühungen Wellingtons, eine Armee aus unterschiedlichen Nationen zu schaffen, deren Ergebnis ihn dem Anschein nach sehr zufriedenzustellen schien, wie der russische Botschafter in Frankreich Pozzo di Borgo aus Brüssel am 28. April 1815 Außenminister Nesselrode berichtete,[56] wurden damals wie später von Fachleuten sehr skeptisch beurteilt.[57] Die nämliche Skepsis, wenngleich aus anderen Beweggründen, war auch gegenüber der preußischen Armee angebracht. Das bot Napoleon eine Chance, die er ausnutzen musste.

Napoleon spielte zunächst die irrige Zuversicht seiner Gegner in die Karten, er würde sie nicht angreifen. Vom Hauptquartier in Namur aus schrieb Blücher seiner Frau am 3. Juni 1815 in seiner eigenwilligen Orthographie: «(...) in zeit von högstens 10 Tagen wird die büchse wohl loß gehen, und wir nach Frankreich hineingehn. Bonaparte greift uns nicht an, da vor könnten wihr hir noch ein jahr stehn, seine angelegenheiten stehn so Brilliant nicht.»[38] Das war auch Wellingtons Einschätzung, der noch am 13. Juni 1815 Lord Lynedoch von Brüssel schrieb: «Hier gibt es nichts neues. Wir haben Nachrichten, dass Buonaparte zur Armee abgehen und uns angreifen wird, aber ich weiß auch mit Bestimmtheit, dass er sich am 10. dort noch aufgehalten hat und aus seiner Rede, die er vor der Kammer hielt, ziehe ich den Schluss, dass sein Aufbruch nicht unmittelbar bevorstand. Ich bin überzeugt, dass wir hier jetzt viel zu stark für ihn sind.»[39] Diese Illusion verstand Napoleon durch den geschickt maskierten Aufmarsch seiner Armee erfolgreich zu bestärken. Sie reflektierte im Übrigen

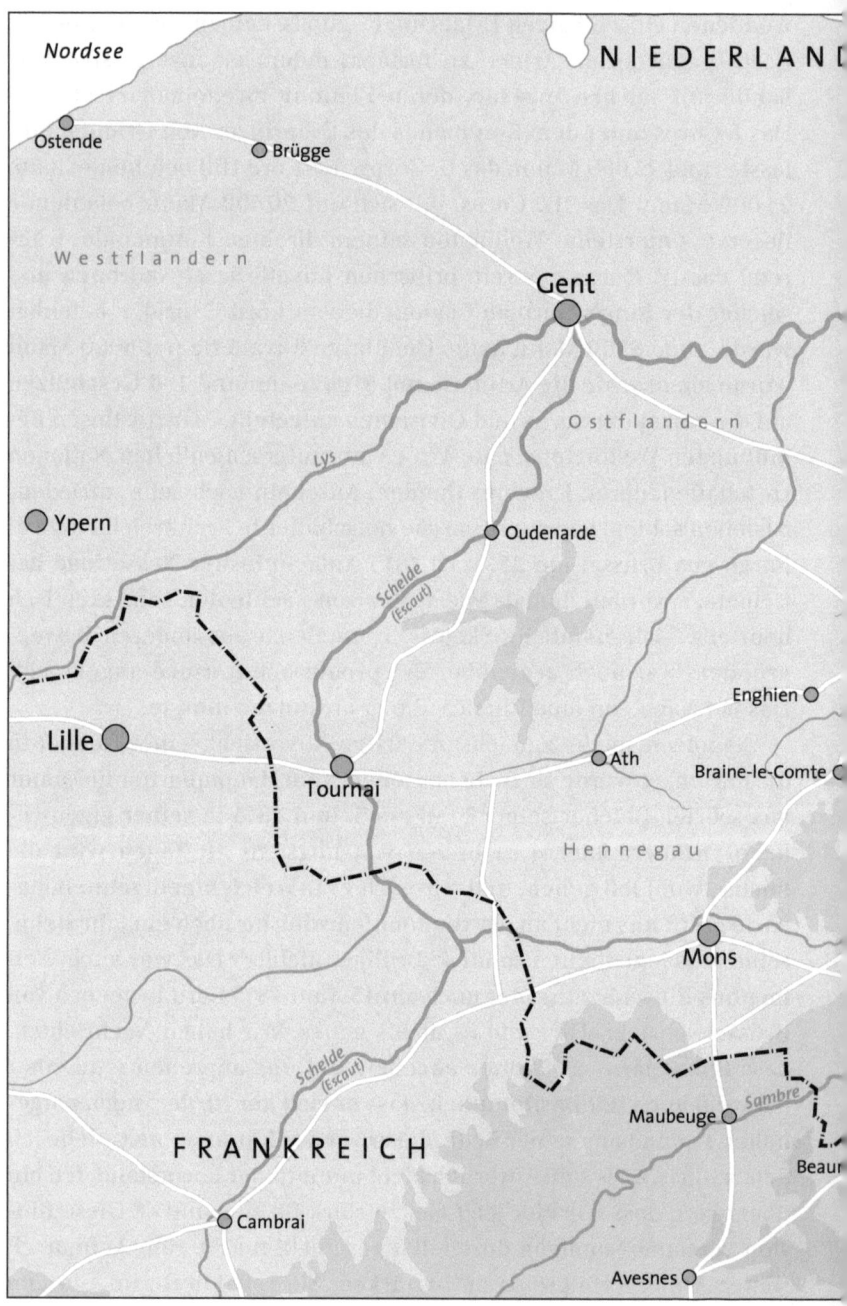

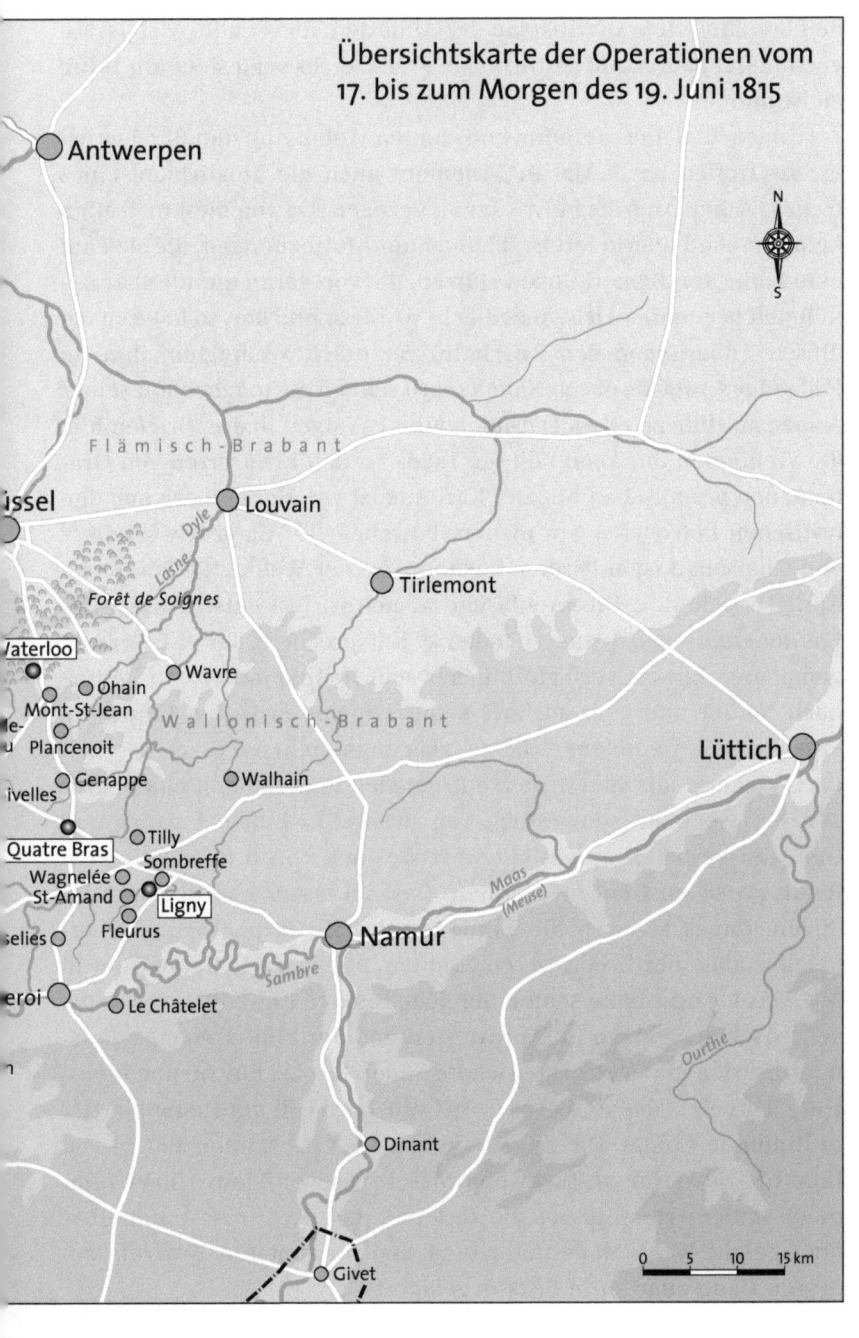

Übersichtskarte der Operationen vom
17. bis zum Morgen des 19. Juni 1815

den kombinierten Angriffsplan der Alliierten, die sich im Mai darauf verständigt hatten, mit der Invasion Frankreichs spätestens am 1. Juli zu beginnen.

Ungeachtet dieses Optimismus hatten Wellington und Blücher bei ihrem Treffen am 3. Mai in Tirlemont auch die Möglichkeit eines französischen Angriffs in Erwägung gezogen. Da von diesem Treffen kein Protokoll überliefert ist, bleiben nur Mutmaßungen, die sich auf eine Reihe von Bemerkungen stützen, die von daran unmittelbar Beteiligten gegenüber Dritten gemacht wurden. Blücher, so hat es nach diesen Äußerungen den Anschein, versprach Wellington, ihm im Falle eines Angriffs durch Napoleon so schnell als möglich mit seiner Armee zu Hilfe zu eilen. Darauf deuten Passagen in drei Briefen hin, die Wellington am Abend dieses Tages an den Erbprinzen von Oranien, den preußischen Kanzler Karl August von Hardenberg und den britischen Botschafter am niederländischen Hof Clancarty sandte.[40] Von Gneisenau ist außerdem bekannt, dass er Wellington bereits im April versicherte: «Die preußische Armee ist fest entschlossen, das Los der englischen Armee zu teilen.»[41] Entsprechend der in Tirlemont gemachten Zusage verlegte Blücher sein Hauptquartier von Lüttich nach Namur und konzentrierte seine Truppen zwischen Charleroi, Frasnes und Gembloux, rückte also dem linken Flügel der britisch-niederländischen Armee entschieden näher, die in einem großen Kreissegment südwestlich von Brüssel zwischen Frasnes und Gent tief gestaffelt aufgestellt war: Westlich von Brüssel in einem Raum zwischen Gent im Norden, Alost im Osten und über Ath im Süden hinaus lagerten die Einheiten des II. Corps. Dessen Oberbefehlshaber, der Erbprinz von Oranien, hatte sein Hauptquartier in Ath. Das I. Corps hatte seinen Bereitstellungsraum südlich von Brüssel zwischen Enghien im Nordwesten und der Linie Genappe–Frasnes im Osten und erstreckte sich im Süden fast bis Binche und Mons. Der Oberbefehlshaber dieses Corps war Lord Hill mit Hauptquartier in Braine-le-Comte. Die Kavallerie, das III. Corps, unter Befehl von Lord Uxbridge war westlich von Brüssel zwischen Ninove und Grammont stationiert, während die Reserve, das IV. Corps, unmittelbar dem Befehl Wellingtons unterstand und im weiteren Umkreis um dessen Hauptquartier in Brüssel gelagert war.

Diese Dislozierung der britisch-niederländischen Armee verrät unschwer die strategische Absicht Wellingtons, Belgien und die niederländische Hauptstadt Brüssel zu decken wie insbesondere auch die zwei Rückzugs- und Versorgungslinien seiner Armee abzuschirmen, die im Norden von Brüssel oder Hal über Gent und weiter südlich von Mons über Ath, Tournai und Ypres nach Ostende verliefen. Mit anderen Worten: Für den Fall, dass Napoleon wider Erwarten erfolgreich sei, sollte eine Repatriierung der britischen Truppen gewährleistet sein.

Eine Bestätigung dafür liefern die Erinnerungen von Generalmajor Müffling, der als preußischer Liaisonoffizier Wellingtons Stab angehörte: «Der Herzog von Wellington hatte früher den Wunsch geäußert, dass, wenn Napoleon gegen die Niederlande vorrücke, die beiden Armeen, die preußische und die englische, sich ihm dergestalt entgegenstellen möchten, dass Brüssel erst, wenn Napoleon eine Schlacht gewinne, in seine Hände kommen könne. – Dies war allen Interessen gemäß, und der Feldmarschall [i. e. Blücher] war hierzu bis Namur und an die Sambre vorgerückt.»[42] Die Mitteilung ist aufschlussreich, denn für Wellington war der Schutz von Brüssel insofern bedeutsam, als die Verteidigung der Hauptstadt die britischen Rückzugslinien bis zur ersten von den Alliierten verlorenen Schlacht zu decken versprach.

Das war der Dreh- und Angelpunkt von Wellingtons ganz auf Defensive eingestellter Strategie gegenüber Napoleon. Diese Haltung kontrastierte sehr mit der von Blücher, der seinem Spitznamen «Marschall Vorwärts» alle Ehre zu machen suchte, indem er wiederholt darauf drängte, die beiden alliierten Armeen sollten, sobald ihre Aufstellung abgeschlossen sei, unverzüglich gegen Napoleon vorgehen und nach Paris durchbrechen. Blüchers Ungestüm erklärt sich nicht nur aus seiner Prägung als Husarenoffizier, sondern dazu nötigte ihn auch die sehr schwierige Versorgungslage der preußischen Truppen. Preußen war dem Bankrott nahe, hatte jedenfalls kaum Geld, um die Forderungen der verbündeten Niederländer zu befriedigen, die als gewiefte Kaufleute auf der pünktlichen Bezahlung der für die preußischen Truppen gelieferten Nahrungsmittel bestanden.[43] Hier musste man sich den diplomatischen Fertigkeiten Wellingtons anvertrauen,

*Blücher*

der bei König Willem I. eine Stundung der gegenüber den Preußen erhobenen Forderungen erwirkte. Dieser Erfolg war geeignet, das Misstrauen, das Gneisenau gegenüber Wellington hegte, zu verschärfen. Als Generalmajor Müffling als Verbindungsoffizier dem britisch-niederländischen Stab attachiert wurde, warnte ihn Gneisenau vor der «Verschlagenheit» Wellingtons, «denn dieser ausgezeichnete Führer sei durch seine Verhältnisse in Indien und die Verhandlungen mit den hinterlistigen Nabobs an die Falschheit gewöhnt worden, und habe es darin zuletzt zu einer solchen Meisterschaft gebracht, dass selbst die Nabobs von ihm überlistet worden wären».[44]

Aber trotz des von offensichtlich antibritischen Ressentiments gefärbten Misstrauens Gneisenaus gegenüber Wellington, ließ sich die preußische Armeeführung voll und ganz vom Bedrohungsszenario

*Gneisenau*

überzeugen, das er für den Fall eines französischen Angriffs entwarf. Dieses hatte Wellington bereits fix und fertig, als er, von Wien kommend, in seinem Hauptquartier in Brüssel am 4. April eingetroffen war. Bereits einen Tag später schrieb er an Gneisenau, dessen Truppen noch am Niederrhein auf preußischem Gebiet lagerten: «Die Nachrichten über die Stellung, die Zahl und die Absichten des Feindes sind sehr ungewiss. Es scheint mir aber, dass wir gegen einen Handstreich desselben, den er jeden Augenblick versuchen könnte, dennoch gewappnet sein müssen. Gewiss würde es für ihn bedeutsam sein, die südlich von Brüssel aufgestellten Truppen zum Rückzug zu zwingen, den König von Frankreich und die königliche Familie [i. e. die ihren Hof im Exil in Gent aufgeschlagen hatten] zu vertreiben und den König der Niederlande und die hier [i. e. in Brüssel] neu geschaffenen Einrichtungen zum Verlassen zu zwingen. Es wäre dies ein furchtbarer Schlag für die öffentliche Meinung in Frankreich und hier. (...) Nachdem ich 13 400 Mann als Besatzung nach Mons, Tournay, Ypern, Ostende, Nieuport und Antwerpen gelegt habe, kann ich ungefähr 23 000 Mann guter englischer und hannoverscher Truppen zusammenziehen, von denen 5000 Mann vortreffliche Kavallerie sind. Diese Ziffern werden in wenigen Tagen wachsen, besonders durch gute Kavallerie und Artillerie. Auch kann ich 20 000 Mann Niederländer und Belgier vereinigen, unter denen sich 2000 Mann Kavallerie befinden. Im Ganzen habe ich bis jetzt 60 Geschütze.

Meine Meinung ist, dass wir Anordnungen treffen müssen, um die gesamte preußische Armee mit der britisch-niederländischen vorwärts vor Brüssel zu versammeln. Zu diesem Zweck müssten die Truppen Ihrer Exzellenz unverzüglich entlang der Maas vorgehen und zwischen Charleroi, Namur und Huy Aufstellung nehmen.

Dank dieser Disposition würden wir gewiss sein, dieses für die Alliierten so wichtige Land zu sichern; wir werden damit die Sammlung ihrer Truppen am Rhein [i. e. die erst noch im Anmarsch befindlichen russischen und österreichischen Einheiten] decken, und wir vermeiden die Übel, die sich unter den obwaltenden Umständen aus unserem zeitweiligen Rückzug notwendig ergeben würden. Zugleich werden Ihre Exzellenz ebenso wie auch in der Stellung, die Sie augenblicklich einnehmen, sich überall hinbegeben können, wo die Gegenwart der unter Ihrem Befehl stehenden Truppen für den Dienst des Königs notwendig sein sollte, und wir würden für unsere zahlreiche Kavallerie ein ebenso günstiges Schlachtfeld vor- wie rückwärts von Brüssel haben.

Ich bitte Ihre Exzellenz, diese Überlegungen zu bedenken und mir Ihren Entschluss mitzuteilen, damit ich meinerseits über die Maßnahmen entscheiden kann, die ich im Fall, angegriffen zu werden, ergreifen muss, wenn sich Ihre Exzellenz dazu entschließen sollte, dort auszuharren, wo Sie sich gerade befinden.

Ich will Ihre Exzellenz aber auch wissen lassen, dass der König der Niederlande Anweisung gegeben hat, dass Ihre Truppen mit allem, was sie benötigen, versorgt werden, sollten sie in dieses Land vorrücken.»[45]

Auf dieses Schreiben Bezug nehmend, das er in Kopie nach London übermittelte, schrieb Wellington einen Tag später, am 6. April 1815, an Lord Bathurst: «Ihre Lordschaft können dem Brief an General Gneisenau entnehmen, über welche Truppen ich hier disponiere. Es tut mir aufrichtig leid, Ihnen sagen zu müssen, dass ich von den niederländischen Einheiten einen sehr schlechten Eindruck habe. Auch scheint der niederländische König nicht willens zu sein, diese mit unseren Truppen zu verschmelzen, die, auch wenn sie nicht unsere besten sind, dennoch die Chance vergrößerten, etwas damit anfangen zu können.

Obwohl ich General Gneisenau eine vorteilhafte Meinung über unsere Truppen übermittelt habe, so muss ich doch, nach allem, was ich über diese weiß, annehmen, dass sie nicht so sind, wie sie sein sollten, um unseren militärischen Ruf in Europa [i. e. und damit auch den Anspruch darauf, die Führung in der europäischen Mächteallianz gegen Napoleon zu behaupten] aufrechtzuerhalten.»[46]

Hätte Gneisenau diesen Brief Wellingtons gekannt, dann wäre er in seiner abschätzigen Meinung, die er Müffling als Warnung anvertraute, bestätigt worden. Dessen ungeachtet beeilte er sich, die Überlegungen Wellingtons sich zu eigen zu machen, indem er sofort entsprechende Anweisungen erteilte. Darüber informierte ein seine Befehle zusammenfassendes Memorandum, das General Röder nach seinem Eintreffen im Hauptquartier in Brüssel am 8. April redigierte und dort einem britischen General aushändigte, weil Wellington an diesem Tag bei Louis XVIII in Gent weilte. Zwar entwickelte Gneisenau eingangs die Bedenken, die er gegen die von Wellington geäußerten Wünsche hinsichtlich eines Vorrückens der preußischen Truppen nach Westen hegte, versicherte diesem aber andererseits: «Trotz all dieser Überlegungen und Hindernisse genügt es uns, dass der Herzog von Wellington wünscht, uns in einer weiter vorgeschobenen Stellung zu sehen, und die preußische Armee gehorcht seinen Befehlen *avec plaisir et confiance,* glücklich, auf diese Weise ihren Respekt und ihre *soumission* gegenüber einem General zu bezeugen, der vom gesamten Universum verehrt wird.» Nach diesen Verbeugungen, in denen sich unmissverständlich eine Anerkennung des britischen Führungsanspruchs aussprach, lässt Gneisenau Wellington wissen, dass er dem Corps des Generalleutnant Zieten Befehl erteilt habe, im Raum zwischen Charleroi und Namur Aufstellung zu nehmen; das Corps des Generalleutnants von Borstell werde nach Namur verlegt und das von Generalleutnant Thielmann in Lüttich zusammengezogen. Mit Wirkung vom 11. April werde auch das preußische Hauptquartier seinen Sitz in Lüttich nehmen.[47]

Mit Schreiben vom 10. April bedankte sich Wellington bei Gneisenau für das schnelle Entgegenkommen und gab der Hoffnung Ausdruck, dass der bevorstehende Kampf eine Unterstützung der preußischen Truppen kaum notwendig machen werde; sollte dies aber dennoch der Fall sein, dann werde er in gleicher Weise zur Hilfe bereitstehen (…) Im Übrigen sei es so, dass sich entlang der französischen Grenze zahlreiche Festungen befänden, sodass es nicht leicht sei, genauen Aufschluss über die französischen Streitkräfte zu gewinnen, die sich dort konzentrierten. Er sei jedoch der Überzeugung, «dass die vereinigte Aufstellung, in der wir stehen, uns gegen einen jeden Angriff, selbst gegen die stärkste Armee, die man an der Grenze voraussetzen könnte, sichert. (…) In diesem Augenblick befinden wir uns jedenfalls in der Defensive und haben auch nicht die Absicht, diese aufzugeben, bis die in Wien versammelten Souveräne den Angriff und den Operationsplan beschlossen haben. Die Initiative liegt also beim Feind, und es ist unter diesen Umständen schwer, im Voraus die Operationen für jedes Corps genau festzulegen.

Sollte der Feind angreifen, was ich unter den Umständen, in denen wir uns morgen befinden werden [i. e. nach Abschluss der von Gneisenau angekündigten Dislozierung der preußischen Truppen], kaum für wahrscheinlich halte, so würde er voraussichtlich zwischen der Sambre und der Schelde vorstoßen. In diesem Falle wäre das Corps des Generals v. Zieten der linke Flügel der Armee und hätte sich bei Charleroi zu sammeln. Dann wäre es auch zweckmäßig, wenn sich die anderen Corps Ihrer Exzellenz bei Namur vereinigten.» Erlitte man eine Niederlage, hätte die preußische Armee keine Schwierigkeit, sich auf Lüttich oder Maastricht, unter Umständen sogar bis nach Jülich zurückzuziehen. Die nämliche Sicherheit böte sich im Übrigen auch den britisch-niederländischen Truppen, denen der Besitz von Brüssel die Gewähr böte, zur Küste zu gelangen.[48]

Dieser Briefwechsel ist in verschiedener Hinsicht bemerkenswert, denn er zeigt, dass Wellington keinerlei Mühe hatte, den Anspruch durchzusetzen, Chef der alliierten Operationen in den Niederlanden zu sein, der aber ausschließlich von politischer Bedeutung sein würde. In militärisch-operativer Hinsicht waren die britisch-niederländische und die preußische Armee hingegen völlig unabhängig voneinander; ebenso waren ihre jeweiligen Oberbefehlshaber, Wellington und Blücher, gleichgestellt. Damit stand es ihnen frei zu entscheiden, wo, wie und wann sie es für richtig befanden, im Interesse des verabredeten Kriegsziels miteinander zu kooperieren. Diese operative Entscheidungsfreiheit hatte Gneisenau aus durchaus nachvollziehbaren Gründen bereits preisgegeben, sobald Wellington erstmals seinen Führungsanspruch anmeldete. Damit war von vorneherein gewährleistet, dass der unschwer vorhersehbare Erfolg der Alliierten über Napoleon, gestützt auf ihre zahlenmäßige Überlegenheit, ein Triumph war, der in erster Linie den britischen Fahnen zufiele.

Für die operativen Dispositionen der Alliierten auf dem belgischen Kriegsschauplatz bis zum Beginn der Kämpfe am 15. Juni war weiter bestimmend, dass Wellington die Vermutung, Napoleon würde sich im Falle eines Angriffs mit seiner geballten Macht auf die britisch-niederländischen Truppen werfen, zu einem Dogma erhärtete, das von Gneisenau widerspruchslos anerkannt wurde. Das Dokument dafür sind die Absprachen, auf die sich Wellington und Blücher bei ihrem Zusammentreffen in Tirlemont am 3. Mai verständigten, mit denen erneut die von Gneisenau bereits am 8. April mitgeteilten Entscheidungen, geringfügig modifiziert, bekräftigt wurden. Damit indossierte Blücher den bereits von Gneisenau am 8. April ausgestellten Blankoscheck, der Wellington, sollte er angegriffen werden, die sofortige Unterstützung durch die preußische Armee zusagte, die sich deshalb bei Sombreffe konzentrieren sollte. Diese Verpflichtung war durchaus einseitig zu verstehen, d. h. Wellington verstand sich in Tirlemont keineswegs zur Gegenleistung verpflichtet für den Fall, dass nicht er, sondern Blücher angegriffen werde. Vermutlich ist diese Möglichkeit bei den Gesprächen, um kriegsakademischer Vollständigkeit zu genügen, berührt worden. Das hatte aber kaum die Konsequenzen, die später dieser mutmaßlich nur hypothetischen Erörterung zugesprochen wurden, deren Ergebnis Karl von Damitz eine gewundene Schilderung widmete: «Sollte Napoleon indes in der Richtung auf Charleroi vordringen, so galt dem preußischen Heere der erste Angriff, und dann wollte man preußischerseits die Schlacht annehmen und das Schlachtfeld so wählen, dass die Hülfsleistung der Engländer gesichert bliebe. – Für diesen Fall versprach der Herzog von Wellington sein Heer bei Quatre Bras zu sammeln, und die Armee des Fürsten Blücher zu unterstützen.»[49]

Bei dieser Darstellung überwältigte jedoch eine Wunschvorstellung den Militär Karl von Damitz und andere Experten mehr, die sich seiner Auffassung anschlossen, denn, und darauf wies Clausewitz hin, Wellingtons Armee «war auf zwanzig Meilen Ausdehnung» zerstreut, was es «rein unmöglich» machte, diese auch nur «in ein Paar Tagen auf dem äußersten linken Flügel bei Nivelles oder Quatre Bras zu versammeln». Daraus folgerte Clausewitz mit zwingender Logik, dass er «unter dem Ausdruck *Armee* nur den größeren Theil derselben» verstanden habe, «was Wellington selbst seine Hauptmacht nennen mochte: die mit dem linken Flügelkorps vereinigte Reserve», die um Brüssel verstreut gelagert war.[50] Aber selbst diese Reserve zu mobilisieren und in Quatre Bras oder Nivelles zu versammeln, hätte vermutlich ein oder zwei Tage länger gedauert, als ein mit überlegenen Kräften aus Nordfrankreich vordringender Angreifer benötigte, um seinerseits die für die Vereinigung der britisch-niederländischen mit der preußischen Armee strategisch hochbedeutsame Straßenkreuzung bei Quatre Bras zu erreichen und zu besetzen. Mit anderen Worten: Eine solche Zusage war, selbst wenn sie gemacht worden sein sollte, nichts mehr als leere Höflichkeit. Sie stand in nicht auflösbarem Widerspruch zu den realen Gegebenheiten wie auch zum Dogma Wellingtons und konnte deshalb zwar hypothetisch erwogen, aber kaum durch förmliche Verabredung von Gegenmaßnahmen verbindlich abgesichert werden. Wellington hatte sich dementsprechend nachweislich nur einmal und ganz beiläufig geäußert, als er im Antwortschreiben an Gneisenau vom 10. April gleich eingangs und nur, um der Höflichkeit unter Verbündeten Genüge zu tun, darauf hinwies, dass die Preußen beim Ausbruch des Kampfes wohl kaum auf die Unterstützung durch die britisch-niederländische Armee würden rechnen müssen; sollte das Unwahrscheinliche aber dennoch eintreten, wäre er natürlich sofort zur Hilfe bereit. Dieses Versprechen aber war, wie allen Beteiligten bewusst sein musste, nichts wert, weil es nur unter einer Voraussetzung gegeben wurde, deren Fälligkeit sowieso ausgeschlossen war.

Gneisenau nahm an dieser einseitigen Verpflichtung keinen Anstoß, weil er sich keinerlei Illusionen hinsichtlich der Abhängigkeit Wellingtons von der preußischen Armee machte, die ihn mit stiller Genugtuung erfüllte und die möglichen Konsequenzen entsprechend gering einschätzen ließ. General Knesebeck schrieb er am 8. Juni etwa, ein Abzug Preußens vom belgischen Kriegstheater würde «auf die Wellingtonsche Armee (...) äußerst unglücklich wirken und sie gänzlich lähmen, denn sie kann unserer Nachbarschaft nicht entbehren. (...) Sie würde bei ihrer nicht vorzüglichen Zusammensetzung nichts unternehmen können. Die Belgier sind unzuverlässig; die Holländer neu und unerfahren; die Braunschweiger ebenfalls, die britischen Bataillone zur Hälfte ebenfalls neu. Nur die britische Kavallerie ist gut und diejenigen Truppen, die jetzt erst einzeln aus Amerika zurückkommen. Wenn wir also mit dieser Armee nicht Arm in Arm stehen, so wird sie ganz unbrauchbar.»[51]

Schon eine Woche später kam der Hochmut, den Gneisenau in diesem Brief bekundet hatte, vor dem Fall: Napoleon griff nicht Wellington an, sondern ging gegen Charleroi und damit auf das Zentrum der Preußen vor. Damit trat just das ein, was Wellington bei seinen ganz der Defensive verpflichteten Überlegungen, für ihn seit je charakteristisch, ausgeklammert hatte. Das erwies sich jetzt als entscheidender Fehler, den ihm Clausewitz in seiner Kritik zwar zurückhaltend, aber dennoch deutlich ankreidete. Für Clausewitz war es von vorneherein ausgemacht, dass Napoleon für eine Offensive keine andere Wahl hatte als die, die er tatsächlich ergriff: also nicht einen Angriff auf gesamter Frontbreite von rund 30 Meilen, mit dem Wellington ausweislich der Dislozierung seiner Armee rechnete, mit der Absicht, entweder Brüssel rasch einzunehmen oder die britischen Rückzugslinien zur Küste abzuschneiden, sondern er musste eine schnelle Entscheidung dadurch herbeizuführen suchen, «dass er mit seiner ganzen Macht gegen einen Punkt» losbrach. Damit nicht gerechnet zu haben erklärt Clausewitz plausibel damit: «Lord Wellington hatte nie persönlich gegen Bonaparte kommandiert; vielleicht liegt darin der Grund, dass sich ihm diese Voraussetzung nicht so gewaltsam aufdrängte, wie sie sich einem Jeden, den der Blitzstrahl seiner großen Schlachten je getroffen hatte, aufgedrängt haben würde. – Hätte der Lord Wellington diese Voraussetzung gemacht, so würde er eine ganz andere Einrichtung seiner Quartiere getroffen haben; so wie sie war, würde es, wo auch das Schlachtfeld in ganz Belgien gewählt wurde, immer unmöglich gewesen sein, mit vereinigter Macht und in Gemeinschaft mit Blücher auf dem selben zu erscheinen; es konnte aber bei jener Voraussetzung unmöglich in der eigenen Absicht liegen, eine sehr beträchtliche Truppenmasse außer Mitwirkung zu setzen.»[52]

Zu Ende gedacht, entfaltete diese Kritik eine vernichtende Prognose für die Erfolgsaussichten der Alliierten. Dass der Konflikt binnen drei Tagen nach seinem Beginn dennoch einen ganz anderen Ausgang nahm, verdankt sich deshalb weit weniger dem vermeintlich überlegenen Feldherrngeschick Wellingtons, dem dieser Sieg immer gutgeschrieben wird, als einer ganzen Reihe von gravierenden Fehlern, die eine adäquate praktische Umsetzung von Napoleons makellosem Angriffsplan zunichte- und damit seine ebenso schnelle wie vollständige Niederlage unvermeidbar machten. Das jedoch kann man nur unter der Voraussetzung als tragisch bezeichnen, wenn man die Spiele von Lehnstuhlstrategen im Sandkasten mit dem von zahllosen Zufällen und unmöglich kalkulierbaren Friktionen geprägten tatsächlichen Verlauf eines Feldzugs oder Krieges verwechselt.[53]

# SECHSTES KAPITEL

# DER TANZ BEGINNT

Napoleon war zwar nicht detailliert, aber dennoch einigermaßen genau über die Aufstellung der alliierten Truppen in Belgien orientiert. Zahlreiche Sympathisanten, die er dort hatte, lieferten Informationen. Auch wenn diese nicht immer auf dem neuesten Stand waren, was vor allem auf die preußischen Truppen zutraf, die im April und Mai in zwei Bewegungen nach Westen vorgeschoben wurden und im Raum zwischen Lüttich, wo das IV. Corps sein Hauptquartier hatte, und Charleroi, dem Hauptquartier des I. Corps, auf einer wesentlich kleineren Fläche als die britisch-niederländischen Truppen konzentriert waren, verfügte er gleichwohl über eine hohe Planungssicherheit. Aus der Aufstellung ließ sich zumindest ableiten, dass jedes der alliierten Corps einen Tag benötigte, um sich marschbereit zu versammeln, und dass es wenigstens zwei weitere Tage dauern würde, bis die beiden Armeen ihre Truppen zu einer einzigen Streitmacht versammelt hätten.[1] Dem galt es unter Ausnutzung des Überraschungsmoments durch Schnelligkeit zuvorzukommen.

In der Erfüllung beider Voraussetzungen hatte sich Napoleon immer glänzend bewährt. Deshalb legte er sie auch dem Angriffsplan zugrunde. Trotz der rund 30 Kilometer breiten Angriffsfront zwischen der Sambre und der belgisch-niederländischen Grenze im Raum vor Beaumont gelang es Napoleon, die Konzentration seiner Truppen vor dem Gegner erfolgreich zu verbergen. Dieser Absicht etwa diente die vollständige Abriegelung der Grenzregion, die ab dem 7. Juni angeordnet wurde und die es erlaubte, in aller Diskretion die operativen Kräfte aus den Festungen und anderen Stellungen entlang der Grenze abzuziehen und durch Nationalgarden zu ersetzen, die mit ihrem geschäftigen Treiben den Argwohn möglicher Späher beruhigen sollten. Schließlich wurde auch jeglicher Verkehr und Nachrichtenaustausch nach Norden, über den Rhein und die Mosel untersagt, wie Napoleon Marschall Soult am 7. Juni anwies: «Sorgen Sie für größtmögliche Überwachung, damit, wenn möglich, kein Brief passieren kann. Veranlassen Sie den Polizei- und den Finanzminister dazu, dass diese ihre Agenten beauftragen, jegliche Kommunikation strikt zu unterbinden.»[2]

All diese Maßnahmen waren so erfolgreich, dass erst im Laufe des 14. Juni im preußischen Hauptquartier Meldungen von größeren französischen Truppenbewegungen einliefen, auf die zunächst nur mit einigen lokal begrenzten Vorkehrungen reagiert wurde. Als jedoch am Abend Blücher vom Chef des I. Corps, General Zieten, unterrichtet wurde, dass die Anwesenheit der französischen Armee von preußischen Vorposten in Richtung auf Solre-sur-Sambre und Beaumont zweifelsfrei bemerkt worden sei und sich damit ein Angriff auf Charleroi ankündigte, wurden die Marschbefehle an die verschiedenen Corps ausgefertigt und abgeschickt: Das II. Corps sollte sich bei Mazy sammeln, das III. Corps stattdessen nach Namur aufrücken und das IV. Corps sich bei Hannut konzentrieren. Das unmittelbar bedrohte I. Corps erhielt Weisung, sich, falls es von einer Übermacht angegriffen werde, nach Fleurus zurückzuziehen, um die wichtige Straße nach Frasnes und damit die Verbindung zum äußersten linken Flügel der britisch-niederländischen Truppen zu sichern.[3]

Seit dem 6. Juni hatten sich die französischen Truppen in ihren Angriffspositionen eingefunden. Als Napoleon am 14. Juni im Hauptquartier von Beaumont eintraf, war die Nordarmee hier bereits vollständig versammelt. Der Angriff sollte in drei Kolonnen vorgetragen werden. Auf dem linken Flügel standen das I. Corps von d'Erlon und das II. Corps von Reille, die aus Lille und Valenciennes abgerückt waren und bei Solre-sur-Sambre Aufstellung nahmen. Um Beaumont waren das Zentrum, die Garde und die Reserve konzentriert, während das III. und IV. Corps, die den rechten Flügel bildeten, in der Nähe von Philippeville biwakierten. Die von Marschall Grouchy befehligten vier Corps der Reservekavallerie (Exelmans, Kellermann, Milhaud und Pajol) standen zwischen den Städten Beaumont und Valcourt. Besonders dicht an der Grenze positioniert waren das VI. Corps (Lobau) und das III. Corps (Vandamme).[4] Allein diese vom Gegner nicht erkannte Truppenkonzentration, dessen Einheiten weiterhin über den Raum von Gent bis Lüttich verstreut waren, verschaffte Napoleon schon vor Beginn des Kampfes einen erheblichen Vorteil, den es jetzt durch die Schnelligkeit und schiere Wucht des Angriffs zu verwirklichen galt.

Napoleons Angriffsplan für den frühen Morgen des 15. Juni sah vor, dass die einzelnen Einheiten der drei Sturmkolonnen in genau getakteten zeitlichen Abständen von jeweils einer halben Stunde auf einer Front von weniger als fünf Kilometern Breite die Sambre überschritten. War der Übergang geglückt, hatte der linke Flügel den Befehl, auf Frasnes vorzustoßen, während der rechte Flügel in Richtung auf Fleurus vorgehen sollte. Das Zentrum und die Reserve hatten den Raum um Charleroi zum Ziel, wo Napoleon das Hauptquartier aufschlagen wollte. Kurioserweise enthielt der am 14. Juni ausgegebene detaillierte Marschbefehl, der die Choreografie des Angriffs minutiös regelte, keine Anweisung, die strategisch so bedeutsame Kreuzung zweier Chausseen bei Quatre-Bras zu besetzen, auf der sich die in west-östlicher Richtung von Nivelles nach Namur und in nord-südlicher Richtung von Brüssel nach Charleroi führenden Straßen schnitten.[5]

Napoleon war sich sicher, mit diesem Angriff entweder auf den rechten Flügel oder gar das Zentrum Blüchers zu stoßen. Das entsprach seinen Absichten, denn wie er in den Diktaten auf St. Helena glaubwürdig ausführte, verdankten sich diese der psychologischen Einschätzung der alliierten Heerführer. Dank seiner *habitudes de hussard* unterscheide sich Blücher nach Beweglichkeit und Wagemut sehr vom Phlegma und der Umsicht des Herzogs von Wellington. Daraus folgerte er, dass, «wenn nicht die preußisch-sächsische Armee zuerst angegriffen werde, diese weitaus mehr Aktivität und Nachdruck darauf verwenden würde, der englisch-niederländischen Armee zu Hilfe zu kommen, als umgekehrt diese sich dazu bereit fände, Marschall Blücher zu unterstützen. Deshalb zielten alle Maßnahmen Napoleons darauf, zunächst die Preußen anzugreifen.»[6] Die Richtigkeit dieses Kalküls wurde durch die Geschehensabläufe des 15. und 16. Juni glänzend bestätigt.

Napoleon bescheinigte sich damit keineswegs eine Einsicht, die ihm erst nachträglich gekommen ist, wie er das gewiss häufiger tat, sondern er bewies, wie ihm Clausewitz bescheinigt, nur überlegenes strategisches Verständnis: «Traf Bonaparte auf Blüchers Hauptmasse, so hoffte er sie durch einen schnellen Anfall zu schlagen, ehe Wellington herbeikommen könne; traf er auf seinen rechten Flügel, so war das weniger gut, doch konnte er wohl denken, dass er im Verfolgen desselben auf Blücher selbst stoßen und ihn dann etwas später zur Schlacht bringen, aber dabei auch von Wellington weiter abdrängen werde. In beiden Fällen hatte er die Aussicht, Blücher, indem er ihn auf seinem Marsch zu Wellington antraf, nicht gehörig vereinigt zu finden, weil jener Marsch als ein strategischer Flankenmarsch aus weitläufigen Quartieren nicht gut eine vollkommene Vereinigung zuließ.»[7]

Der Gedanke war brillant, allein seine makellose Umsetzung wurde durch gravierende Friktionen stark beeinträchtigt, die sich auf den angestrebten Erfolg nachteilig auswirkten, denn sie verursachten einen empfindlichen Tempoverlust. Die Geschwindigkeit der deshalb im Marschbefehl minutiös geregelten Abläufe war die entscheidende Voraussetzung für das Gelingen des Angriffsplans. Der erste große Fehler war, dass das gesamte III. Corps mit 16 000 Mann Infanterie und 38 Kanonen bei Angriffsbeginn um 3.00 Uhr morgens nicht bereitstand. Der Corpskommandeur Vandamme, der vom Pioniergeneral Rogniat, dessen Einheiten auf den Schutz der Infanterie angewiesen waren, aus tiefem Schlaf gerissen werden musste, bestritt rundheraus, einen entsprechenden Befehl Napoleons erhalten zu haben. Zwar erhob er sich unter Protest vom Nachtlager, weigerte sich aber standhaft, seine Position zu verlassen. Das war eine fatale Verschränkung militärischer Borniertheiten, denn der von Napoleons Stabschef Soult zu Vandamme gesandte Offizier, der ihm den entsprechenden Befehl überbringen sollte, war unterwegs vom Pferd gestürzt, hatte dabei Knochenbrüche erlitten und wurde deshalb daran gehindert, seine Mission auszuführen. Damit habe Soult, so ist immer wieder zu lesen, gegen eine bewährte Faustregel verstoßen, solche Befehle nicht nur durch einen, sondern wenigstens durch zwei oder drei Offiziere unabhängig voneinander übermitteln zu lassen. Dabei handelt es sich jedoch um eine Mär, denn die Generalstabsarbeit Napoleons war auch unter Soults Vorgänger Berthier keineswegs durch eine solche Umsicht gekennzeichnet.[8] Entscheidend war vielmehr, dass Vandamme, der, obwohl ihm Rogniat den ihm erteilten Befehl vorhielt, auf einer entsprechenden Anweisung Napoleons beharrte. Darin sprach sich das Misstrauen aus, das Vandamme wie andere Generäle gegenüber Soult hegten.[9] Dem war es zuzuschreiben, dass das III. Corps statt nach Plan schon gegen 10.00 Uhr erst am Nachmittag gegen 15.00 Uhr in Charleroi eintraf und damit den Aufmarsch der nachrückenden Truppen empfindlich durcheinanderbrachte, was einen weiteren Tempoverlust bedeutete. Die Stadt selbst war ohne Infanterieunterstützung bereits am Morgen von einer Kavallerieeinheit, Pionieren und einer Abteilung von Marinesoldaten der Garde, die lediglich die Avantgarde bilden sollten, nach heftigem Kampf genommen worden. Dabei gelang es ihnen auch, die hier befindlichen Brücken über die Sambre, die von den Preußen lediglich verbarrikadiert, aber nicht gesprengt worden waren, zu sichern, sodass Napoleon gegen 11.00 Uhr in die Stadt einziehen konnte.[10]

Schlampige Stabsarbeit war auch eine Ursache für gravierende Verzögerungen bei der Angriffsbewegung auf dem rechten Flügel der Nordarmee, der östlich von Charleroi bei Châtelet die Sambre überschreiten sollte. Das IV. Infanteriecorps des General Gérard erhielt den Marschbefehl so spät, dass eine einige Kilometer von Philippeville entfernt liegende Division des Corps nicht rechtzeitig alarmiert werden konnte und deren verspätetes Eintreffen also abgewartet werden musste. Währenddessen verbreitete sich das Gerücht, dass der Chef dieser Division, General Bourmont, mit seinem Stab zum Feind übergelaufen sei. Das sorgte verständlicherweise für Verwirrung und Empörung in den Rängen dieser Division und für eine weitere Verspätung gegenüber den zeitlich genau abgestimmten Maßgaben des Angriffsbefehls. Nach Plan verlief der Vormarsch lediglich auf dem linken Flügel, wo das II. Corps von Reille wie vorgesehen gegen 9.00 Uhr die Sambre bei Marchienne, westlich von Charleroi, erreichte. Allerdings wurde hier das Überschreiten des Flusses durch den heftigen Widerstand einiger preußischer Abteilungen bis zum Mittag aufgehalten.[11] Angesichts all dieser Friktionen, die den Angriff der Nordarmee verzögerten und in Unordnung brachten, drängt sich die Vermutung auf, dass die Alliierten die sich ihnen bietende Chance sträflich missachteten, die Operationen Napoleons durch die Massierung starker Truppenkontingente an den Sambre-Übergängen nachdrücklich zu stören, wenn nicht gar die gesamte Kampagne schon zu Beginn zu vereiteln. Allein dieses Versäumnis zeigt die völlige Ahnungslosigkeit der Alliierten hinsichtlich der gegnerischen Absichten. Daher brauchten die Preußen den ganzen 15. Juni über, um sich zu besinnen, und begannen erst am Nachmittag dieses Tages damit, den mit Wellington verabredeten Plan zu implementieren und das II., III. und IV. Corps bei Sombreffe zu konzentrieren, eine Bewegung, die das I. Corps Zieten durch seinen Rückzug aus dem Raum Charleroi weiträumig deckte, die aber erst frühestens am Mittag des 16. Juni abgeschlossen sein würde. Allerdings war es so gut wie ausgeschlossen, dass auch Bülows IV. Corps, das bei Lüttich stand, bis zu diesem Tag in Sombreffe einträfe.[12]

Allein auch dieses in blinder Treue zu den Anfang Mai getroffenen Abreden mit Wellington eingeleitete Manöver war angesichts der bewährten militärischen Faustregel hochriskant, die von großen Truppenkonzentrationen nach vorne und in unmittelbarer Nähe eines mächtigen, im Angriff befindlichen Gegners unbedingt abrät.[13] Das galt besonders in diesem Fall, denn Blücher würde sich hier, wie ihm bewusst sein musste, nicht mit seiner gesamten Armee einer Schlacht mit Napoleon stellen können, da das IV. Corps Bülow noch nicht eingetroffen wäre. Seine Situation verschlechterte sich endgültig, weil er nicht auf jeden Fall mit einer Unterstützung durch wenigstens einen Teil der britisch-niederländischen Truppen rechnen konnte. Das war in Tirlemont auch nicht ausdrücklich vereinbart worden, sondern man hatte damals lediglich abgemacht, sich im Falle eines Falles gegenseitig helfen zu wollen. Das war eine Selbstverständlichkeit unter Alliierten, auf die Blücher jetzt aber nicht bauen konnte, weil er wusste, wie weit verstreut Wellingtons Einheiten aufgestellt waren und dass es allein deshalb unmöglich sein würde, dass auch nur ein Teil von ihnen rechtzeitig im Raum von Sombreffe eintreffen könnte.[14] Wellingtons Versagen besiegelte endgültig seine hartnäckige Fixierung auf das Dogma, Napoleon führe, wenn er tatsächlich zum Angriff vorginge, diesen gegen die britisch-niederländische Armee, um Brüssel zu erobern und die britische Rückzugslinie nach Ostende abzuschneiden.[15] Dafür bot sich vor allem ein Vorstoß auf Mons an, das nicht nur an der von Paris nach Brüssel führenden gut ausgebauten Chaussee lag, sondern auch ein Knotenpunkt für die über Ath, Tournai und Ypres nach Ostende führende Hauptrückzugslinie war. Entsprechend dieser Überlegung waren die britisch-niederländischen Truppen nach Süden (Mons) und Westen (Tournai) ausgerichtet. Also ging er davon aus, dass der Angriff Napoleons nicht darauf angelegt sei, die alliierte Armee frontal anzugreifen, sondern er vielmehr versuchen würde, deren rechten Flügel zu umgehen, ihren Zugang zum Meer zu unterbrechen, um sie dann hinterrücks anzufallen. Diese Obsession veranlasste Wellington dazu, seine Truppen weit verstreut voneinander zu positionieren, statt sie in einem Raum zu konzentrieren. Davon versprach er sich den Vorteil, dass dieses weiträumige und nur lose verknüpfte Netz es ihm erlauben würde, den Angreifer einzufangen, indem er dieses zusammenzöge und die gesamte Armee binnen 24 Stunden zur Schlacht versammelte. Diese Überlegung galt aber nur für Orte wie Braine-le-Comte oder Hal, die an der Straße von Mons nach Brüssel liegen, aber nicht für Quatre-Bras, Gosselies geschweige denn Sombreffe.

Diese Obsession Wellingtons erhellt, warum er den von ihm nicht erwarteten Vorstoß Napoleons über die Sambre, hinter der Blüchers Armee massiert war, zunächst für ein bloßes Ablenkungsmanöver hielt, mit dem der Hauptangriff maskiert werden sollte, den gegen Mons auszuführen Napoleon weitaus besser beraten gewesen wäre, um die Alliierten bei Hal zu umgehen. Das verkündete Wellington als strategische Weisheit auch noch nach der Schlacht von Waterloo und beharrte darauf, Napoleon hätte sich zu diesem Schritt noch am Abend des 16. Juni entschließen können.[16] Dank solcher Besserwisserei lässt sich bisweilen mancher Irrtum als überlegene Weisheit drapieren.

Da, wie bekannt, nicht sein kann, was nicht sein darf, sah sich Wellington auch zu keiner Korrektur seiner einmal gefassten Einschätzung veranlasst, als ihn am 14. Juni der sich in seinem Hauptquartier als Liaisonoffizier aufhaltende Freiherr von Müffling über Mitteilungen des Generals von Zieten aus Charleroi unterrichtete, «dass die ganze französische Armee sich vor seinen Vorposten konzentriere und dass ihr Angriff wahrscheinlich auf ihn gerichtet sein werde». Darauf soll Wellington geantwortet haben, es schiene ihm «nicht wahrscheinlich, dass die ganze französische Armee über Charleroi vorpreschen werde, und vor allem erwartete er eine Kolonne auf der Hauptchaussee über Mons (wo seine Vorposten standen) nach Brüssel».[17] Ebenso wenig ließ sich Wellington durch den allerdings sehr vagen Bericht irritieren, den ihm der Erbprinz von Oranien am Nachmittag des 15. Juni höchstpersönlich in Brüssel erstattete. Der Erbprinz war am Morgen von seinem Hauptquartier in Braine-le-Comte zu einer Inspektion der Vorposten des I. Corps bei St. Symphorien unweit von Thuin, einem Dorf westlich von Charleroi, aufgebrochen, wo er lebhaftes Geschützfeuer vernommen hatte. Das veranlasste ihn, sofort nach Brüssel zu galoppieren, um Wellington davon in Kenntnis zu setzen.[18]

Zur gleichen Zeit erhielt auch Müffling die Nachricht von Zieten, dass Charleroi angegriffen werde, die er sofort an Wellington weitergab. Auf dessen Frage, «ob und wo er seine Armee zusammenziehen werde, da der Feldmarschall Blücher sich infolge dieser Nachricht bei Ligny konzentrieren werde», versetzte Wellington, er werde, wenn dies zuträfe, seine Truppen auf dem linken Flügel zusammenziehen «und stehe dann *à portée*, mich in Gemeinschaft mit der preußischen Armee zu schlagen. Kommt jedoch ein Teil des Feindes über Mons, so muss ich mich mehr nach meinem Zentrum zusammenziehen. Dies ist der Grund, weshalb ich durchaus erst die Meldung von Mons abwarten muss, ehe ich das Rendezvous bestimme.» Allerdings sagte er zu, die Truppen zu alarmieren und eine leichte Kavallerie-Brigade nach Quatre-Bras in Marsch zu setzen.[19] Als am Abend auch eine Nachricht von Blücher aus Namur eintraf, der den Angriff auf Charleroi bestätigte und wissen ließ, dass er die preußische Armee bei Sombreffe zusammenziehen werde, und deshalb um rasche

Antwort über die Konzentrierung von Wellingtons Armee erbat, beharrte dieser immer noch darauf, diese Entscheidung erst zu fällen, wenn er Nachrichten aus Mons erhalten habe. Um Mitternacht vom 15. auf den 16. Juni erschien Wellington bei Müffling und teilte diesem mit, er habe unterdessen Nachricht aus Mons erhalten, dort seien keine Feinde auszumachen, aber «dass Napoleon sich mit allen seinen Kräften gegen Charleroi gewendet hat. (…) Daher sind die Ordres zur Konzentration meiner Armee bei Nivelles und Quatre-Bras bereits abgegangen.»[20]

Allerdings würden die Truppen wenigstens einen Tag benötigen, um an den genannten Orten einzutreffen.[21] Damit erschienen sie aber zu spät, um den Preußen gegen Napoleon von Nutzen zu sein, die entschlossen waren, sich bei Ligny zur Schlacht zu stellen. Das war nicht Wellingtons Sorge, den vielmehr umtrieb, dass die Nachricht von Napoleons Vordringen nach Belgien – das Kanonenfeuer war laut Müffling in den Abendstunden südlich von Brüssel deutlich zu vernehmen – die Gemüter in der Hauptstadt nicht verstörten. «Die hier befindlichen zahlreichen Freunde Napoleons machen lange Hälse», bemerkte Wellington zu Müffling, «die Gutgesinnten müssen beruhigt werden.» Das jedenfalls nannte er als Grund für seinen Entschluss, der Einladung zu einem Ball, den der Duke of Richmond, General Lennox, an diesem Abend in der Hauptstadt gab, Folge zu leisten.[22] Der Ball war ein großes, seit Wochen erwartetes gesellschaftliches Ereignis, dem fernzubleiben für Wellington der Angriff Napoleons kein Anlass war.[23] Unter die über 240 Gäste mischten sich die aus Frankreich geflüchteten Adeligen mit ihren belgischen Standesgenossen sowie auch so gut wie alle Kommandeure der britisch-niederländischen Armee. Zu den Gästen gehörten auch zwei, die eine besondere Beziehung mit Napoleon verband: sein Intimfeind seit Langem, der ebenfalls aus Korsika stammende russische Botschafter Pozzo di Borgo, und Admiral Sidney Smith, der Napoleons verzweifelten Ausbruchsversuch aus Ägypten bei Saint-Jean-d'Acre in Palästina zum Stehen gebracht hatte. Bevor sich Wellington jedoch in dieses Vergnügen stürzte, habe er, wie er Müffling gegenüber bemerkte, eine Reihe weiterer Befehle diktiert, die eine Konzentration seiner Truppen bei Nivelles und Quatre-Bras anordneten. Das jedoch war ausweislich dieser Befehle so nicht zutreffend, denn nur eine Division, die von Alten, wurde nach Nivelles beordert; der von Cooke kommandierten Garde-Division, die zuvor angewiesen worden war, nach Ath zu gehen, wurde nun befohlen, sich in Braine-le-Comte einzufinden, während die 2. und die 4. Division sowie die von Lord Uxbridge befehligte schwere Kavallerie, die zwischen Ath und Audenarde stationiert waren, ebenfalls nach Braine-le-Comte rücken sollten.[24]

Von Quatre-Bras war in diesen Befehlen, auf die sich Wellington bezog, als er Müffling um Mitternacht aufsuchte, also keine Rede. Der strategisch wichtigen Straßenkreuzung am nächsten gelegen war Nivelles, das rund 11 Kilometer entfernt war, während die Strecke von Braine-le-Comte dorthin rund 26 Kilometer betrug. Diese Distanzen mit Ausrüstung, Kanonen und Versorgungsfuhrwerken auf den meist schlechten Wegen und Straßen zu überwinden würde bis zu einen Tag dauern. Mit dieser Dislozierung konnte im Übrigen frühestens am Morgen des 17. Juni begonnen werden, da am 16. Juni die genannten Einheiten erst in die in den Befehlen bezeichneten Orte einrückten! Mit anderen Worten: Blücher würde auf eine Unterstützung seines Verbündeten an diesem Tag nicht rechnen können. Tatsächlich wies Wellington den Befehlshaber des II. Corps Lord Hill auch erst in einem von Genappe am 16. Juni datierten Befehl an, lediglich die 2. Infanteriedivision am kommenden Morgen bei Tagesanbruch von Nivelles nach Quatre-Bras zu verlegen.[25]

Die Vermutung, Müffling habe die ihm gegen Mitternacht am 15. Juni gemachte Mitteilung Wellingtons falsch verstanden oder sie im Sinne der preußischen Interessen «interpretiert» und so in seinen Erinnerungen wiedergegeben, lässt sich jedenfalls ausschließen. Dafür liefert Wellington selbst den Nachweis, denn im Schreiben an Lord Bathurst vom 19. Juni 1815, in dem er seinen Bericht von der Schlacht bei Waterloo übermittelt, teilt er diesem mit, er habe der ganzen Armee den Befehl erteilt, am 16. Juni vor Tagesanbruch nach Quatre-Bras zu marschieren![26] Diese Mitteilung war nichts anderes als der Versuch, einen schweren taktischen Fehler zu kaschieren, zu dessen Einsicht Wellington erst gekommen war, als er ihn nicht mehr korrigieren konnte, und der nur zu geeignet war, sein militärisches Renommee nachdrücklich zu beschädigen.

Der ganze Vorgang hat auch nur die Bedeutung einer Marginalie, von der die dogmatische Borniertheit des Militärs Wellington, der nicht nur, wie man zu seiner Entlastung anführen muss, Soldat, sondern gleichzeitig auch Politiker und Diplomat war, in helles Licht getaucht wird. Im Übrigen hatten der gravierende Fehler, dass Wellington die Absichten Napoleons lange Zeit nicht zutreffend einschätzte, wie auch seine unbegreifliche Tölpelei, die strategisch bedeutsame Straßenkreuzung von Quatre-Bras nicht mit starken Kräften zu besetzen, keinerlei Einfluss auf den weiteren Verlauf wie den für die Alliierten siegreichen Ausgang der Kampagne. In diesem Zusammenhang ist es auch von hübscher Ironie, dass Wellingtons unmissverständliche Missachtung der Bedeutung von Quatre-Bras auf zweierlei Weise überspielt wurde: durch eine einsichtige, weil in der Sache richtige Befehlsverweigerung von Constant de Rebecque, dem Stabschef des I. Corps von Wellingtons Armee, einerseits und andererseits durch die groteske Unfähigkeit des Haudegens Ney, der nur ein unerschrockener Corpsführer, ein *sabreur* ohne Furcht und Tadel, aber nicht im Geringsten ein gewiefter Taktiker war, als der er sich diesmal hätte erweisen müssen.

Bereits am frühen Nachmittag des 15. Juni hatte Constant de Rebecque General Perponcher angewiesen, die von Fürst Bernhard von Sachsen-Weimar befehligte 2. Brigade mit 4600 Mann der 2. Niederländischen Division, die vor Nivelles lagerte, in den Raum zwischen Quatre-Bras und dem unweit südlich davon gelegenen kleinen Ort Frasnes zu verlegen, um die hier klaffende allzu große Lücke zur preußischen Armee zu verkleinern. Es war ein bis nach Frasnes vorgeschobenes Bataillon dieser Brigade, das unmittelbar nach seinem Eintreffen mit der von Comte Charles Lefebvre-Desnouëttes befehligten leichten Gardekavallerie, die die Vorhut des linken Flügels der französischen Armee bildete, zusammenstieß. Als sich das Bataillon auf die Brigade zurückzog, die etwa einen Kilometer südlich von Quatre-Bras Aufstellung genommen hatte, griffen deren rund 4000 Nassauer Infanteristen, unterstützt von acht Geschützen, in das Gefecht ein und brachten die französische Gardekavallerie zum Stehen. Sobald Constant de Rebecque gegen 8.00 Uhr abends Nachricht von diesem Scharmützel erhielt, gab er unter Missachtung der unterdessen angelangten Weisung Wellingtons den Befehl, die gesamte 2. Division in Nivelles zu konzentrieren und die von General Bijlandt kommandierte 1. Brigade unverzüglich nach Quatre-Bras vorrücken zu lassen.[27] Diese zwar befehlswidrige, aber richtige Entscheidung rettete, wie David G. Chandler treffend schrieb, die Reputation des Herzogs von Wellington.[28]

Als Marschall Ney am Abend des 15. Juni mit dem Gros des linken Flügels der französischen Armee bei Frasne anlangte, war es also allein die 2. Brigade Nassauer der 2. von General Perponcher-Sedlnitzky kommandierten Niederländischen Infanteriedivision, die ihm gegenüberstand. Das, so möchte man vermuten, war kein Gegner, der einen Ney sonderlich beeindrucken konnte. Doch es war genau so, denn Ney unternahm, nachdem der Angriff der leichten Gardekavallerie zurückgeschlagen worden war, nicht den mindesten Versuch, die von diesen schwachen gegnerischen Kräften gedeckte wichtige Kreuzung von Quatre-Bras im Handstreich zu erobern.[29]

Ney, der erst in der Nacht vom 11. Juni von Napoleon die förmliche Weisung erhalten hatte, sich bei der Armee einzufinden, hatte große Not, diesem Befehl auch Folge zu leisten. Am 12. Juni brach er mit seinem Adjutanten, Oberst Heymès, in einer Postkutsche zur Front auf. Am 13. Juni gelangte er auf diese Weise bis Avesnes. Als er am 14. Juni hier abreisen wollte, waren alle Postpferde von der Armee requiriert. Also mussten er und sein Begleiter sich mit Bauerngäulen aufmachen. Bis zum späteren Abend kamen sie so auf den von Truppen verstopften Straßen in Beaumont an. Napoleon hatte sich bereits zur Ruhe begeben, Ney dagegen hatte alle Mühe, für sich ein Nachtlager ausfindig zu machen. Am anderen Tag, am 15. Juni, gelang es Ney und dem Adjutanten Heymès, vom erkrankten Marschall Mortier, der hier zurückblieb, Pferde zu kaufen, auf denen sie der Armee folgten, die mit Napoleon an ihrer Spitze bereits vor Sonnenaufgang nach Norden aufgebrochen war. Erst am Nachmittag des 15. Juni stieß Ney hinter Charleroi an der Weggabelung nach Brüssel und Fleurus im Wirtshaus «Belle-Vue» auf Napoleon, der ihn mit den Worten begrüßte: «Bonjour, Ney, ich bin entzückt, Sie zu sehen. Sie übernehmen den Befehl über das I. und II. Infanteriecorps [i. e. den linken Flügel der Nordarmee]; General Reille marschiert mit drei Divisionen auf Gosselies: General d'Erlon wird heute Abend in Marchiennes-au-Pont biwakieren; Sie werden ferner die Division Leichter Kavallerie unter General Piré zugeteilt erhalten ebenso wie zwei Regimenter Chasseurs und Lanzenreiter meiner Garde, die Sie aber nicht einsetzen dürfen. Morgen werden sich Ihnen auch die Reserven der Schweren Kavallerie unter Befehl von Kellermann anschließen. Beeilen Sie sich und werfen Sie den Feind.»[30]

Das war ein sehr seltsamer Auftakt für einen Feldzug, von dem das weitere Schicksal Napoleons abhing und für den Ney die eminente Aufgabe eines Befehlshabers des linken Armeeflügels mit rund 50 000 Soldaten zugeteilt wurde.[31] Noch viel seltsamer aber waren die knappen Instruktionen, die ihm Napoleon erteilte und die sich im Wesentlichen auf zwei Weisungen beschränkten: Er solle sich beeilen und den Feind werfen, was eine schiere Banalität war, und das absurde Verbot, die ihm zugeteilten zwei Regimenter von Chasseurs und Lanzenreitern der Garde zu diesem Zweck einzusetzen. Da Ney weder den Tagesbefehl kannte noch den Plan, der dem Feldzug von Napoleon zugrunde lag, oder den Stand der laufenden Operationen, also ohne Basiswissen war, aber gleichwohl alle in ihn als Befehlshaber des linken Flügels gesetzten Erwartungen in völliger Unkenntnis der damit verknüpften Zielsetzungen schnell und erfolgreich erfüllen sollte, war diese Unterrichtung nicht mehr als ein schlechter Witz. Dafür spricht nicht nur, dass Ney untersagt wurde, die beiden Garderegimenter einzusetzen. Wozu waren ihm diese dann von Nutzen? Um den Feind durch die *bella figura* dieser Einheiten gehörig zu beeindrucken? Eineinhalb Stunden zuvor hatte Napoleon noch d'Erlon den Befehl erteilt, Reille beim Angriff auf Gosselies zu unterstützen. Jetzt eröffnete Napoleon Ney, d'Erlon werde in Marchienne sein Nachtlager nehmen, wo dieser noch gar nicht angelangt war; die Spitze seines Corps stand allenfalls bei Jumet, während eine seiner Divisionen 16 Kilometer zurück bei Thuin biwakierte.[32] Napoleon entwarf damit bestenfalls ein Wunschbild des linken Flügels, den er Ney überantwortete, der das I. Corps (d'Erlon) erst am nächsten Tag zur Verfügung haben würde und sich währenddessen allein mit dem II. Corps (Reille) sowie zwei schönen Garderegimentern, die er aber nur paradieren lassen durfte, bescheiden musste!

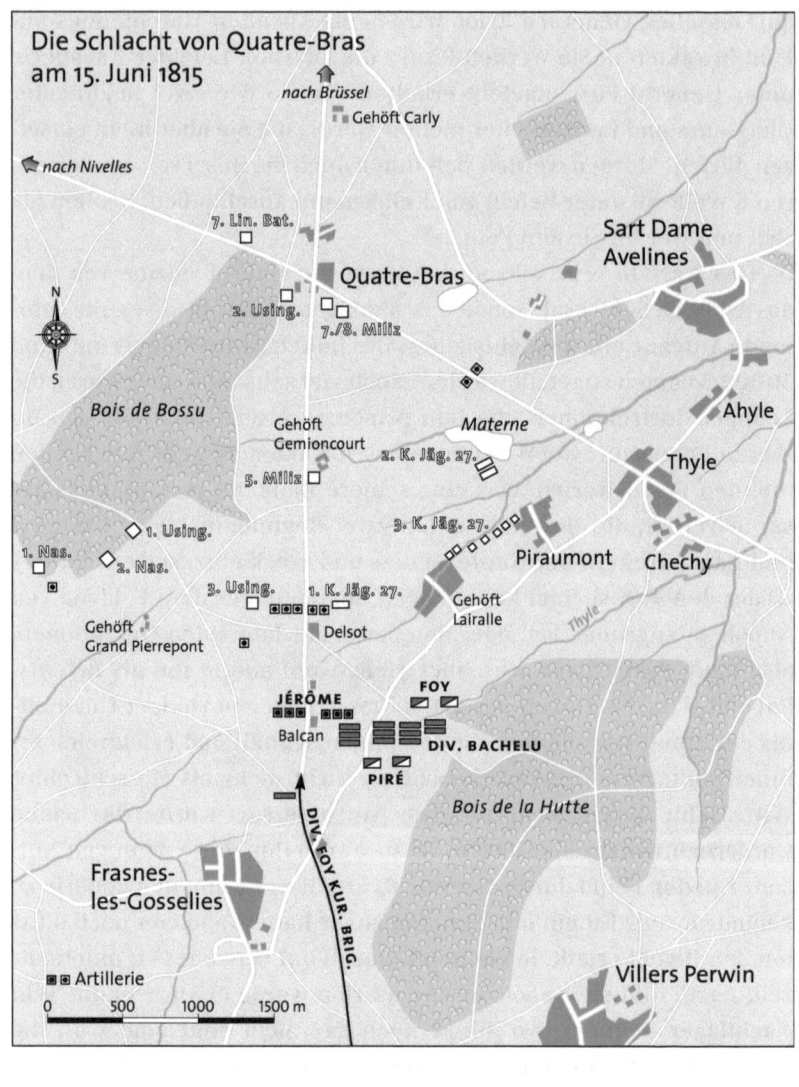

Die Schlacht von Quatre-Bras
am 15. Juni 1815

nach Brüssel

Gehöft Carly

nach Nivelles

7. Lin. Bat.

Sart Dame
Avelines

2. Using.

Quatre-Bras

7./8. Miliz

N
S

Ahyle

Bois de Bossu

Gehöft
Gemioncourt

Materne

Thyle

2. K. Jäg. 27.

5. Miliz

1. Using.

3. K. Jäg. 27.

1. Nas.

2. Nas.

Piraumont

Chechy

3. Using.

1. K. Jäg. 27.

Gehöft
Lairalle

Thyle

Gehöft
Grand Pierrepont

Delsot

JÉRÔME

FOY

Balcan

DIV. BACHELU

PIRÉ

Bois de la Hutte

Frasnes-
les-Gosselies

DIV. FOY KUR. BRIG.

Villers Perwin

Artillerie

0    500    1000    1500 m

Das war die Situation, mit der sich Ney konfrontiert sah und mit der er sich umständehalber nach dem Ende des Kampfgetümmels in Gosselies, wo er gegen 4.00 Uhr am Nachmittag auf Reille stieß,[33] vertraut machen musste. Kaum war der Ort genommen, gab Ney Befehl, weiter nach Norden vorzustoßen. Bei dem etwa sieben Kilometer südlich von Quatre-Bras gelegenen Frasnes trafen die besser berittenen Garderegimenter auf das vorgeschobene Bataillon der 2. Brigade Nassauer des Fürsten Bernhard von Sachsen-Weimar. Lefebvre-Desnouëttes, der Befehlshaber der Garderegimenter, forderte daraufhin Infanterieunterstützung an, die mit einem Bataillon der Division Bachelu auch gegen 7.00 Uhr eintraf. Daraufhin zog sich das Nassauer Bataillon unter regem Abwehrfeuer in den Schutz des Waldes von Bossu zurück, der die Straße bis Quatre-Bras säumte, wo der Fürst von Sachsen-Weimar mit seiner gesamten Brigade lagerte. Auch Ney eilte, vom Gefechtslärm angelockt, nach Frasnes, um sich ein Bild der Lage zu machen. Gegen das Gewehrfeuer der Nassauer Brigade, das von zwei Kanonen unterstützt wurde, die Quatre-Bras verteidigte, konnte die leichte Gardekavallerie, wie er sich rasch überzeugte, wenig ausrichten. Um die Stellung zu stürmen, brauchte er Infanterie, die aber erst herbeigeordert werden musste, was Zeit brauchen würde. Angesichts der vorgerückten Stunde entschied sich Ney dafür, den Kampf fürs Erste abzubrechen, zumal ihm das bewaldete Gelände unvertraut war und er nicht wissen konnte, ob sich hinter der Nassauer Schützenlinie nicht noch weitere Reserven im Unterholz verbargen. Außerdem war weiter östlich lebhafter Gefechtslärm zu vernehmen, und gleichlautende Auskünfte von Einheimischen berichteten davon, dass sich preußische Truppen zahlreich im Raum zwischen den Landstraßen Namur–Nivelles und Brüssel–Charleroi sammelten, die, wagte man sich bei Quatre-Bras zu weit vor, die eigenen Einheiten hinterrücks von einem Rückzug auf die eigene Armee abschneiden könnten. Schließlich waren die Soldaten des Corps Reille nach einer Marschleistung von über 30 Kilometern bei drückender Hitze und durch schwieriges Gelände zu erschöpft, um nach diesen Anstrengungen noch ein Gefecht bestreiten zu können.[34]

Auch wenn man berücksichtigt, dass Neys Stabschef Heymès mit seiner Schilderung eine Apologie des Marschalls beabsichtigte, wird man all diese Gründe gerechtfertigt finden, die ihn gegen 8.00 Uhr am Abend zu einem Abbruch des Kampfes und zur Rücknahme seiner Truppen auf Frasnes veranlassten. Diese Entscheidung ist Ney später immer als großer Fehler angekreidet worden, denn die Entscheidung erlaubte es Wellington, der sein Versäumnis jetzt erkannte, zusätzlich zu der bereits von Constant de Rebecque auf eigene Faust nach Quatre-Bras beorderten 2. Division der Nassauer weitere Truppen hier zu konzentrieren, die in den frühen Stunden des 16. Juni in aller Hast dorthin verlegt wurden. Tatsächlich jedoch muss man diesen Vorwurf allein Napoleon machen, der es sträflich versäumt hatte, Ney in seine strategischen Überlegungen einzuweihen, und ihm nur, wie gezeigt, das Kommando über den linken Flügel mit höchst summarischen Instruktionen übertragen hatte. Ney befand sich nicht nur in völliger Unkenntnis über das Geschehen, das sich auf seiner Rechten abspielte, wo die französischen Truppen gegen das Gros der Preußen vorgingen, noch hatte er die mindeste Ahnung, welche Kräfte der Gegner auf seiner Linken zusammengezogen hatte. Überdies tappte er wie ein Blinder durch ihm unbekanntes und unübersichtliches Gelände.[55]

Schließlich hatte ihm Napoleon mit keinem Sterbenswort die eminente strategische Bedeutung der Straßenkreuzung von Quatre-Bras auch nur angedeutet. Vieles spricht deshalb dafür, dass diese von Napoleon ebenso wie von Wellington erst sehr spät erkannt wurde. Fast hat es also den Anschein, als lastete auf dieser Kreuzung ein Fluch, der beide Feldherren mit Blindheit schlug. Dank Napoleon, der Ney nicht instruiert hatte, gelang es Wellington, dieses Versäumnis in buchstäblich letzter Minute zu reparieren. Das konnte Napoleon nicht, der deshalb später alles daransetzte, die Verantwortung dafür von sich auf Ney abzuwälzen. Gourgaud, einer der vier «Evangelisten» Napoleons auf Sankt Helena, behauptete später, Ney sei angewiesen worden, mit dem gesamten linken Flügel, alles in allem also rund 40 000 Mann, über Quatre-Bras hinaus, koste es, was es wolle, vorzustoßen und dort eine starke Vorhut auf der Straße von Namur nach Brüssel zu stationieren. Laut Gourgaud soll Napoleon, nachdem er ihm die Instruktionen erteilt hatte, Ney ausdrücklich gefragt haben: «*Monsieur le Maréchal, Ihnen ist die Position von Quatre-*

*Bras gut bekannt?* Ja, Sire, antwortete der Marschall; wie sollte ich diese nicht kennen? Vor zwanzig Jahren habe ich in der Gegend Krieg geführt. Diese Position ist der Schlüssel zu allem. *Eh bien!* Bemerkte darauf Napoleon, *nehmen Sie Ihre zwei Corps, und wenn es nötig sein sollte, erstürmen Sie einige Feldbefestigungen: Beschleunigen Sie den Marsch von d'Erlon, und sorgen Sie dafür, dass er alle Detachements, die er bei den Brücken über die Sambre zurückgelassen hat, mit sich führt: Alle Truppen müssen vor Mitternacht beisammen sein.* Ney, der sofort aufbrach, sagte: Vertrauen Sie mir. Binnen zwei Stunden werden wir in Quatre-Bras sein, auch wenn die gesamte gegnerische Armee uns dort erwartet.»[36]

Mit fast gleichlautenden Worten behauptete auch Napoleon in den Diktaten von Sankt Helena, Ney damals so beauftragt zu haben.[37] Im *Bulletin de l'Armée* vom Abend des 15. Juni heißt es hingegen lapidar: «Der Kaiser hat den Befehl über den linken Flügel dem *Prince de la Moskova* übertragen, der am Abend sein Hauptquartier bei den Quatre-Chemins [i. e. Quatre-Bras] an der Straße nach Brüssel aufgeschlagen hat.»[38] Aber auch das will wenig besagen, denn sowohl die *Bulletins de l'Armee* wie die Diktate von Sankt Helena dienten nachweislich der napoleonischen Propaganda, ihre Aussagen sind also nur mit starken Vorbehalten zu würdigen. Allem Anschein nach wurde sich Napoleon der Bedeutung von Quatre-Bras auch erst gegen Mittag des 16. Juni bewusst, als er erkannte, dass Blücher sich vor den andrängenden Franzosen nicht weiter zurückziehen würde, sondern entschlossen war, ihm bei Fleury eine Schlacht zu liefern. Diese Erkenntnis machte ihn auf die Bedeutung von Quatre-Bras aufmerksam, denn von dort würde die Armee Wellingtons zur Unterstützung Blüchers herbeieilen.

Was am Abend des 15. versäumt wurde, konnte am nächsten Tag nicht so leicht wiedergutgemacht werden, auch wenn sich Ney vermutlich in dieser Illusion wiegte, wie sein Verhalten am nächsten Tag zeigt. Ney, der sein Quartier in Gosselies aufgeschlagen hatte, machte sich am Morgen des 16. Juni auf, das Terrain bei Quatre-Bras zu erkunden. Aber anstatt sofort einen neuen Angriff auf Quatre-Bras zu beginnen, verlegte er sich aufs Warten in der falschen Zuversicht, mit der Brigade, die ihm am Abend zuvor als ein zu mächtiger Gegner für seine erschöpften Soldaten erschienen war, würden das Gros des II. Corps, das noch immer weit zurücklag, und das I. Corps (d'Erlon) sowie die Kavalleriereserve unter Kellermann kurzen Prozess machen, sobald sie bei ihm angelangt seien. Darüber vergingen wertvolle Stunden.[39] Als schließlich gegen 14.00 Uhr Reille, gefolgt von der Masse des II. Corps, in Frasnes auftauchte, von d'Erlons I. Corps aber noch immer nichts zu sehen war, eröffnete Ney den Angriff auf Quatre-Bras in der Hoffnung, wie Heymès schreibt, dass der Gefechtslärm dessen Anmarsch beschleunige.[40] Den Ausschlag für diesen jähen Sinneswandel hatte wohl das Schreiben Napoleons bewirkt, das einer von dessen Adjutanten General Flahaut gegen 11.00 Uhr überbrachte. Dieses sehr detaillierte Schriftstück, das ausweislich der vielen darin enthaltenen «wenn» und «aber» den Charakter bloßer Vermutungen dokumentiert, was sich daraus erklärt, dass sich die Bewegungen Blüchers nicht absehen ließen, orientierte Ney über die von Napoleon für diesen Tag geplanten Dispositionen der Nordarmee.[41] Diesen konnte Ney vermutlich zu seiner Verblüffung entnehmen, dass Napoleon davon ausging, Quatre-Bras sei in seiner Hand und auch alle Truppen des linken Flügels seien dort vollständig versammelt, denn es enthielt die Anweisung, unter Zurücklassung von sechs Infanteriedivisionen, die er möglicherweise zu sich nach Sombreffe beordern wolle, mit dem Rest noch in der Nacht nach Brüssel aufzubrechen, das er am nächsten Morgen gegen 7.00 Uhr erreichen könne. Diesem Manöver messe er große Bedeutung bei, «denn eine derart rasch und entschlossen ausgeführte Bewegung werde die britische Armee von Mons, Ostende etc. abschneiden. Ich erwarte, dass diese Anordnungen pünktlich ausgeführt werden, damit auf einen ersten Befehl hin Ihre acht Divisionen zügig und ohne auf weitere Hindernisse zu stoßen, nach Brüssel abmarschieren können.»[42]

Also durfte Ney nicht länger säumen und musste mit den Truppen, im Wesentlichen den Infanterieeinheiten des II. Corps, die ihm zur Verfügung standen, zum Sturm auf Quatre-Bras antreten. Hier lag aber nicht mehr nur die 2. Brigade, mit der Ney es allein am Abend zuvor zu tun gehabt hätte, sondern die gesamte 2. Niederländische Division, die außerdem während des 16. Juni von fortlaufend eintreffenden britischen und Braunschweiger Einheiten verstärkt wurde, die zahlreiche Geschütze mit sich führten und die Zahl der alliierten Truppen in Quatre-Bras auf über 20000 steigen ließen. Die wachsende Stärke der Verteidiger gab den Ausschlag, dass alle zunehmend verzweifelter werdenden Angriffe, die Neys Truppen bis zum Abend vortrugen, für beide Seiten verlustreich abgeschlagen wurden und die Straßenkreuzung in der Hand der Alliierten blieb.[43]

Das Treffen von Quatre-Bras war für beide Seiten lediglich ein halber und auch gleichermaßen negativer Erfolg: Ney gelang es, die alliierten Truppen zu binden und damit zu vereiteln, dass diese Blücher zu Hilfe kamen, der unweit östlich davon bei Ligny am Nachmittag des 16. Juni sich Napoleon zur Schlacht gestellt hatte. Umgekehrt hinderte Wellington, der sich seit dem frühen Nachmittag in Quatre-Bras aufhielt, Ney daran, mit seinen Truppen nach Osten zu schwenken und Blücher in den Rücken zu fallen. Ein entsprechender Befehl, den Napoleon diktiert und Stabschef Soult um 14.00 Uhr ausgefertigt hatte, erreichte Ney gegen 16.00 Uhr.[44] Im Lichte der am Vormittag ihm von Napoleon zugesandten und in sich sehr widersprüchlich formulierten Dispositionen der Nordarmee für diesen Tag musste dieser Befehl Ney endgültig verwirren. Jedenfalls verstand er ihn nicht so, wie ihn Napoleon vermutlich aufgefasst wissen wollte: Ney solle lediglich so viele seiner Truppen in Quatre-Bras zurücklassen, um einen Durchbruch Wellingtons zur Unterstützung Blüchers zu vereiteln. Mit allen anderen Einheiten sollte er sich jedoch von Quatre-Bras lösen, um Blücher hinterrücks zu umfassen, der von Napoleon seit 14.00 Uhr nachmittags frontal angegriffen wurde. Mit anderen Worten: Der Befehl sollte Ney besagen, dass Napoleon nicht gesonnen war, an einem Tag an zwei Fronten zwei Schlachten gleichzeitig zu schlagen. Quatre-Bras war lediglich ein Nebenschauplatz, der nur defensiv behauptet werden sollte, um hier die Kräfte Wellingtons zu binden. Der Hauptschauplatz war die Schlacht, zu der sich Napoleon wider Erwarten durch Blücher gezwungen sah, der sich nicht aus Einsicht in seine numerische Unterlegenheit dessen Zugriff durch einen geordneten Rückzug zu entziehen suchte, sondern sich ihm entgegengestellt hatte. Das aber konnte Napoleon am Morgen, als er die Tagesdisposition für die Nordarmee diktierte, allenfalls mutmaßen, während er die Gewissheit, dass es so sei, erst gegen Mittag erlangte.

Wie so oft, folgt einer Verwirrung die nächste nach, so auch hier. In der Tagesdisposition hatte Napoleon Ney auch mitgeteilt, dass er sich auf diesem Feldzug zu dem *principe général* entschlossen habe, die Armee in zwei Flügel und die von ihm selbst kommandierte Reserve aufzuteilen. Neys linker Flügel umfasse demnach die vier Divisionen des I. Corps, die vier Divisionen des II. Corps, zwei Divisionen Leichter Kavallerie und zwei Divisionen Schwerer Kavallerie, zusammen also 45 000 bis 50 000 Mann. Marschall Grouchy, der den rechten Flügel befehligte, verfüge über die nämliche Streitmacht. Die Garde hingegen gehöre der Reserve an, und er, Napoleon, stütze sich je nach den Umständen mal mehr auf den einen, mal auf den anderen Flügel. Daraus folge, dass er, ebenfalls je nach den Umständen, mal Einheiten von dem einen, mal von dem anderen Flügel abziehe, um diese der Reserve zuzuschlagen, also seinem unmittelbaren Kommando zu unterstellen.

Das entsprach der Logik des Oberbefehlshabers, der die letzte Verantwortung für die erfolgreiche Lenkung der Schlacht trägt. Daraus folgt zwingend, dass für Napoleon auf diesem Feldzug nur die Konfrontation mit dem Gegner als Schlacht gelten konnte, die von den unter seinem Befehl stehenden Einheiten der Reserve maßgeblich geschlagen wurde. Daraus folgt des Weiteren und ebenso zwingend, dass Napoleon, wenn er in einer Schlacht stand, umständehalber Truppen des einen oder des anderen Flügels an sich ziehen würde. An der Schlacht mit Blücher waren das Zentrum und der rechte Flügel, dessen Einheiten aber nur zum Teil rechtzeitig auf dem Schlachtfeld zugegen waren, unmittelbar beteiligt.

Das erklärt die jetzt eintretende folgenreiche Verwirrung. Kaum war das von Ney so sehnlich erwartete I. Corps (d'Erlon), das nach seiner Marschordnung hinter dem ebenfalls verspäteten II. Corps eingereiht war, mit seiner Spitze bei Frasnes gegen 16.00 Uhr nachmittags endlich aufgetaucht, erschien ein Oberst des kaiserlichen Stabs bei d'Erlon mit dem Befehl Napoleons, das gesamte Corps solle sofort nach Osten schwenken und auf die Anhöhe von Saint-Amand marschieren, von wo aus es Blücher in den Rücken fallen solle. Unglücklicherweise missverstand d'Erlon den hastig mit Bleistift notierten Befehl, der ihn anwies, sich mit dem I. Corps *auf* und nicht *bei* dieser Anhöhe einzufinden. Das hatte zur Folge, dass d'Erlon, statt die Richtung Brye–Ligny einzuschlagen, um in den Rücken der Preußen zu gelangen, die Anweisung gab, nach Saint-Amand–Fleurus zu marschieren, ein Manöver, das im völligen Widerspruch zu den taktischen Absichten Napoleons darauf hinauslief, dessen linke Front zu verlängern![45] Daraus erhellt sich, dass Napoleon wie Vandamme, kaum dass sie das Nahen dieser Marschkolonne der rund 20 000 Mann des I. Corps gewahrten, diese zunächst für britisch-niederländische Einheiten hielten, die zur Unterstützung Blüchers herbeieilten.[46]

Von der Anforderung des I. Corps durch Napoleon erfuhr Ney erst durch General Delcambre, den d'Erlon schon auf dem Marsch zu Napoleon zu ihm sandte, um ihn von diesem Befehl zu informieren. Delcambre überraschte Ney gegen 17.00 nachmittags mit dieser Hiobsbotschaft, als dessen Angriffe auf Quatre-Bras zum wiederholten Male abgeschlagen worden waren und er umso sehnlicher das Eintreffen des I. Corps erwartete. Nur mit dessen Unterstützung, so seine panische Gewissheit, könnte es ihm gelingen, die Kreuzung zu nehmen, um dann dem Befehl Napoleons, der ihm gegen 16.00 Uhr zugegangen war, auszuführen und mit allen ihm verfügbaren Einheiten Blücher bei Ligny rückwärts zu umfassen. Was diese Überraschung in helle Wut umschlagen ließ, war ein zweiter Befehl Napoleons, den Soult um 15 Uhr 15 ausgefertigt hatte und der Ney unmittelbar danach erreichte und der ihn anwies, «sofort das Manöver einzuleiten, den rechten Flügel des Gegners zu umfassen und ihn im Rücken anzugreifen; die uns gegenüberstehende Armee ist verloren, wenn Sie mit allem Nachdruck handeln. *Das Schicksal Frankreichs liegt in Ihren Händen.* – Zögern Sie also keinen Augenblick, dieses vom Kaiser befohlene Manöver auszuführen, und rücken Sie auf die Anhöhen von Brye und Saint-Amand vor, um derart zu einem Sieg beizutragen, der sich als entscheidend erweisen kann.»[47]

Das Wort Napoleons «Das Schicksal Frankreichs liegt in Ihren Händen», scheint den guten Ney um den letzten Rest seines Verstandes gebracht zu haben, denn durch den ununterbrochenen Zustrom britischer Einheiten sah er sich genötigt, all seine Kräfte zusammenzuhalten, um seine Front wenigstens zu stabilisieren und einen Durchbruch zu vereiteln. Wie sollte er unter diesen Umständen auch nur einen Teil seiner Truppen für das von Napoleon befohlene Manöver abzweigen? Die Einsicht, dass das angesichts seiner prekären Lage völlig ausgeschlossen war, konnte seine Wut und Verzweiflung nur noch steigern.[48] In dieser Not entschloss er sich, die Weisung Napoleons an das I. Corps zu konterkarieren, und erteilte General Delcambre den Auftrag, d'Erlon den Befehl zur sofortigen Umkehr seiner Truppen zu überbringen.[49] Wenn er damit die verzweifelte Hoffnung verknüpfte, dass es ihm, verstärkt durch das I. Corps, gelänge, dem Gegner Quatre-Bras zu entreißen, um unmittelbar danach den Befehl Napoleons auszuführen, von dem das Schicksal Frankreichs abhängig sei, dann nahm das Verhängnis, das er damit vereiteln wollte, endgültig seinen Lauf: Das I. Corps stünde Napoleon, egal in welcher Stellung, in der Schlacht gegen Blücher nicht zur Verfügung, träfe andererseits aber auch zu spät wieder in Frasnes ein, um ihm für einen erfolgreichen Angriff auf Quatre-Bras noch von Nutzen zu sein. So ist es gekommen: Das I. Corps griff am 16. Juni weder in die Schlacht bei Ligny ein, noch war es an den erbitterten Gefechten um Quatre-Bras beteiligt, sondern verschwendete Zeit und Kraft mit sinnlosem Hin- und Hermarschieren.[50]

Als gegen 21.00 am Abend das seit dem frühen Nachmittag von beiden Seiten mit großer Verbissenheit geführte, aber letztlich dennoch unentschieden bleibende Gefecht endete, das die Franzosen 4300 Mann Verluste und die britisch-niederländischen Truppen 4700 Mann an Toten und Verletzten kostete, traf das I. Corps in Frasnes ein.[51] Das unentschiedene und verlustreiche Ringen um Quatre-Bras war, für sich genommen, keine Entscheidung, aber für den weiteren Verlauf, den der Feldzug nehmen sollte, gleichwohl eine sehr wichtige Vorentscheidung, mit der vereitelt wurde, dass es Napoleon gelang, mittels des Umgehungsmanövers, das Ney am Nachmittag befohlen worden war, Blücher vernichtend zu schlagen.

Wie bei Napoleon üblich, lastete er die ganze Verantwortung dafür Ney an. «Wenn der Marschall Ney», so ließ er sich nach der Schlacht vernehmen, «die Engländer mit all seinen Kräften [die ihm aber, wie geschildert, zu keiner Zeit zur Verfügung standen] vernichtet hätte und dann erschienen wäre, um den Preußen den Gnadenstoß zu versetzen, und wenn, nachdem ihm dieser erste Fehler unterlaufen war, er nicht noch die zweite Dummheit begangen hätte, das Manöver des Comte d'Erlon zu verhindern, dann hätte das Eingreifen des I. Corps den von Blücher geleisteten Widerstand zügig überwunden, wäre dessen völlige Niederlage unvermeidlich gewesen: die gesamte preußische Armee wäre entweder in Gefangenschaft geraten oder vernichtet worden.»[52]

In Ligny von Napoleon lediglich frontal angegriffen, gelang den Preußen ein geordneter Rückzug, mit dem sie zwar das Schlachtfeld und den Sieg den Franzosen überließen, aber keineswegs eine derartige Niederlage erlitten, dass sie sich veranlasst gesehen hätten, dem belgischen Kriegsschauplatz den Rücken zu kehren. Insofern war Ligny das Menetekel Napoleons, das sich zwei Tage später in Waterloo erfüllen sollte.

# SIEBTES KAPITEL

# LIGNY ODER
# DIE SIEGREICHE NIEDERLAGE

Das Steckenbleiben des von Ney kommandierten linken Flügels der französischen Armee bei Quatre-Bras am 16. Juni war entscheidend für den Ausgang der am nämlichen Tag nur rund elf Kilometer östlich davon geschlagenen Schlacht von Ligny, die sich das Zentrum und der rechte Flügel der *Armée du Nord* mit drei der vier Corps der preußischen Armee unter Blücher lieferten. Am Morgen dieses Tages konnte sich Napoleon in der Illusion wiegen, dass es ihm ungeachtet aller Friktionen und Verzögerungen gelungen war, mit dem Vorstoß nach Belgien einen großen taktischen Vorteil über die alliierten Truppen errungen zu haben. Die Spitzen der französischen Armee standen nördlich und nordöstlich von Charleroi vor Quatre-Bras und Fleurus. Damit kontrollierten sie in diesem Abschnitt die für die Alliierten wichtige Straßenverbindung von Brüssel nach Charleroi. Da auch die Besetzung der beiden wichtigen Verkehrsknotenpunkte von Quatre-Bras und Sombreffe unmittelbar bevorzustehen schien, die eine zügige Vereinigung der britisch-niederländischen mit der preußischen Armee endgültig vereitelte, ging Napoleon am Morgen des 16. Juni davon aus, dass sich Blücher noch weiter zurückziehen würde. Diese Annahme stützte sich auf Nachrichten, dass am 14. Juni im Raum Brüssel und Namur alles ruhig geblieben sei, was für Napoleon den Schluss nahelegte, die Alliierten hätten nicht die Absicht, sich unmittelbar vor seiner Front zu vereinigen. Jedenfalls rechnete er nicht damit, dass sie ihm bereits am 16. Juni eine Schlacht liefern würden.

Diese Zuversicht verrät sein Schreiben an Ney vom Morgen des 16. Juni, das General Flahaut überbrachte und das Ney anwies, sich mit einem Teil seines Corps zum Vormarsch auf Brüssel vorzubereiten, das er folglich gegen 7.00 Uhr am anderen Morgen erreichen könne, sobald ein entsprechender Befehl bis zum Abend bei ihm eintreffe. Er selbst werde sich mit der Garde ebenfalls im Laufe des Vormittags in Brüssel einfinden.[1] Zur gleichen Zeit diktierte er die Weisung an Marschall Grouchy, der den rechten Flügel befehligte, seine Truppen bei Sombreffe zu konzentrieren, wohin er sich seinerseits begeben wolle, um entweder hier oder noch weiter nordöstlich bei Gembloux, das es ebenfalls zu besetzen gelte, den Feind anzugreifen. Sobald man genauen Aufschluss über dessen Aufstellung habe, werde er sich zum linken Flügel verfügen, um sich auf die Engländer zu werfen. «Alle Informationen, die mir vorliegen, besagen, dass die Preußen uns nicht mehr als 40 000 Mann entgegenstellen können.»[2]

Beide Schreiben zeigen, dass Napoleon am Morgen des 16. Juni davon ausging, lediglich mit einem Teil der preußischen Armee aneinanderzugeraten, weshalb er sich zunächst gegen Wellington wenden wollte. Das war logisch, denn England war die Führungsmacht der antinapoleonischen Koalition. Aus diesem Grund war es für ihn so wichtig, wie im Brief an Ney ausgeführt, bereits am Morgen des 17. Juni Brüssel zu nehmen, denn die Besetzung der Hauptstadt der Vereinigten Niederlande wäre in psychologischer wie strategischer Hinsicht ein kaum einholbarer Erfolg. Diesen strich Napoleon in einer Proklamation an die Belgier und die Bewohner des linken Rheinufers gehörig heraus, die aus Schloss Laeken bei Brüssel auf den 17. Juni datiert war und die man in zahlreichen Exemplaren gedruckt in seiner Reisekutsche entdeckte, die bei Waterloo erbeutet wurde.[3] Des Weiteren würde die Besetzung Brüssels eine Vereinigung der alliierten Armeen erheblich erschweren. Da deren Truppenkonzentration aber die Voraussetzung für ihre numerische Überlegenheit über die französischen Truppen auf dem belgischen Kriegsschauplatz war, eröffnete das die Chance, erst Wellington und dann Blücher zu schlagen. Das würde den einen wie den anderen zum Rückzug und zu einer vollständigen Räumung der Vereinigten Niederlande nötigen, was Napoleon einen triumphalen Erfolg verhieß, der den politischen Zusammenhalt der Allianz ernsthaft infrage zu stellen drohte.

Das war die mit seinen Absichten vorzüglich übereinstimmende Perspektive, die sich Napoleon am Vormittag des 16. Juni stellte, die aber Blücher und Gneisenau mit ihrer Disposition der preußischen Armee durchkreuzten, die sich trotz ihrer zahlenmäßigen Unterlegenheit an diesem Tag zur Schlacht stellte. Das hatte Blücher bereits einen Tag zuvor, am Mittag des 15. Juni, dem preußischen Liaisonoffizier, dem Freiherrn von Müffling, im Hauptquartier Wellingtons in Brüssel mitteilen lassen, dem er schrieb: «Der Feind hat heute morgen um 4.30 Uhr die Feindseligkeiten eröffnet und dringt lebhaft längs der Sambre vor. Buonaparte und seine Garden sollen es sein, die Letzteren sind gewiss da. Der General Zieten [i. e. das I. Corps] hat den Auftrag, den Feind genau zu beobachten und womöglich nicht weiter als bis Fleurus zurückzugehen. Die Armee wird sich morgen in der Stellung bei Sombreffe konzentrieren, wo der Fürst gesonnen ist, die Schlacht anzunehmen. Die drei Armee-Korps haben in der vergangenen Nacht den Befehl erhalten, sich heute folgendermaßen zu konzentrieren: das II. Korps bei Onoz und Mazy, das III. bei Namur, das IV. bei Hanut. Ist es nötig, so wird das II. Korps noch heute bis Sombreffe und das III. bis Onoz vorrücken. Das Hauptquartier geht in zwei Stunden nach Sombreffe, wohin ich schleunigst von Ihnen die Benachrichtigung erwarte, wann und wo sich der Herzog Wellington konzentriert und was er beschlossen hat. Die Ordonnanzlinie wäre nun über Genappe zu eröffnen.»[4]

Was Blücher zu diesem Zeitpunkt, an dem er Wellington über seine geplante Aufstellung unterrichtete, noch nicht wusste, war, dass das IV. Corps (v. Bülow) so spät in Namur aufbrach, dass es frühestens erst im Laufe des 17. Juni bei Sombreffe eintreffen würde. Blücher disponierte also nur über drei Armeecorps mit rund 82 000 Mann und 224 Geschützen, die bis zum Nachmittag des 16. Juni in einem Dreieck massiert wurden, dessen Spitze das Dorf St. Amand darstellte und dessen Basis von Tongrinne im Osten bis in den Raum von Brye im

Westen verlief. Hier war er entschlossen, wie Wellington tags zuvor bereits angekündigt, der *Armée du Nord* die Stirn zu bieten, die nicht nur Napoleon befehligte, sondern die im Unterschied auch zu den preußischen Truppen aus über 120 000 zumeist schlachterprobten Soldaten bestand. Der Umstand, dass ihm am 16. Juni die Franzosen keineswegs mit ihrer ganzen Übermacht gegenüberstanden, weil ihr linker Flügel den ganzen Tag über bei Quatre-Bras festgehalten wurde, wodurch sich ein numerisches Gleichgewicht der Kräfte auf dem Schlachtfeld einstellte, konnte Blücher erst anderntags zur Kenntnis kommen. Umso erstaunlicher deshalb der Entschluss, sich Napoleon zur Schlacht zu stellen, der durch zwei Erwartungen beeinflusst wurde, die sich nicht erfüllten: das rechtzeitige Eintreffen von Bülows IV. Corps aus Namur und die tatkräftige Unterstützung durch Einheiten der britisch-niederländischen Armee, die von Westen her zum rechten Flügel Blüchers aufschließen sollten.

Eine plausible Erklärung für den Entschluss liefert die Überlegung, die für die Planungen von Blüchers Generalstabschef Gneisenau bestimmend waren: Gneisenau wusste, dass ein Sieg über Napoleon nur unter der Voraussetzung gewährleistet sein würde, dass die preußische und die britisch-niederländische Armee sich zuvor möglichst intakt vereinigt hatten. Deshalb war es die wichtigste strategische Priorität, stets eine Verbindung zu Wellington derart zu garantieren, dass diese Konzentration sich nach Möglichkeit binnen 24 Stunden realisieren ließe. Wie das Ausbleiben des IV. Corps zeigte, würde es diese Frist brauchen, um wenigstens das Gros der weiträumig aufgestellten britischen Verbände an einem Punkt zusammenzuziehen, der eine Vereinigung beider Armeen binnen eines Tages ermöglichte. Voraussetzung dafür war auch, dass Napoleon die Möglichkeit genommen wurde, durch gezielte Angriffe diese Konzentrationsbewegung der britisch-niederländischen Armee nachdrücklich zu stören, zu verzögern, wenn nicht gar zu vereiteln. Diese Gefahr wurde durch die zügige Verlegung dreier preußischer Armeecorps in den Raum südlich von Sombreffe gebannt, die Napoleon, sollte er sich zu einer solchen Offensive entschließen und deshalb die ganze Wucht seines Angriffs auf den linken Flügel legen, sofort im Rücken bedrohen konnten. Noch wirksamer als diese Drohung war die Annahme einer

Schlacht in dieser Position, die der britisch-niederländischen Armee die erforderliche Zeit für ihre ungestörte Konzentration verschaffen würde.

Zu einer Schlacht musste es unweigerlich auch deshalb kommen, sobald Napoleon erkannte, dass er es bei Sombreffe nicht lediglich mit einer preußischen Vorhut oder einem Corps zu tun hatte, sondern mit dem Gros der Armee Blüchers. Tatsächlich begann ihm das ganze Ausmaß der gegnerischen Stärke erst zu dämmern, als er gegen 11.00 Uhr in Fleurus ankam und von der Höhe einer Windmühle aus, die diesen Ort dominierte, das vorausliegende Gelände in Richtung auf Sombreffe erkundete, in dem auf den Anhöhen hinter den darin eingesprengten Dörfern von Saint-Amand und Ligny die preußischen Truppen ihre Aufstellung nahmen. Die Perspektive, die sich ihm von hier aus bot, hat Henri Houssaye anschaulich geschildert:

«Gegenüber der Anhöhe von Fleurus erstreckt sich jenseits einer ondulierten Ebene sanft ansteigend eine nicht sehr ausgeprägte Hügelkette, auf der nach Westen hin das Dorf Brye, in östlicher Richtung das Dorf Tongrinne und in der Mitte etwas zurückgesetzt die Kleinstadt Sombreffe gelegen sind. (...) In der Niederung zu ihren Füßen schlängelt sich das zwischen vier und fünf Metern breite Flüsschen Ligne, das von steilen Ufern von vier bis fünf Fuß Höhe eingefasst ist, die mit Weiden, Erlen und Brombeersträuchern bestanden sind. Dieses Gewässer und das von Mulden durchzogene Terrain, das man durchqueren muss, bilden einen tiefen Graben, den nach Westen [i. e. von der von Fleurus nach Gembloux führenden Straße aus gesehen] das Dorf Wagnelée, die Weiler La Haye und Petit-Saint-Amand sowie das Dorf Saint-Amand, nach Osten hin die Weiler Potriaux und Tongrinelle sowie die Dörfer Tongrinne, Boignée und Balâtre flankieren. In der Mitte [i. e. zwischen Wagnelée im Westen und Balâtre im Osten] ist das Dorf Ligny gelegen mit zwei großen Gutshöfen, Burg und Kirche, die von einem mit einer Mauer umfriedeten Friedhof umgeben ist.»[5]

Vier Wochen zuvor war vom preußischen Generalstab das Gelände bereits beiderseits der Ufer der Sambre ausgespäht und aufgenommen worden. Am Morgen des 16. Juni gab Blücher die Anweisung, die preußischen Truppen auf den Anhöhen zwischen Sombreffe und Brye zusammenzuziehen und die im Talgrund gelegenen Dörfer Ligny und Saint-Amand lediglich als vorgeschobene Posten zu behaupten. Das I. Armeecorps, das in der vorderen Linie aufgestellt wurde, besetzte Brye sowie die dieser Front vorgelagerten beiden Dörfer Ligny und Saint-Amand. Auf dem rückwärtigen Abhang dahinter bezog das II. Corps als Reserve seine Stellung, während das III. Armeecorps um Sombreffe konzentriert wurde. Die mit dieser Disposition verknüpfte Absicht war zunächst rein defensiv: Zum einen sollte damit die Kontrolle über die wichtige Landstraße behauptet werden, die von Namur nach Quatre-Bras und von dort weiter entweder nach Nivelles oder Brüssel führte und die als Kommunikationslinie für eine Konzentration der alliierten Truppen unverzichtbar war; zum anderen wollte Blücher in dieser Stellung die Ankunft des IV. Corps abwarten. Bis dieses eingetroffen war, galt es, den weiteren Vorstoß der Franzosen aufzuhalten und insbesondere ihr Vordringen bis zu jener Chaussee zu verhindern, auf der die britisch-niederländische Armee herangeführt werden würde, die auf dem rechten Flügel der Preußen Aufstellung nehmen sollte. Sobald diese Truppenkonzentration abgeschlossen war, würde durch eine Offensive über Saint-Amand nach Süden die Schlacht mit der Nordarmee eingeleitet werden.

Von seinem Ausguck in der Windmühle bei Fleury aus überblickte Napoleon zwar nur die Aufstellung des I. Corps der preußischen Armee, während ihm zunächst der noch im Gang befindliche Aufmarsch des II. und III. Corps weitgehend verborgen blieb, der erst am frühen Nachmittag abgeschlossen wurde. Das bestärkte ihn in dem anfänglichen Irrtum, das I. Corps nur für eine starke Nachhut zu halten, die eine weiter nördlich stattfindende Konzentration von Blüchers Armee decken sollte. Diese Erkenntnis veranlasste Napoleon, den ursprünglichen Plan, mit dem linken Flügel der Nordarmee entschlossen gegen Brüssel vorzurücken, aufzuschieben und sich stattdessen zunächst gegen Blücher zu wenden, der ihm einen Teil seiner Armee gewissermaßen auf dem Präsentierteller offerierte. Folglich würde das Geschehen dieses Tages entgegen den am Morgen erteilten Weisungen durch die Operationen des rechten Flügels bestimmt werden.

Allerdings verbot sich eine zügige Realisierung dieser neuen Orientierung, denn Napoleon stand bei Fleurus zunächst lediglich das

III. Corps Vandamme zur Verfügung, das dem I. Corps Zietens numerisch um rund ein Drittel unterlegen war und dem, wie es den Anschein hatte, fortlaufend Verstärkungen zugeführt wurden. Also musste
er zunächst noch das Eintreffen des IV. Corps unter Befehl Gérards,
das erst gegen Mittag im Raum von Fleurus eintreffen würde, und das
der Kaiserlichen Garde, die allerdings schon erheblich näher gekommen war, abwarten. Völlig ungewiss war jedoch, bis wann ihm Lobaus VI. Corps zur Verfügung stünde, das bei Charleroi lagerte und
bis zum Vormittag noch keinen Marschbefehl erhalten hatte. Das war
ein Versäumnis, das wieder wettzumachen mittelbar den Anstoß zu
jenem Befehlswirrwarr gab, der am Nachmittag das Corps d'Erlon zu
einem sinnlosen Hin- und Hermarschieren zwischen Quatre-Bras
und dem Schlachtfeld von Ligny nötigte. Ungeachtet dieser Schwierigkeiten gelang es Napoleon, bis zum frühen Nachmittag rund
68 000 Mann der Nordarmee, also die Corps von Vandamme und
Gérard sowie die Kavalleriecorps Pajol, Milhaud und Exelmans, sowie 210 Geschütze in Stellung zu bringen, während die Garde hinter
Fleurus in Reserve lag.

Blüchers Schreiben, das am Mittag aus Namur an Wellington abging und in dem er ihn informierte, sich Napoleon im Raum Sombreffe am 16. Juni zur Schlacht stellen zu wollen, traf in Brüssel gegen
Abend ein. Die Nachricht scheint Wellington nicht aus der Ruhe gebracht zu haben, denn erst nach Mitternacht vom 15. auf den 16. Juni
und bevor er den Ball bei der Duchess of Richmond aufsuchte, ließ er
Müffling wissen, dass er Befehl erteilt habe, die britisch-niederländische Armee bei Quatre-Bras zu konzentrieren. Das bezog sich auf
die «After Orders, 10 o'clock, P. M.», über die er mit den Worten «die
Ordres zur Konzentration meiner Armee bei Nivelles und Quatre-Bras
(sind) bereits abgegangen»[6] Müffling um Mitternacht in Kenntnis
setzte, der diese Mitteilung sofort an Blücher weiterleitete. Diese An-
sage war jedoch mehr als nur eine sehr gewagte Interpretation der
erteilten Befehle, die tatsächlich nur bestimmten:

«Die 3. Infanteriedivision marschiert von Braine le Comte weiter nach
Nivelles.

Die 1. Division geht von Enghien nach Braine le Comte.

Die 2. und 4. Infanteriedivision verlassen Ath, Grammont und auch Audenarde und setzen ihren Marsch nach Enghien fort.
Die Kavallerie rückt von Ninhove weiter nach Enghien.
Alle diese Bewegungen müssen unverzüglich ausgeführt werden.»[7]

Diese Befehle, die Konzentrationsbewegung zu beschleunigen, betrafen nur einen Teil der britisch-niederländischen Armee, ergingen überdies auch viel zu spät und würden die Einheiten an Orten versammeln, die von Quatre-Bras noch weit entfernt lagen: Von Enghien waren es rund 50 Kilometer und von Braine le Comte noch immerhin 25 Kilometer.

Dessen ungeachtet schrieb Wellington, der gegen 10.00 Uhr in Quatre-Bras angelangt war, gegen 10.30 Uhr einen eigenhändigen Brief an Blücher, der von den «Anhöhen hinter Frasnes» am 16. Juni datiert ist und einen summarischen Überblick über die Aufstellung seiner Armee gibt: «Das Armeecorps des Prinzen von Oranien [i. e. 25 000 Mann] hat eine Division hier, eine weitere in Quatre-Bras und den Rest bei Nivelles stehen. Die Reserve [i. e. über 20 000 Mann] befindet sich im Anmarsch von Waterloo nach Genappe, wo sie gegen Mittag eintreffen dürfte. Um dieselbe Zeit wird die britische Kavallerie [i. e. das Kavalleriecorps von Lord Uxbridge mit rund 8500 Mann] in Nivelles angelangt sein. Das Corps von Lord Hill [i. e. 24 000 Mann] befindet sich in Braine le Comte. – Vor uns kann ich nicht viel vom Feind gewahren, weshalb ich Nachrichten von Eurer Hoheit und das Eintreffen meiner Truppen erwarte, bevor ich über die weiteren Operationen entscheide, die für diesen Tag anstehen. – Vor Binche wie auch vor unserem rechten Flügel ist alles ruhig.»[8] Mit anderen Worten: Zu dem Zeitpunkt, an dem Wellington Blücher über diese völlig fiktive Aufstellung seiner Truppen informierte, waren diese allenfalls erst im Anmarsch auf die genannten Orte.[9] Diese lagen aber ihrerseits von Quatre-Bras respektive dem rechten Flügel Blüchers bei Brye noch so weit entfernt, dass die Einheiten, selbst wenn sie an den von Wellington genannten Orten am Nachmittag oder Abend eingetroffen wären, unmöglich am 16. Juni zur Unterstützung der preußischen Truppen hätten zur Stelle sein können!
Ob Wellington sich für diese Informationen, die er über die Auf-

stellung seiner Truppen an Blücher übermittelte, auf eine angeblich von seinem Stabschef ausgearbeitete «Disposition of the British Army at 7 o'clock A. M., 16th June» stützte,[10] wie Ropes vermutet,[11] kann getrost ins Reich der Fabeln verwiesen werden. Nach den Feststellungen von Hans Delbrück ist dieses Schriftstück derart fehlerhaft, dass es «den Verdacht der Unechtheit erregt». Deshalb charakterisiert Delbrück dieses Dokument als «ein nachträglich für die etwaige Rechtfertigung aus dem Gedächtnis niedergeschriebnes Erinnerungsblatt».[12] Dafür spricht zum einen, dass dieses Dokument, wie auf ihm angemerkt, zwar angeblich nach den Angaben von Wellingtons Generalstabschef Sir W. DeLancey angefertigt, aber von Major De Lacy Evans unterschrieben wurde, damals als Adjutant für Generalmajor Ponsoby tätig.[13] Das wiederum zwingt zur Vermutung, dass De Lacy Evans dieses Schriftstück nicht am Morgen des 16. Juni 1815 unterzeichnet hat, sondern irgendwann zu einem späteren Zeitpunkt nach der Schlacht bei Waterloo, in der Sir W. DeLancey gefallen ist. De Lacy Evans Anmerkung spezifiziert weiter, dass die Orte, die in der mittleren Kolumne des Dokuments angeführt werden, diejenigen sind, an denen die einzelnen Einheiten standen respektive zu denen sie sich auf dem Marsch befanden, während in der rechten Kolumne die Orte genannt waren, zu denen sie um 7.00 Uhr am Morgen des 16. Juni aufbrechen sollten. Unter diesen taucht neben Braine le Comte, Nivelles und Genappe am häufigsten Quatre-Bras auf. Auch das ist sehr seltsam, denn dieser Ortsname wird in den bis dahin von Wellington ausgegebenen Marschbefehlen nicht genannt.[14]

Die Vermutung Ropes', Wellington habe bei seinem Schreiben an Blücher vom Vormittag des 16. Juni diese «Disposition of the British Army» vor Augen gehabt und ihr gewissermaßen «blindfold» vertraut,[15] ist also völlig absurd. Entscheidend ist allein, dass dieses Schreiben Wellingtons, das von Ollech im Preußischen Kriegsarchiv entdeckte und in seiner Darstellung des Feldzugs von 1815 als Faksimile wiedergegeben ist, Blüchers Entscheidung beeinflusst haben muss, sich am 16. Juni einer Schlacht mit Napoleon zu stellen. Blücher besaß, als ihn die Nachricht Wellingtons am späten Vormittag des 16. Juni erreichte, bereits die Gewissheit, dass er mit einem Eintreffen des IV. Corps Bülow an diesem Tag nicht mehr rechnen konnte,

d. h. ihm fehlten rund 31 000 Mann und 88 Geschütze. Umso wichtiger war es ihm also, sich auf die tatkräftige Unterstützung durch die britische Armee verlassen zu können, die ihm das Schreiben Wellingtons im Subtext verhieß. Kurz, Blüchers Entscheidung, an diesem Tag und in dieser Stellung Napoleon eine Schlacht zu liefern, konnte vernünftigerweise nur in Kenntnis dieses Schreibens gefällt worden sein.

Das Schreiben Wellingtons basierte auf einer offensichtlichen Fehleinschätzung der Lage. Ihn narrte noch immer die Überzeugung, Napoleons Angriff auf Charleroi am 15. Juni sei nur eine Finte gewesen, um den eigentlichen Vorstoß auf Mons und die Hauptstraße nach Brüssel und Antwerpen zu maskieren. Im Brief an Blücher spezifizierte Wellington also jene Aufstellungsräume, in die seine Armee in Ausführung der ihr erst in der Nacht und am Morgen des 16. Juni erteilten Befehle einrücken würde. War diese Bewegung abgeschlossen, so der Subtext dieses Schreibens, könne Blücher selbstverständlich auf Unterstützung durch seinen Alliierten rechnen. Tatsächlich jedoch würde die damit in Aussicht gestellte Konzentration der britischen Truppen, die dann von Quatre-Bras noch immer einige Kilometer entfernt und in noch größerer Distanz zum rechten Flügel der preußischen Armee bei Brye standen, allerfrühestens erst am Abend des 16. Juni abgeschlossen sein.[16] Daraus folgt zwingend, dass sie an der Seite der Preußen erst am 17. Juni in den Kampf eingreifen könnten. Diese Frist räumte er sich stillschweigend ein, weil er immer noch damit rechnete, der französische Hauptangriff richte sich gegen Mons, wohin man von Braine-le-Compte oder Nivelles aus ebenso zügig gelangen konnte wie nach Brye oder Ligny.

Diesen Irrtum Wellingtons verschlimmerte Blücher durch ein Missverständnis, das sich aus der Beurteilung seiner Situation ergab, die ihm den zwingenden Eindruck vermitteln musste, mit einem überlegenen Gegner konfrontiert zu sein. Das war eine Erkenntnis, die ihn vermutlich nicht erschreckte, ihn aber dazu anstiftete, die Mitteilung Wellingtons nicht angemessen zu würdigen. Ihm wie auch Gneisenau hätte klar sein müssen, dass der zeitliche Ablauf für eine Konzentration der britischen Truppen in einer realistischen Marschdistanz zur Front der Preußen bei Brye oder Ligny in einem derart kurzen Zeitraum, wie ihn das Schreiben Wellingtons ihrem Verständnis zufolge ankündigte, nicht zu realisieren war. Allein ein Blick auf die Karte hätte das folgenreiche Missverständnis, das nun seinen Lauf nahm, vermeiden lassen. Dass dies nicht geschah, ist das eigentliche Rätsel, für das sich nur eine Lösung anbietet, die auf die grundsätzliche Unvereinbarkeit der Zwänge und die Inkompatibilität der daraus resultierenden Einschätzungen und Handlungsanweisungen der alliierten Protagonisten abhebt.

Wellington war nicht nur Militär, sondern auch Politiker und Diplomat, d. h. sein Handeln wurde nicht ausschließlich von strikt militärstrategischen, sondern in einem ganz erheblichen Ausmaß auch von politisch-diplomatischen Rücksichten beeinflusst, die er aus verständlichen Gründen für sich behalten musste, wollte er den damit angestrebten Erfolg nicht gefährden. Ebendas war es, was der brillante Generalstabsoffizier Gneisenau, dessen ganzes Denken militärisch und dessen Mentalität von der politischen Kultur des preußischen Spätabsolutismus geprägt war, völlig missverstehen musste. Deswegen gaben ihm die Zwänge und Rücksichten, die Wellington zu einem Agieren nötigten, das parlamentarischen Usancen entsprach, bei denen politische Entscheidungen nicht durch ein Wort des Königs wie in Preußen, sondern von einer Regierung getroffen wurden, die sich auf eine aus Wahlen hervorgegangene Abgeordnetenmehrheit im Unterhaus stützte und gegen eine mächtige Opposition behaupten musste, ein unlösbares Rätsel auf.

Der damaligen konservativen Tory-Regierung, von der Wellington 1814 zunächst als Botschafter nach Paris und als Vertreter zum Wiener Kongress entsandt worden war, ehe ihm der Oberbefehl über die britisch-niederländischen Truppen in Belgien übertragen wurde, machten die liberalen Whigs Konkurrenz, die im Unterhaus wie in der Öffentlichkeit mittels ihres Sprachrohrs der Zeitung *The Morning Chronicle* unablässig heftige Kritik an dem britischen Anspruch übten, die antinapoleonische Koalition der europäischen Mächte anzuführen. Wellington registrierte diese Opposition, die in der großen finanziellen Belastung, die England mit der Finanzierung dieser Koalition auf sich nahm und für die von den britischen Steuerzahlern aufgekommen werden musste, ein ergiebiges Thema hatte, umso sensibler, als ihn schon längst der Ehrgeiz plagte, seine bisherige militärische Karriere mit der Laufbahn eines erfolgreichen Politikers zu krönen. Diese Perspektive, kombiniert mit den Zwängen und Rücksichtnahmen auf ein parlamentarisches System, setzte ihn in seiner Rolle als Oberbefehlshaber der britisch-niederländischen Armee unter erheblichen Druck: Allein von seiner Fortüne als Kriegführer gegen Napoleon würde die Erfüllung seines Ehrgeizes unmittelbar abhängen. Das alles erklärt Wellingtons überaus vorsichtiges Verhalten, seine Truppen weiträumig aufzustellen, um die Gewähr zu haben, dass ihm seine Rückzugslinien unter keinen Umständen von Napoleon abgeschnitten werden konnten. Das erhellt auch, warum er sich allzu lange an die von keiner Feindaufklärung bestätigte Obsession klammerte, der Gegner würde zunächst die von ihm befehligten Einheiten angreifen.

Für die preußischen Zeitgenossen Wellingtons waren solche Überlegungen ein Buch mit sieben Siegeln. «Welche Verspätung bei so gedehnter Kantonierung!», erregte sich etwa General von Hofmann. «Hielt Wellington auch den Angriff bei der Sambre für bloßen Schein und den wirklichen gegen sich von Maubeuge aus gegen Soignies und Nivelles gerichtet, so musste er auch für diesen Fall bei der ersten Meldung seine Truppen schleunigst bei Soignies, Nivelles und Quatre-Bras konzentrieren, denn beide Angriffe waren sicherlich gleichzeitig. Es ist, als ob beide Feldherren das Gewöhnlichste versäumen wollten, um nachher Ungewöhnliches zu tun.»[17] Ebendas war es, worauf Wellington aus war, der als Politiker größtes Interesse daran hatte, dass der siegreiche Ausgang der Kampagne ihm zugutekäme, und der sich andererseits im Falle einer Niederlage die Option bewahren wollte, die britischen Einheiten möglichst intakt vom belgischen Kriegsschauplatz abzuziehen.

Blücher zumal waren derartige Überlegungen und Zwänge völlig fremd. Das Motto, mit dem er in Ausübung des Kriegshandwerks für Preußens König ein Leben lang erfolgreich gewesen war, lautete ganz simpel «immer feste druff». Ebendeshalb hieß er auch «Marschall Vorwärts», ein Spitzname, der ihn in taktischer wie strategischer Hinsicht als geistesschlichten Husarengeneral auswies, dem gleichsam als Generalstabsgouvernante ein Gneisenau zur Seite gestellt wurde mit der Aufgabe, das Schlimmste zu verhüten. Diese Rollenzuweisung stürzte Gneisenau in erhebliche Verlegenheiten, zumal die meist älteren preußischen Corpskommandeure uneinsichtig auf dem Anciennitätsprinzip beharrten und seine Autorität als Generalstabschef deshalb nur mit erheblichen inneren Widerständen akzeptierten, die sich bisweilen nachteilig auf eine reibungslose Truppenführung auswirkte, wie etwa der erheblich verzögerte Anmarsch des IV. Corps zeigte. Diese ungemütliche Situation Gneisenaus verschlimmerte noch der Umstand, dass Blücher in der Regel dessen Ratschlägen zwar folgte, aber ausschließlich aus Bequemlichkeit oder Gewohnheit und nicht aus eigener Einsicht, was natürlich den Corpskommandeuren nicht verborgen blieb, die sich dadurch in ihrer Abneigung gegenüber dem Generalstabschef nur bestätigt sahen.

Diese Konstellation machte für Gneisenau auch den Umgang mit Wellington nicht leicht, für den aus den geschilderten Gründen nicht Blücher, sondern er der Gesprächspartner war. Die gefühlte Superiorität Wellingtons, der als ranghöchster militärischer Repräsentant der Führungsmacht der antinapoleonischen Allianz seine Befähigung für diesen Posten zuvor auf dem spanischen Kriegsschauplatz hinlänglich bewiesen hatte, musste Gneisenau besonders zu schaffen machen, weil ihm dessen taktische wie strategische Dispositionen kaum einleuchteten. Da er sich auf diese keinen Reim machen konnte, erschien ihm Wellington als verschlagen und hinterlistig, was bei Gneisenau den Verdacht zur Gewissheit verdichtete, der britische Oberbefehlshaber führe stets nur den eigenen Vorteil im Schilde, und sei dies auch zum Nachteil des eigenen Verbündeten.

All diese Inkompatibilitäten, in denen gefangen sich die führenden Persönlichkeiten aufseiten der Alliierten gegenüberstanden, mussten sich vor dem Hintergrund einer Schlacht, deren Beginn am Mittag des 16. Juni unmittelbar bevorstand und ihr weiteres Los bestimmen würde, notwendigerweise zu unentwirrbaren Missverständnissen verklumpen. Größte Aufmerksamkeit verlangt daher ein Treffen der Protagonisten, das leider nur von einem Beteiligten, Freiherr von Müffling, ausführlicher dokumentiert ist. Dank seiner Tätigkeit im britischen Hauptquartier war Müffling mit dem Wesen Wellingtons gut vertraut, ohne jedoch dessen Handlungsmotivation zu verstehen, wie seine Schilderung verschiedentlich zeigt. Außerdem habe er sich, wie Delbrück schreibt, «im Gefühl seiner Mitschuld (...) bemüht, den Herzog von Wellington von dem Vorwurf einer nicht gehaltenen Zusage zu reinigen».[18]

Berücksichtigt man beide Einwände, ändert es dennoch nichts am dokumentarischen Wert des Berichts von Müffling, der Wellington seit seinem Aufbruch in Brüssel um 5.00 Uhr morgens an begleitete und mit ihm gegen 11.00 Uhr in Quatre-Bras eintraf. «Da der Feind sich ruhig verhielt», so der Bericht Müfflings, «mir aber indes die Nachricht zugekommen war, die preußische Armee versammle sich bei Ligny, so meinte der Herzog, es sei am besten, zum Feldmarschall [i. e. Blücher] zu reiten und mit ihm mündlich zu verabreden, welche Maßregeln zu einer entscheidenden Schlacht mit vereinten Kräften zu nehmen seien. Dies wurde sogleich ausgeführt, und der Herzog sagte mir unterwegs: *wenn, wie es scheint, das, was vom Feinde bei Frasnes, Quatre-Bras gegenüber, steht, nur unbedeutend ist, so kann ich meine ganzen Kräfte zur Unterstützung des Feldmarschalls verwenden, und alles, was er als gemeinschaftliche Operation wünscht, werde ich gern ausführen.»[19]

Unter Beachtung des erst am frühen Morgen des 16. Juni begonnenen Aufmarschs der britisch-niederländischen Truppen, die – mit Ausnahme der von Brüssel nach Genappe vorrückenden Reserve, die dort erst gegen Mittag eintreffen würde – mehr oder weniger weit von Quatre-Bras entfernte Sammelpunkte erreichen sollten, konnte dieses Versprechen, wie sich Wellington und Müffling bewusst sein mussten, frühestens im Laufe des 17. Juni realisiert werden. Darin kündigte sich das Missverständnis an, das in dem Augenblick allen Beteiligten klar werden musste, als Wellington und Müffling am frühen Nachmittag des 16. Juni an einer Windmühle oberhalb von Brye mit Blücher und Gneisenau zusammentrafen. Von dieser Position aus konnte sich Wellington vergewissern, dass Blücher ein großer Teil der französischen Armee, wenngleich nicht deren geballte Masse gegenüberstand. Durchaus möglich, dass ihn dies nur in der Vermutung bestärkte, wenigstens zwei Corps der *Armée du Nord* würden versuchen, bei Mons den rechten Flügel der britisch-niederländischen Armee zu umgehen, um ihr den Rückzug zur Kanalküste abzuschneiden und Brüssel zu bedrohen. Also mochte er noch immer glauben, gut beraten zu sein, einen Großteil der Truppen nicht auf seinem linken Flügel im Raum zwischen Nivelles und Quatre-Bras zur Unterstützung Blüchers konzentriert zu haben. Andererseits stürzte ihn das jetzt in Verlegenheit, sobald Blücher und Gneisenau, die aufgrund der empfangenen Mitteilungen davon ausgingen, die britisch-niederländische Armee sei binnen Kurzem so weit konzentriert, um aktiv in die Schlacht eingreifen zu können, genaueren Aufschluss über Wellingtons Dispositionen für diesen Fall verlangten.

Auf die Frage Wellingtons, was man von ihm erwartete, versetzte Gneisenau deshalb,[20] wie Müffling berichtet: «Das Wünschenswerteste für die preußische Armee sei, wenn der Herzog mit seiner Armee, sobald sie bei Quatre-Bras versammelt sei, links auf der Chaussee nach Namur abmarschiere und sich als Reserve der preußischen Armee hinter derselben bei Brye aufstelle.»[21] Eine solche Operation war, wie Wellington jetzt hätte eingestehen müssen, aufgrund seiner Marschdispositionen keinesfalls mehr am 16. Juni, sondern frühestens im Laufe des nächsten Tags realisierbar. Dieses Eingeständnis konnte Wellington aber aus guten Gründen nicht machen. Also blickte er, wie Müffling schreibt, nur schweigend in seine Karte.

Die fatale Situation suchte nun Müffling mit einem Vorschlag zu überwinden, der ebenso wenig realistisch war, der aber den Charme hatte, Wellingtons Obsession zu entsprechen, weil er ihm die Gewähr bot, die Rückzugsstraße nach Brüssel in seiner Hand zu behalten, indem er die Linie Genappe, Quatre-Bras, Frasnes bis Gosselies nicht überschritt. «Auf diese Art vermied ich», kommentierte Müffling in seinen Erinnerungen diesen Vorschlag, «die falschen Berechnungen des Herzogs über die Zeit der Versammlung seiner Armee, sowie die unrichtigen Rechnungen des Generals von Gneisenau über die Ankunft der englischen Armee bei Brye öffentlich zu erwähnen, und der Herzog ergriff meinen Vorschlag mit Lebhaftigkeit, indem er sagte: *Je culbuterai ce qu'il y a devant moi à Frasnes, me dirigeant sur Gosselies* (Ich werde alles über den Haufen werfen, was sich mir vor Frasnes in den Weg stellt und wende mich nach Gosselies).» Dem widersprach zwar Gneisenau mit dem Argument, der Vorschlag sei «zu weitläufig und unsicher», während der von ihm für die britische Armee angeregte Marsch von Quatre-Bras nach Brye «dagegen sicher und entscheidend» sei, aber Wellington nutzte jetzt diesen Dissens zwischen den preußischen Generalstabsoffizieren, um sich mit dem Ruf «Wohlan! Ich werde kommen, sofern ich nicht selbst angegriffen werde» zu verabschieden und nach Quatre-Bras zurückzukehren.[22]

Damitz, der sich bei seiner Darstellung der Unterredung von Brye wohl auf das Zeugnis des Generals von Grolman stützte, berichtet nur vom Vorschlag Müfflings, ohne jedoch dessen Urheberschaft zu nennen: «Man kam über die Art, sich gegenseitig zu unterstützen, darin überein, dass eine Operation mit allen disponiblen Kräften des Herzogs über Frasnes nach Gosselies den Feind in Flanke und Rücken nehmen, und seinen Rückzug nach Charleroi bewerkstelligen würde. Jedoch musste dies Vorrücken mit sehr überlegenen Kräften, wo möglich mit der ganzen Armee geschehen, und man musste bis 4 Uhr Nachmittags den Erfolg dieser Operation absehen können.

Von 5 Uhr an lag es in der Natur der Dinge, dass die Wechselfälle in der Schlacht eintreten müssten, und dann wurde eine direkte Unterstützung vorteilhafter, als eine entferntere Offensive. Diese direkte Hülfsleistung gegen den preußischen rechten Flügel zu führen, sollte den eingetretenen Umständen und dem Ermessen des Herzogs überlassen bleiben. (…) Als der Herzog v. Wellington die bestimmte Versicherung der Hülfsleistung gab, bediente er sich der Worte: *Ich bin überzeugt, dass um 2 Uhr so viel Truppen versammelt sind, dass ich die Offensive sogleich ergreifen kann.*

Nach dieser festen Zusicherung wurde von preußischer Seite eigentlich erst definitiv die Schlacht anzunehmen beschlossen.»[23]

Das war der springende Punkt, denn während seines rund einstündigen Aufenthalts auf dem Windmühlenhügel oberhalb Bryes hatte Wellington die Muße, den Fortgang des französischen Aufmarschs zu beobachten. Darüber müssen ihm Bedenken gekommen sein, ob die drei preußischen Armeecorps stark genug seien, um bis zum Abend einem unmittelbar bevorstehenden Angriff standzuhalten. Das hatte für Wellington höchste Priorität, denn nur durch den anhaltenden preußischen Widerstand konnte verhindert werden, dass Napoleon Wellingtons linke Flanke über Quatre-Bras hinaus mit starken Kräften angriff, wo erst im Laufe des Nachmittags britische Verstärkungen eintreffen würden, deren Erscheinen er unterdessen befohlen hatte. Kurz, Wellington sah sich erst in Brye mit einer strategischen Situation konfrontiert, die ihn in eine Verlegenheit stürzte, die er selbst verschuldet hatte und sich nicht mehr in der gebotenen Schnelligkeit beheben ließ. Deshalb musste Blücher das bei Ligny besorgen, was er in Quatre-Bras versäumt hatte: einen seit dem Vortag bereits drohenden Angriff der Franzosen auf seinen rechten Flügel mit starken Kräften zu vereiteln. Die hier klaffende Lücke musste Blücher dadurch stopfen, dass er sich der *Armée du Nord* in einer Schlacht stellte, deren Ausgang sich vorhersehen ließ: Das IV. preußische Corps würde, wie Wellington erst in Brye erfuhr, nicht zur Stelle sein. Wenn er jetzt noch Blücher reinen Wein einschenkte und ihm sagte, dass er bei dieser Schlacht auch nicht darauf rechnen könne, von einer einzigen britischen Brigade unterstützt zu werden, würde der aller Wahrscheinlichkeit nach seinen Truppen den sofortigen Rückzug nach Gembloux befehlen, wo das IV. Corps am nächsten Tag ebenfalls eintreffen würde. Die Preußen sahen jedoch keinen Anlass, den wiederholten Versicherungen Wellingtons hinsichtlich der Befehle an seine Truppen zu misstrauen. Deshalb ist in den überlieferten sieben, zumeist summarischen und nur in Nuancen abweichenden Berichten von Teilnehmern an diesem Treffen ausnahmslos die Rede davon, wie die Armee Wellingtons in die Kämpfe eingreifen solle, und nicht, ob sie dazu überhaupt in der Lage sei!

Diese falsche Gewissheit suchte Wellington wider besseres Wissen nicht nur mit seinen Abschiedsworten zu bekräftigen. In der knappen Version, die Clausewitz von dem Treffen gegeben hat, heißt es: «Der Herzog sagte dem Feldmarschall, dass seine Armee sich in diesem Augenblick bei Quatre-Bras versammle und dass er damit zu seiner Hülfe in wenig Stunden herbeieilen werde: *A quatre heures je serais ici* (um 4 Uhr werde ich zur Stelle sein), sollen seine Worte gewesen sein, indem er dem Pferde die Sporen gab.»[24] Dem wohlfeilen Verdacht, die genannten Zeugnisse über das Treffen stammten alle von Preußen, die ein besonderes Interesse daran gehabt hätten, für Blüchers Niederlage die Perfidie Wellingtons verantwortlich zu machen, widerspricht der kürzeste dieser Berichte von Fürst August von Thurn und Taxis, einem bayerischen Offizier, der zur preußischen

Armee entsandt worden war: «Der Herzog [i. e. Wellington] versprach, bis 3 Uhr 20 000 Mann von seiner Armee zu schicken, und nachdem man übereingekommen, dass das Gefecht angenommen werden sollte, ritt er wieder nach Quatre-Bras zurück.»[25]

Wellington erwies sich in dieser Situation nicht als Gentleman, auf dessen Wort unbedingt Verlass war. Wahrscheinlich ging ihm die für einen Feldherrn wahrhaft groteske Fehleinschätzung der Situation, zu der ihn der Politiker Wellington veranlasst hatte, erst auf, als er am frühen Nachmittag des 16. Juni nach Quatre-Bras zurückgekehrt war, das zu diesem Zeitpunkt von den Truppen Neys massiv angegriffen wurde. Erst jetzt musste er den Irrtum erkennen, dass der französische Vorstoß nach Mons, mit dem er felsenfest gerechnet hatte, nichts als ein Hirngespinst war, von dem er sich derart hatte narren lassen, dass er die diversen Schreiben Generals von Zieten, die ihn seit dem 14. Juni detailliert über den französischen Angriff informierten, schlichtweg ignorierte. Gegen eine solche Fehleinschätzung ist kein Sterblicher und schon gar nicht ein Militär und Politiker gefeit. Auf einem anderen Blatt steht jedoch, dass er seinerseits viermal, sei es durch Müffling oder auf direktem Wege, dem preußischen Hauptquartier die falsche Versicherung übermittelte, die britische Armee stünde, wie in Tirlemont am 3. Mai 1815 verabredet, bereit, den Bündnispartner aktiv zu unterstützen, käme es im Raum Sombreffe zu einer Schlacht.[26] Mit der nüchternen Feststellung von Damitz ist zu dieser Frage alles gesagt: «Die englische Armee war um 10 Uhr des Abends [i. e. des 16. Juni] kaum so weit zusammen, dass sie im Stande gewesen wäre, die (…) versprochene Unterstützung des preußischen Heeres ausführen zu können. Der rechte Flügel unter Lord Hill und die Kavallerie unter dem Grafen Uxbridge wurden noch erwartet. Es lag also augenscheinlich in der zu späten Konzentrierung der Engländer, dass die bei weitem größere Last des Kampfes auf das preußische Heer fiel. Es zeigt sich ferner, wie nur durch die Annahme der Schlacht bei Ligny die Zusammenziehung des englischen Heeres möglich wurde.»[27]

In der berechtigten Annahme, dass die Mitteilungen Wellingtons über die Stellung seiner Armee den Tatsachen entsprachen und er deshalb mit deren Unterstützung rechnen könne, ließ sich Blücher also auf eine Schlacht ein, in der er nach Zahl und Qualität seiner Truppen nur unterliegen konnte. Umso befremdlicher ist es, dass sich Wellington Jahrzehnte später gesprächsweise mit der Einschätzung vernehmen ließ, schon die Aufstellung der preußischen Truppen habe deren Niederlage unvermeidlich gemacht, wie er dies bereits bei seinem Aufenthalt an der Windmühle von Brye erkannt und auch seinen preußischen Gesprächspartnern gegenüber kritisch angemerkt habe: «Ich sagte in Anwesenheit von Hardinge [i. e. Oberstleutnant Henry Hardinge, der britische Liaisonoffizier im Stab von Blücher] den preußischen Offizieren, dass meinem Urteil nach die für Geschützfeuer exponierte Stellung der in vorderster Front aufgestellten Kolonnen wie überhaupt die der ganzen Armee, die so, wie deren Einheiten verteilt waren, geradezu das Feuer auf sich lenkten, nicht sonderlich klug gewählt sei. Die sumpfigen Bachufer machten es ihnen auch unmöglich, diese zu überwinden und den Gegner anzugreifen, während dieser andererseits sie nach Belieben unter Feuer nehmen und zusammenschießen konnte, um sie danach über die Brücken bei den Dörfern anzugreifen. Auch bemerkte ich, wäre ich an Blüchers Stelle mit englischen Truppen, würde ich alle an der Front aufgestellten Kolonnen zurücknehmen und überhaupt die meisten meiner Einheiten im Schutz der Bodenfalten aufstellen. Sie [i. e. die preußischen Offiziere] schienen jedoch überzeugt zu sein, es besser zu wissen, und ich ließ es damit bewenden.»[28]

Diese Behauptung Wellingtons, die sich nur mit der Pflege und Ausschmückung des eigenen Denkmals erklären lässt, ist über alle Maßen töricht,[29] denn keiner der Offiziere, die in Brye dabei waren, hat sie gehört und folglich auch nicht davon Zeugnis gegeben. Müffling berichtet vielmehr das genaue Gegenteil: «Der Herzog übersah die getroffenen Maßregeln und schien damit zufrieden.»[30] Außerdem war die vermeintliche Kritik Wellingtons an der preußischen Aufstellung in verschiedener Hinsicht unsinnig. Blücher beabsichtigte, so lange eine Defensivschlacht zu schlagen, bis der britische Verbündete in die Kämpfe aktiv eingriff und damit eine Wende zur Offensive möglich sein würde. Müssten in diesem Fall seine Truppen den sumpfigen Bachgrund überschreiten, hätten sie damit eben so wenig Probleme wie umgekehrt die Franzosen, von denen Wellington selbstverständlich annahm, sie gingen über die Brücken vor. Die meisten der in vorderster Front aufgestellten Truppen standen überdies im Schutz der Dörfer, die den Bachrand säumten, während die Masse der preußischen Armee hinter den Bodenwellen lag und damit nicht dem Feuer der französischen Batterien ausgesetzt war. Diese Umsicht erklärt es auch, dass Napoleon lange Zeit die Illusion hegte, es lediglich mit einem Corps der preußischen Nachhut und nicht mit der Armee Blüchers zu tun zu haben.

Wenig verwunderlich auch, dass Henry Hardinge in einem Gespräch mit dem Earl Stanhope am 26. Oktober 1837 das Echo für seinen damaligen Chef gab, der bei diesem Gespräch ebenfalls zugegen war: «Als Sie [i. e. Wellington] die preußische Aufstellung in Augenschein genommen hatten, erinnere ich mich, dass Sie sie sehr missbilligten und zu mir bemerkten, wenn sie hier kämpfen, werden sie bös zugerichtet werden (they will be damnably mauled).»[31] Die Prognose hinsichtlich des Ausgangs der Schlacht war sehr wohlfeil, allein die Ursache dafür war nicht das Ungeschick Blüchers oder Gneisenaus, sondern die ausbleibende Unterstützung durch Wellingtons Truppen, auf die sie sich fest verlassen hatten.

Auch deshalb hing der rechte Flügel Blüchers gewissermaßen in der Luft und konnte sich nur auf den Schutz durch die beiden in vorderster Frontlinie gelegenen Dörfer St. Amand und Ligny stützen. Nur war diese Stellung in dem von Wellington geäußerten Sinne taktisch fragwürdig, denn das gesamte Gelände zwischen diesen Dörfern und der auf der rückwärtig gelegenen Anhöhe verlaufenden Straße nach Namur war für den Feind einsichtig. Das bot den gravierenden Nachteil, dass bei sich hinziehenden Kämpfen um diese Dörfer alle Verstärkungen, die von den Preußen herangeführt werden mussten, notwendig dem konzentrierten Geschützfeuer der Franzosen auf den gegenüberliegenden Anhöhen ausgesetzt sein würden. Das taktische Risiko für diese Positionierung des rechten Flügels bei einem längeren Kampf um die Dörfer wurde von Blücher eingegangen, weil er davon ausgehen konnte, dass die von Westen herbeieilenden britischen Truppen diesen Mangel mehr als ausgleichen würden. Als diese jedoch unter den andauernden erbitterten Dorfgefechten nicht erschienen, sah sich Blücher dazu genötigt, Reserven über das ungeschützte Gelände nach St. Amand vorrücken zu lassen und auch nach und nach immer mehr Truppen aus dem Zentrum seiner Front abzuziehen und auf den rechten Flügel zu werfen. Die Schwächung des preußischen Zentrums blieb Napoleon natürlich nicht verborgen, der deshalb hinter den Höhen gegenüber Ligny Truppen massierte, um zum gegebenen Zeitpunkt mit einem massiven Angriff das Zentrum der preußischen Front zu durchstoßen.

An dieser nachträglichen und pro domo geäußerten besserwisserischen Kritik Wellingtons verstimmt vor allem, dass Blücher mit dieser Schlacht, die er nicht gewinnen konnte, allein dessen gravierende taktische Fehler aufopferungsvoll ausbügelte. Wäre Blücher in Brye gesagt worden, er könne auf die Unterstützung durch die britische Armee nicht rechnen, hätte diese Auskunft ihn vermutlich dazu veranlasst, den Franzosen lediglich ein Gefecht zu liefern, um einen geordneten Rückzug seiner Armee zu bewerkstelligen – und dann wäre es an diesem 16. Juni womöglich um den militärischen Ruhm und Ruf wie die weitere Karriere Wellingtons geschehen gewesen. Napoleon hätte sich, wie er es ursprünglich plante, mit seiner ganzen Armee auf Wellington stürzen können, der nicht imstande gewesen wäre, seine Truppen rechtzeitig zum Schutz von Brüssel zu konzentrieren, in das die Franzosen tags darauf, gegen Mittag des 17. Juni, als überlegene Sieger eingezogen wären.

Über den Verlauf der Schlacht bei Ligny, die gegen 14.30 Uhr damit begann, dass die von Grouchy befehligte Kavallerie auf dem rechten Flügel gegen den linken Flügel der Preußen vorging, während gleichzeitig Vandamme mit vier Infanteriedivisionen gegen die auf dem rechten Flügel der Preußen gelegenen Dörfer St. Amand und Ligny vorrückte, ist wenig zu sagen. «Die Schlacht brannte», wie der Infanteriegeneral Karl Rudolf von Ollech in seiner Darstellung treffend schrieb, «wie nass gewordenes Pulver an der langen Dauer der Dorfgefechte ab, in welchen die Infanterie sich aufrieb, ohne dem Kampf eine Wendung zum Siege geben zu können.»[32] Eine rasche und vermutlich in die Vernichtung der preußischen Armee einmündende Entscheidung hätte sich nur ergeben, wenn Ney, wie von Napoleon geplant, die Preußen hinterrücks umfasst hätte. Auf dieses Manöver abgestimmt war auch der Angriff auf den linken Flügel der preußi-

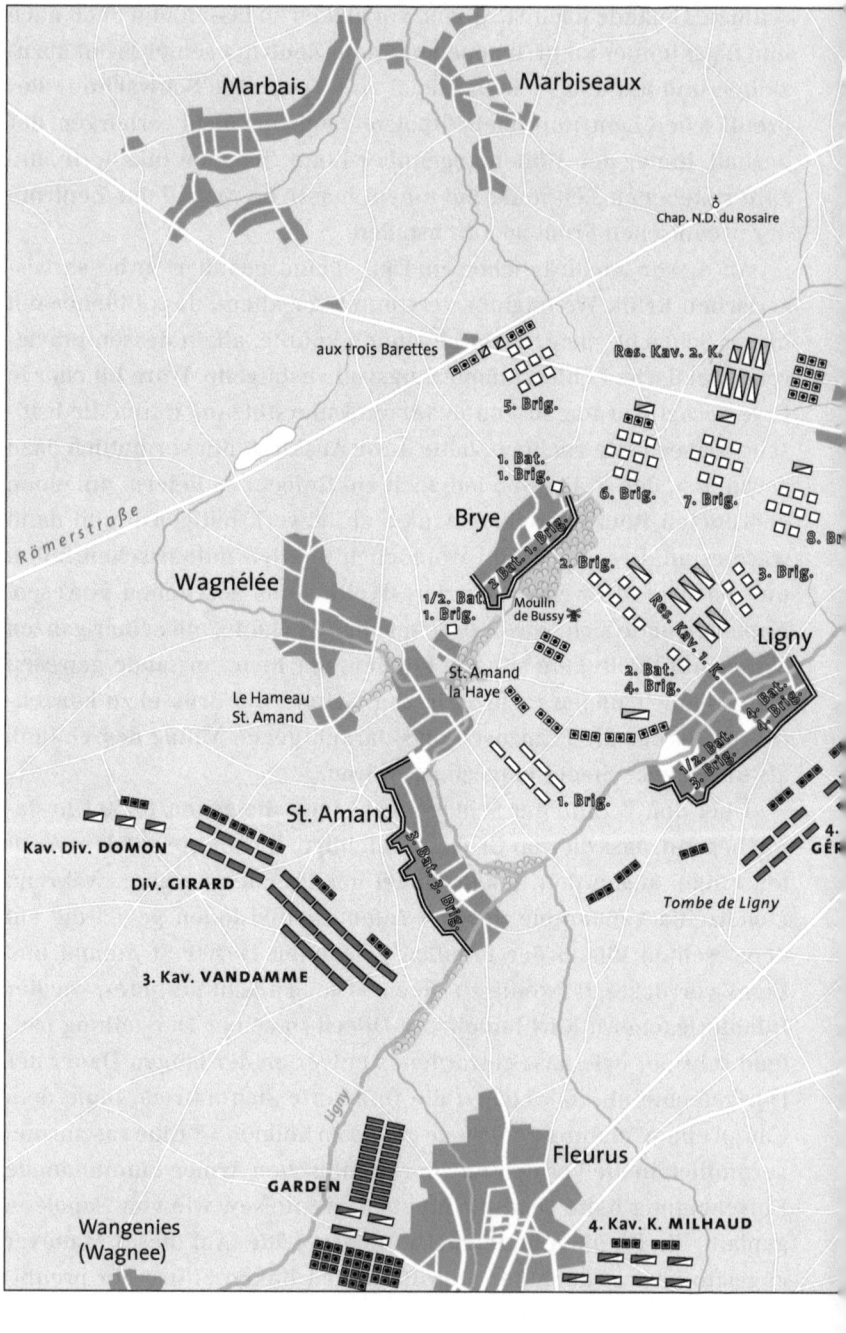

Marbais

Marbiseaux

Chap. N.D. du Rosaire

aux trois Barettes

Res. Kav. 2. K.

5. Brig.

1. Bat.
1. Brig.

6. Brig.

7. Brig.

8. Br

Brye

2. Brig.

3. Brig.

Römerstraße

Wagnélée

2. Bat. 1. Brig.

1/2. Bat.
1. Brig.

Moulin
de Bussy

Res. Kav. 1. K.

Ligny

Le Hameau
St. Amand

St. Amand
la Haye

2. Bat.
4. Brig.

4. Bat.
4. Brig.

1/2. Bat.
3. Brig.

Kav. Div. DOMON

St. Amand

1. Brig.

4.
GÉR

Div. GIRARD

2. Bat. 3. Brig.

Tombe de Ligny

3. Kav. VANDAMME

GARDEN

Fleurus

Wangenies
(Wagnee)

4. Kav. K. MILHAUD

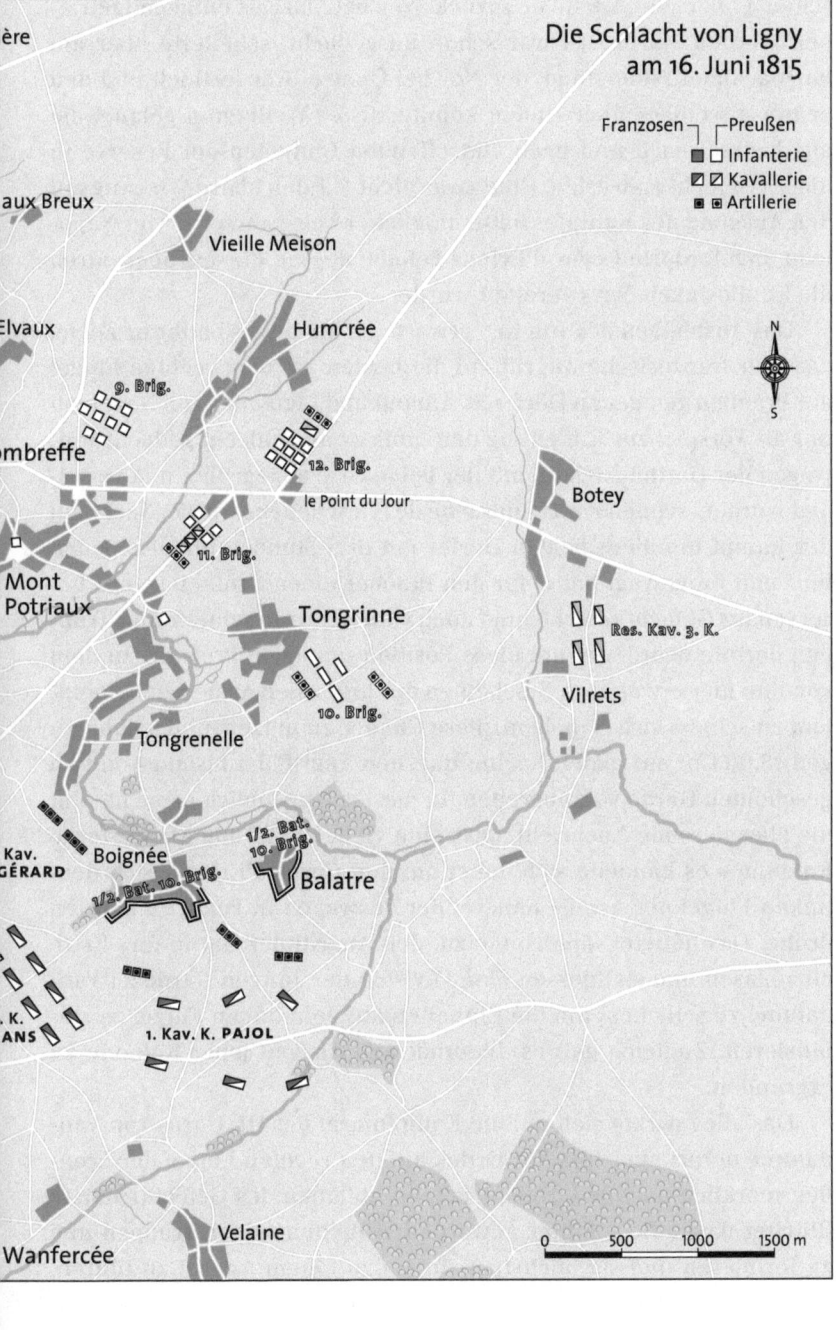

Die Schlacht von Ligny
am 16. Juni 1815

Franzosen ⌐ ⌐ Preußen
■ □ Infanterie
☑ ☑ Kavallerie
■ ⊡ Artillerie

ière

aux Breux

Vieille Meison

Elvaux

Humcrée

9. Brig.

mbreffe

12. Brig.

le Point du Jour

Botey

11. Brig.

Mont
Potriaux

Tongrinne

Res. Kav. 3. K.

Vilrets

10. Brig.

Tongrenelle

Kav.
GÉRARD

Boignée

1/2. Bat.
10. Brig.

1/2. Bat. 10. Brig.

Balatre

. K.
ANS

1. Kav. K. PAJOL

Velaine

Wanfercée

N
S

0      500      1000      1500 m

schen Armee, der, wiche er zurück, Ney bei Marbais entgegengetrieben worden wäre. Das war schön ausgedacht, scheiterte aber am hartnäckigen Widerstand, der Ney bei Quatre-Bras festhielt und den er umso weniger überwinden konnte, als es Wellington gelang, die aus Brüssel nach und nach eintreffenden Einheiten der Reserve in dieses Gefecht zu werfen. Eine zwar nicht vergleichbare Wirkung auf den Ausgang des Kampfes hätte möglicherweise auch der von Napoleon angeforderte Corps d'Erlons gehabt, dessen Einsatz aber durch die Kopflosigkeit Neys vereitelt wurde.

Das Ausbleiben des von Ney erwarteten Manövers hatte zur Folge, dass der französische Angriff auf die beiden auf dem rechten Flügel der Preußen gelegenen Dörfer St. Amand und Ligny, der von Napoleon nur als Vorspiel zur Einleitung der Umfassungsschlacht gedacht war, wegen der Hartnäckigkeit, mit der beide Orte angegriffen und verteidigt wurden, schnell zur Hauptsache des Geschehens wurde. Nachdem der Kampf um diese beiden Dörfer gut drei Stunden unentschieden hin- und hergewogt hatte, für den Blücher einen Großteil seiner Reserven ins Gefecht schickte und auch vom Zentrum seiner Front Truppen dorthin beorderte, um diese Position um jeden Preis bis zu dem von ihm hier erwarteten Erscheinen der britischen Armee zu behaupten, entschloss sich Napoleon, diese Chance zu nutzen, und befahl gegen 18.00 Uhr am späten Nachmittag, den Angriff der bislang von ihm geschonten Garde vorzubereiten. In diesem Augenblick erreichte ihn die alarmierende Nachricht, dass eine vielleicht 20 000 Mann starke Kolonne – es handelte sich dabei um den Corps d'Erlon – sich dem linken Flügel der Armee nähere, der deswegen in Panik zu geraten drohe. Das nötigte Napoleon dazu, den Angriff der Garde fürs Erste abzublasen und stattdessen eine Division der Jungen Garde zu Vandamme zu schicken, um die Einheiten auf dem linken Flügel zu stabilisieren. Zugleich galt es, Identität und Absicht jener Kolonne zu ergründen.

Das alles wirkte sich auf die Kampfmoral des III. Corps von Vandamme derart aus, dass der Druck auf den rechten Flügel der Preußen merklich nachließ. Das plötzliche Abflauen des Gefechts nutzte Blücher dazu, die schütter gewordenen Reihen seiner Truppen neu zu formieren und sie höchstpersönlich zu einem Angriff zu führen, der einen Teil des Dorfes St. Amand wieder in den Besitz der Preußen brachte. Dieser geringfügige Vorteil hatte keinen Bestand, weil die Junge Garde sofort einen Gegenangriff ausführte, vor dem die Preußen mangels Reserven zurückweichen mussten. Dieser Erfolg festigte die Moral des III. Corps wieder. Die Stabilisierung auf dem linken Flügel nutzte Napoleon gegen 19.30 Uhr dazu, der Garde erneut den Angriff auf das noch immer von erschöpften preußischen Kräften gehaltene Dorf Ligny zu befehlen. Der Infanterieangriff, zu dem die Trommeln ertönten, auf denen der *Pas de charge* geschlagen wurde, wurde mit dem Feuer aus 60 Kanonen unterstützt. Auf die mit gefälltem Bajonett vorgehenden dicht gestaffelten Kolonnen dieser Elitetruppe napoleonischer Veteranen folgten unmittelbar Schwadronen der schweren Kavallerie. Dem Ansturm dieser ausgeruhten und kampferprobten Massen konnten die Preußen, deren Linien zu wanken begannen, zurückgingen und schließlich auseinanderliefen, keinen Widerstand mehr entgegensetzen. Gegen 20.00 Uhr war Ligny erobert, und die preußische Front befand sich in Auflösung.

Um das Schlimmste zu verhindern, d. h. um einen einigermaßen geordneten Rückzug seiner Armee zu gewährleisten, die diese Schlacht mit dem Angriff der napoleonischen Garden endgültig verloren hatte, ritt der 72-jährige Blücher an der Spitze von 32 Kavallerieschwadronen eine schneidige Attacke gegen die kaiserlichen Garden, die sich aber, gut gedrillt, sofort zu Karrees formierten und mit konzentriertem Gewehrfeuer diesen Angriff nach kurzem Gefecht bei der Mühle von Bussy erfolgreich zurückschlugen. Um Haaresbreite wäre Blücher dabei in Gefangenschaft geraten, denn sein Pferd wurde getroffen, und er stürzte so unglücklich, dass er unter diesem zu liegen kam und sich nicht selbst befreien konnte. Das Gefecht wogte noch einige Zeit hin und her, ehe der halb bewusstlose Feldmarschall von den eigenen Leuten geborgen und aus dem Tumult des Schlachtfelds herausgeschafft werden konnte.

Insbesondere wegen der von Ney gemachten Fehler gelang Napoleon bei Ligny nicht jenes Umfassungsmanöver, das seinem militärischen Ingenium entsprochen und die vollständige Vernichtung der preußischen Armee gewährleistet hätte. Also wurde es nur eine taktisch einfallslose Abnutzungsschlacht, die frontal ablief und so gut wie

*Blüchers Sturz vom Pferd*

ausschließlich in den Dörfern entlang der preußischen Front ausgetragen wurde, wo sie sich in zahllose Einzelgefechte aufsplitterte, die lange Zeit um einzelne Häuser und Straßen mit wechselndem Erfolg und von beiden Seiten mit größter Erbitterung geführt wurden. In solchen auf engem Raum erbarmungslos ausgefochtenen Kämpfen, in denen die Beteiligten rasch einem wütenden Blutrausch anheimfallen, Hass und Rache die Kräfte steigern und alle menschlichen Gefühle wie Angst oder Mitleid betäuben, werden keine Gefangenen gemacht, wird dem Gegner kein Pardon gegeben, entartet das «Kriegshandwerk» endgültig zur Schlachterei. Insbesondere diesem «regellosen» Charakter der Kämpfe ist es wohl zuzuschreiben, dass die preußischen Einheiten, deren Mannschaften überwiegend bäuerliche Landwehrleute und Rekruten waren, die zum ersten Mal im Feuer standen, sich so lange und mit solch selbstvergessener Inbrunst gegen die napoleonischen Veteranen behaupten konnten, deren größere Erfahrung und Disziplin ihnen unter diesen Umständen keinen Vorteil verschaffte. Das aber verriet weniger Bravour oder Mut, die sich einschlägig «vaterländisch» hätten ausschlachten lassen, als blindes Wüten.

Napoleon hatte in Ligny keinen entscheidenden Sieg über seinen Gegner errungen, sondern lediglich ein gewissermaßen technisches K.o., denn abgesehen von den Dörfern St. Amand und Ligny behauptete Blücher auch nach Ende der Kämpfe noch während der Nacht das gesamte Schlachtfeld, von dem er also nicht in wilder Flucht vertrieben wurde. Das war die entscheidende Voraussetzung für den geordneten Rückzug seiner Armee, den zu stören Napoleon nichts unternahm.

Blüchers Sturz vom Pferd und seine glückliche Bergung aus dem Kampfgetümmel waren insofern emblematisch für den Ausgang der Schlacht, der Napoleon zwar einen Sieg verschaffte, der aber nicht vollständig war und der Blücher eine Niederlage bereitete, die jedoch die preußische Armee trotz großer Verluste hinsichtlich Moral und Kampfkraft nicht nachhaltig beschädigte: Ihr Ergebnis war also gewissermaßen eine Paradoxie, denn die Schlacht bei Ligny bescherte Napoleon wie Blücher gleichermaßen eine siegreiche Niederlage.

# ACHTES KAPITEL

# WATERLOO:
# EINE SCHLACHT IN FÜNF AKTEN

Der Ausgang der Schlacht von Ligny war die Ouvertüre für Waterloo. Gneisenau, der in der Nacht vom 16. auf den 17. Juni den an seinem Sturz vom Pferd laborierenden Blücher als Oberbefehlshaber ersetzte, gelang es, den geordneten Rückzug der erschöpften preußischen Armee zu organisieren, deren Verluste sich auf 11 000 bis 12 000 Mann an Toten und Verwundeten sowie 16 Kanonen beliefen.[1] Außerdem nutzten einige tausend Soldaten das Ende der Kämpfe, um nach Osten, in Richtung auf Lüttich, zu desertieren. Ungeachtet der Niederlage, die wegen der nicht erfüllten Versicherungen Wellingtons, mit der britischen Armee den Preußen in der Schlacht beizustehen, unvermeidlich war, entschied sich das preußische Oberkommando dagegen, die geschlagene Armee nach Osten in Sicherheit zu bringen, womit Napoleon rechnete.[2] Stattdessen wurde Befehl gegeben, sich parallel zur Rückzugsstraße Wellingtons nach Norden in den Raum von Wavre zurückzuziehen, sich dort neu aufzustellen und zu munitionieren.[3] Derart wurde gewährleistet, sich mit Wellingtons Armee zu vereinigen.

Auch den siegreichen französischen Truppen hatte die Schlacht viel Kraft und einen großen Blutzoll von über 10 000 Toten und Verwundeten abgefordert. Napoleon, der, seit Beginn der Kampagne von wenigen Stunden der Nachtruhe abgesehen, schier pausenlos im Sattel gesessen hatte, fühlte sich, als er gegen 23.00 Uhr in der Nacht im Hauptquartier in Fleurus eintraf, zutiefst erschöpft und unwohl. Dazu trug vermutlich auch bei, dass die große Sommerhitze, die den Tag über geherrscht hatte, am späteren Nachmittag durch ein heftiges Gewitter abgelöst wurde, dessen Regengüsse den Grund sofort aufweichten und ein Fortkommen erschwerten. Das alles mag erklären, dass er nach dem Einschlafen der Kämpfe am Abend des 16. Juni keine Befehle ausgab, die zurückweichenden Preußen zu verfolgen.

Das war ein unverständliches Versäumnis, weil er zwei Corps zur Verfügung hatte, das I. Corps von d'Erlon mit 20 000 Mann und Lobaus VI. Corps mit über 10 000 Mann, die an der Schlacht nicht beteiligt gewesen waren und deshalb für eine solche Verwendung bereitgestanden hätten. Das galt im Übrigen auch für die Garde, die wie üblich bis ganz zum Schluss der Kämpfe geschont worden war und bei ihrem entscheidenden Angriff nur geringfügige Verluste erlitten hatte. Möglicherweise schreckte ihn auch die Vermutung, das IV. Corps Bülow würde noch auftauchen und die französischen Verfolger in schwer überschaubare nächtliche Kämpfe verwickeln. Außerdem steckte Neys linker Flügel bei Quatre-Bras fest, sodass die Gefahr bestand, Wellington erschiene womöglich mit überlegenen Kräften und fiele ihm in die Flanke. Schließlich beschied er sich mit der Zuversicht, die preußische Hauptmacht derart nachdrücklich beschädigt zu haben, dass diese in absehbarer Zeit sowieso zu keinem Widerstand in der Lage sei.

Was immer den Ausschlag für Napoleons Tatenlosigkeit gab, Optimismus, Erschöpfung oder eine Kombination aus beiden, kann dahinstehen. Am nächsten Morgen war er sich sicher, Blücher würde sich in großer Unordnung nach Lüttich zurückziehen, während er von Ney annahm, er hätte unterdessen Quatre-Bras in seinen Besitz gebracht und Wellington zum Rückzug gezwungen. In der ersten Vermutung sah er sich durch eine Nachricht bestätigt, die am Morgen gegen 7.00 Uhr eintraf. Eine französische Patrouille hatte auf der Straße nach Namur einen preußischen Artilleriekonvoi überwältigt und acht Kanonen erbeutet. Auch berichteten Landbewohner, dass während der ganzen Nacht preußische Kolonnen auf der Chaussee unterwegs gewesen seien,[4] bei denen es sich allerdings nur um Deserteure handelte. Um dieselbe Zeit kehrte der Adjutant Napoleons, Flahaut, von Frasnes mit der Nachricht zurück, dass Quatre-Bras noch immer von der britisch-niederländischen Armee gehalten werde, Ney also die Kreuzung nicht bis zum Abend des 16. Juni eingenommen hatte.[5] Die Nachricht war verstörend, aber das galt auch für die Reaktion Napoleons: Statt Ney anzuweisen, den Feind sofort erneut anzugreifen und ihn so lange festzuhalten, bis die Reserve der Nordarmee zur Stelle war, um ihm in die Flanke zu fallen, erhielt er von Generalstabschef Soult lediglich die Mitteilung: «Die preußische Armee ist in die Flucht geschlagen worden, General Pajol hat ihre Verfolgung auf der Straße nach Namur und Lüttich aufgenommen. Wir haben bereits mehrere Tausend Gefangene (!) gemacht und dreißig Kanonen (!) erbeutet. (...) Der Kaiser begibt sich zur Windmühle von Brye, die an der Chaussee von Namur nach Quatre-Bras gelegen ist. Das wird es vereiteln, dass die englische Armee gegen Sie vorgeht. Sollte das aber dennoch der Fall sein, würde der Kaiser auf der Straße nach Quatre-Bras gegen sie vorrücken, während Sie sie frontal angreifen, ein Manöver, das diese Armee sofort vernichten würde. (...) Ihre Majestät wünscht, dass Sie Quatre-Bras besetzen, wie Ihnen dies bereits befohlen worden ist; sollte Ihnen das jedoch nicht möglich sein, lassen Sie das sofort unter genauer Angabe aller Details wissen, und der Kaiser wird dann, wie bereits angekündigt, zur Stelle sein. Wenn sich jedoch nur noch eine Nachhut des Feindes dort befindet, greifen Sie diese an, und nehmen Sie die Position in Besitz.»[6]

Das Schreiben an Ney verrät, wie sehr Napoleon davon überzeugt war, dass die britisch-niederländischen Truppen auf die Meldung von Blüchers Niederlage hin Quatre-Bras noch in der Nacht geräumt und den Rückzug angetreten hätten, der sie zwangsläufig von den preußischen Truppen noch weiter entfernte. Tatsächlich wusste weder Wellington noch Müffling, wie dieser berichtet, etwas von der Niederlage Blüchers. Ein preußischer Offizier, der die Nachricht am Abend des 16. Juni überbringen sollte, war von den Franzosen vom Pferd geschossen worden. Nachrichten vom Rückzug Blüchers nach Wavre gelangten erst am Morgen des 17. Juni gegen 7.00 Uhr zu Wellington. Das wurde durch einen preußischen Offizier bestätigt, der gegen

9.00 Uhr, aus Wavre kommend, in Quatre-Bras eintraf. Daraufhin wurde der zuvor schon befohlene Aufbruch beschleunigt, und Wellington ließ Müffling wissen, dass er seine Truppen am Mont-Saint-Jean vor dem Ort Waterloo an der Straße nach Brüssel konzentriere, wo sie westlich auf der Höhe von Wavre ihre Aufstellung nähmen. Dort sei er entschlossen, sich zur Schlacht zu stellen, wenn Blücher ihn auch nur mit einem Corps seiner Armee unterstütze.[7] Eine entsprechende Mitteilung wurde an Blücher nach Wavre übermittelt, der Wellington antwortete: «Ich werde nicht allein mit zwei Corps, sondern mit der ganzen Armee, jedoch nur unter der Bedingung kommen, dass, wenn die Franzosen uns nicht den 18. angreifen, wir sie den 19. selbst angreifen.»[8]

Aufgrund seines Kenntnisstands hatte Napoleon am Morgen des 17. Juni die Wahl zwischen drei Möglichkeiten für das weitere Vorgehen: Er konnte mit dem Zentrum und dem rechten Flügel seiner Armee Blücher verfolgen, diesen stellen und mit einer weiteren Schlacht dessen Vernichtung zu erzielen suchen, der er sich am Vortag im Schutz der einbrechenden Nacht und des Gewitters entziehen konnte, während Ney mit den Truppen des linken Flügels Wellington beobachtete. Zum anderen bot sich an, mit geballter Macht gegen Wellington vorzugehen, während Grouchy mit einem stark gestutzten rechten Flügel den flüchtenden Preußen nachsetzte. Schließlich war auch denkbar, dass Grouchy mit dem intakten rechten Flügel mit über 30 000 Mann auf die Jagd nach Blücher ging, während das Gros der *Armée du Nord* mit weniger als 70 000 Mann sich gegen Wellington wandte. In der Absicht, eine Vereinigung der alliierten Truppen zu vereiteln, und sei dies auch um den Preis, dafür rund ein Drittel seiner Armee aufzubieten, entschloss sich Napoleon am Nachmittag des 17. Juni für die dritte Möglichkeit. Der Befehl, den Napoleon gegen 15.00 Uhr General Bertrand diktierte und den Grouchy am Abend erhielt, wies ihm als Sammelpunkt seiner Truppen Gembloux an und erteilte ihm den Auftrag, in Richtung auf Namur und Maastricht aufzuklären.[9] Diese Entscheidung sollte sich als fatal erweisen, denn Grouchy hielt sich strikt an die ihm erteilten Weisungen. Als er sich gegen Mittag auf halbem Weg zwischen Gembloux und Wavre befand, ließ sich deutlich von Westen her Kanonendonner vernehmen.

Aber selbst das veranlasste Grouchy nicht, mit seinen Truppen entschlossen dem Schlachtfeld zuzustreben, sondern er setzte ungerührt davon den Marsch nach Wavre fort.[10]

Einen weiteren gravierenden Fehler machte Napoleon, als er am Morgen des 17. Juni viel Zeit vertrödelte. Grouchy etwa nötigte er, ihn bei einer Inspektion des Schlachtfelds von Ligny und der dort angetretenen Truppen zu begleiten. Lange sprach er dabei, wie Grouchy schreibt, mit so gut wie allen Einheiten, denen er seine Zufriedenheit bekundete, stieg vom Pferd, plauderte mit General Gérard und «mir über den Zustand der öffentlichen Meinung in Paris, die Kammer, die Jakobiner und andere Gegenstände mehr, die allesamt dem völlig fern und fremd waren, mit dem er sich in diesem Augenblick hätte beschäftigen müssen».[11] Unter diesem müßigen Palaver, das sich bis zum Mittag hinzog, traf ein Schreiben Neys des Inhalts ein, dass die britisch-niederländischen Einheiten das vor Quatre-Bras gelegene und teilweise bewaldete Gelände mit acht Infanterieregimentern und rund 2000 Kavalleristen besetzt hielten.[12] Die Anzahl der gegnerischen Truppen machte Napoleon deutlich, dass es sich dabei nicht, wie er bislang angenommen hatte, um die britische Nachhut handelte, sondern dass Wellington sich trotz des Rückzugs der Preußen noch immer mit beträchtlichen Einheiten in Quatre-Bras aufhielt. Das schien ihm die unerwartete Chance zu offerieren, diesen Gegner in die Zange zu nehmen und zu vernichten. Mit einem Mal galt es keine Zeit mehr zu verlieren, und Lobau wurde sofort angewiesen, mit zwei Divisionen seines Corps und seiner Kavallerie, die noch durch eine Kavalleriedivision Pajols verstärkt wurde, nach Marbais vorzurücken, um Wellington in die Flanke zu fallen. Außerdem traf er die Anweisung, dass sich auch die Garde und das Kürassiercorps von Milhaud dieser Bewegung anschlossen.[13] Erst jetzt, gegen 12.30 Uhr etwa, erteilte Napoleon auch Marschall Grouchy zunächst mündlich den Befehl, die Verfolgung der preußischen Truppen aufzunehmen und deren Vernichtung zu vollenden, sobald er den Kontakt mit ihnen hergestellt habe.[14] Danach wurde Ney darüber informiert, dass sich Napoleon mit einem Corps der Gardeinfanterie in Marbais aufstelle, das ihn bei seinem Angriff auf Quatre-Bras, der ihm sofort befohlen wurde, unterstützen werde.[15]

Die Nachricht Blüchers, seine Truppen bei Wavre zu konzentrieren, die Wellington am Vormittag in Quatre-Bras erreicht hatte, veranlasste ihn, den Rückzug vorzubereiten, dessen Abschluss er aber bis in die Mittagsstunden verzögerte, um seinen Truppen, die erst während der Nacht oder am frühen Morgen nach kräftezehrenden Eilmärschen in Quatre-Bras angelangt waren, eine Ruhepause zu gönnen. Diese Gemächlichkeit konnte er sich umso mehr leisten, als Ney seltsamerweise keine Anstalten machte, seine Angriffe vom Vortag neu aufleben zu lassen. Das gestattete es Wellington auch, seinen Aufmarsch südlich von Waterloo in aller Ruhe vorzubereiten. Dem II. Corps Lord Hills, das in Nivelles stand, wurde Befehl erteilt, nach Mont-Saint-Jean vorzurücken, während die Truppen in Braine-le-Comte bis auf weitere Weisung dort bleiben sollten. Das rund 10 000 Mann starke niederländisch-belgische Corps, in Enghien stationiert, wurde angewiesen, nach Hal zu gehen, um dort den rechten Flügel der britischen Armee zu sichern.[16] Schließlich nahmen auch die in Quatre-Bras lagernden Einheiten, die Divisionen Cooke, Alten, Picton und Perponcher sowie das Braunschweiger Corps, nacheinander die nach Norden, nach Brüssel führende Straße. Zurück blieben als Nachhut allein das Kavalleriecorps von Lord Uxbridge und mehrere Batterien berittener Artillerie.

Diese Truppen bemerkte Napoleon, als er gegen 13 Uhr, von Marbais kommend, in Sichtweite von Quatre-Bras gelangte. Sofort formierte er seine Truppen zum Angriff und sandte auch 500 Kavalleristen nach links in Richtung auf Frasnes, um Verbindung mit Ney herzustellen. Am Rande eines Waldes kam es zu einem irrtümlichen Feuergefecht mit den – wie die Engländer – rot uniformierten Lanzenreitern der Garde, die zu Neys Truppen gehörten, die noch völlig untätig in ihrem Biwak lagen. Die Befragung einer englischen Marketenderin, die von französischen Aufklärern aufgegriffen wurde, verschaffte Napoleon dann endgültig Aufschluss: Wellington habe erst spät in der Nacht Kenntnis von der Niederlage Blüchers erhalten und daraufhin umgehend den eigenen Rückzug in Richtung auf Brüssel angeordnet. Uxbridges Kavallerie bilde die Nachhut und habe Anweisung, sich beim Nahen des Gegners ebenfalls zurückzuziehen. Davon hatte Ney nichts mitbekommen, der seelenruhig bei Frasnes ausharrte, um das Eintreffen Napoleons abzuwarten. Als schließlich d'Erlons Corps auf der Szene erschien und zum Angriff antreten konnte, war die britische Nachhut schon auf der Straße nach Genappe entkommen.[17] Durch die unverständliche Trödelei Napoleons am Vormittag und die nicht zu rechtfertigende Untätigkeit Neys, der es schlicht versäumt hatte, sich rechtzeitig Aufklärung über den Gegner und dessen Rückzugsvorbereitungen zu verschaffen, war die Chance ungenutzt verstrichen, Wellington mit überlegener Macht anzugreifen und dessen Truppen, die unterdessen in Quatre-Bras angelangt waren, zu vernichten. Der jetzt sofort eingeleitete Versuch, wenigstens der Nachhut Uxbridges habhaft zu werden, den Napoleon höchstpersönlich an der Spitze seiner Kavallerie unternahm, scheiterte weniger am großen Vorsprung des Gegners als an einem Gewitter mit sintflutartigem Regen, der die Chaussee überflutete und das Gelände rechts und links der Straße unpassierbar machte. Das vereitelte auch alle Versuche, auf unbefestigten Nebenwegen zur gepflasterten, aber überschwemmten und verstopften Hauptstraße zügiger voranzukommen.[18] Die Verfolgung Uxbridges versank in einer wahren Schlammschlacht, von der Cavalié Mercer, Hauptmann einer Batterie der leichten britischen Artillerie, die der Nachhut Uxbridges angehörte, eine anschauliche Schilderung gegeben hat.[19] Der britischen Kavallerie setzten die 24 Kanonen der bespannten leichten Artillerie der Franzosen zu, die ihr auf den Fersen war und die jedes Mal, wenn deren dicht gedrängte Masse ins Stocken geriet, das Feuer eröffnete.[20] Das brachte deren Rückzug in beträchtliche Unordnung, weshalb dieser, wie Mercer schrieb, bald einer «Fuchsjagd» glich.

Unter diesen widrigen Umständen war nicht daran zu denken, den sich zurückziehenden Gegner einzuholen und zur Schlacht zu stellen. Das musste Napoleon schließlich einsehen, als er am späten Nachmittag gegen 18.00 Uhr in Sichtweite des Mont-Saint-Jean anlangte, auf dem Wellington seine Stellung bezogen hatte. Seine Verzweiflung darüber klingt noch in den *Commentaires de Napoléon Premier* nach, die er auf Sankt Helena diktierte: «Die Avantgarde der französischen Armee traf am 17. Juni erst gegen Abend um 6.00 Uhr vor Waterloo ein. Ohne die fatalen Verzögerungen wäre sie schon drei Stunden früher angekommen. Der Kaiser schien deshalb sehr empört zu sein. Auf die von dicken Wolken verdeckte Sonne zeigend, ließ er sich mit den Worten vernehmen: *Was gäbe ich dafür, um heute wie Josua über die Macht zu gebieten, ihren Lauf um zwei Stunden aufzuhalten!*»[21] Tatsächlich fehlten ihm wesentlich mehr als nur zwei oder drei Stunden, um die englischen Truppen anzugreifen, die, wie das Feuer aus 50 bis 60 Kanonen zeigte, auf der Anhöhe des Mont-Saint-Jean versammelt waren. Seine Armee brauchte noch bis zum Morgen des 18. Juni, um sich hier einzufinden.[22] Die Einheiten, die auf die Vorhut gefolgt waren, wies Napoleon an, vor dem Dorf von Placenoit ihr Biwak aufzuschlagen, während er das Gutshaus von Le Caillou zum Hauptquartier bestimmte.[23]

Während sich die preußischen Truppen einschließlich von Bülows IV. Corps bis zum Abend des 17. Juni im Raum Wavre versammelten, wo der aus Maastricht herangeschaffte Nachschub an Munition und Proviant bereits am Nachmittag eingetroffen war, hatten es deren Verfolger, der rechte Flügel der französischen Armee unter Marschall Grouchy, gerade einmal bis Gembloux gut 20 Kilometer südlich von Wavre geschafft. In Gembloux kreuzten sich die Straße, die von Namur über Wavre nach Brüssel von Süd nach Nord verlief, und die Verbindung nach Osten über Perwez nach Lüttich oder Maastricht. Gestützt auf die Informationen Grouchys über den Rückzug der Preußen, war er überzeugt, hier eine Position einzunehmen, die ihm eine schnelle Reaktion erlaubte. Das zeigt das Schreiben, das er am Abend des 17. Juni um 10.00 Uhr von Gembloux an Napoleon sandte und diesen gegen 2.00 Uhr am Morgen des 18. Juni erreichte.[24] «Sire, ich habe die Ehre, Sie darüber zu unterrichten, dass ich Gembloux besetzt habe und dass sich meine Kavallerie in Sauvenières befindet. Der Feind, der etwa 30 000 Mann (sic!) stark ist, setzt seine Rückzugsbewegung fort. (...) Den in Sauvenières eingelaufenen Nachrichten zufolge haben sich die Preußen in zwei Marschkolonnen geteilt: Die eine wird die Straße nach Wavre über Sart-à-Walhain genommen haben, während die andere allem Anschein nach die Richtung auf Perwez eingeschlagen hat. Daraus lässt sich möglicherweise der Schluss ziehen, dass ein Teil [i. e. der preußischen Armee] den Anschluss an Wellington sucht und dass das Zentrum, Blüchers Hauptarmee, sich auf Lüttich zurückzieht. (...) General Exelmans wurde heute Abend befohlen, mit sechs Schwadronen nach Sart-à-Walhain und mit drei Schwadronen nach Perwez vorzustoßen. Sollte sich gemäß ihrer Erkundungen die Masse der Preußen auf Wavre zurückziehen, werde ich ihr in dieser Richtung folgen, um zu verhindern, dass sie Brüssel erreicht, und um sie von Wellington zu trennen. Wenn jedoch meine Erkundungen ergeben, dass die Hauptmacht der Preußen nach Perwez marschiert ist, werde ich mich meinerseits dieser Stadt zuwenden und den Feind verfolgen.»[25]

Dank der in der Nacht bei ihm eintreffenden Informationen wurde Grouchy klar, dass die Preußen sich im Raum Wavre sammelten. Daraus zog er den rätselhaften Schluss, wie er Napoleon in einem von Gembloux um 6.00 Uhr morgens abgesandten Schreiben mitteilte, der Feind werde hier nur einen Zwischenhalt einlegen, um sich weiter nach Brüssel zurückzuziehen.[26] Die Vermutung war völlig absurd, da es Grouchy nicht in den Sinn kam, dass die Preußen von Wavre aus nur nach Westen schwenken mussten, um den Anschluss an den rechten Flügel der britischen Armee herzustellen. Folglich wäre es seine Aufgabe gewesen, dieses Manöver durch einen auf direktem Weg vorgetragenen Flankenangriff zu stören. Stattdessen erteilte er Befehl, am Morgen des 18. Juni nach Wavre vorzurücken.

Aber auch Napoleon war mit derselben Blindheit wie Grouchy geschlagen. Am Morgen des 18. Juni hatte Jérôme Bonaparte seinem Bruder berichtet, dass ihm am Tag zuvor bei einer Rast in einem Gasthaus in Genappe ein Kellner erzählt hatte, auch Wellington habe dort gefrühstückt und ein Adjutant habe ihm dabei übermittelt, dass eine Vereinigung der preußischen mit der britischen Armee vor dem Wald von Soignies geplant sei, der sich hinter dem Mont-Saint-Jean erstreckte, wohin die Preußen, von Wavre kommend, marschieren würden. Daraufhin versetzte Napoleon: «Nach einer Schlacht wie der von Fleurus [i. e. Ligny] ist eine Vereinigung der Engländer und der Preußen, von heute an gerechnet, frühestens erst in zwei Tagen möglich. Außerdem sitzt den Preußen Grouchy auf den Fersen.»[27] Mit anderen Worten: Napoleon vertraute blindlings dem Schreiben Grouchys aus Gembloux vom Abend zuvor. Deshalb ließ er Soult um 10.00 Uhr von Le Caillou aus Grouchy mitteilen: «Der Kaiser hat Ihren letzten Bericht, datiert von Gembloux, erhalten. Sie sprechen darin von lediglich zwei preußischen Kolonnen, die Sauvenières und Sart-à-Walhain passiert haben. Berichte sprechen aber noch von einer dritten, sehr großen Kolonne, die über Géry und Gentines auf dem Weg nach Wavre ist. Der Kaiser hat mich beauftragt, Sie wissen zu lassen, dass Ihre Majestät sich augenblicklich anschickt, die englische Armee anzugreifen, die bei Waterloo in der Nähe des Waldes von Soignies aufgestellt ist. Deshalb ist es der Wunsch Ihrer Majestät, dass Sie auf Wavre vorrücken, damit Sie sich uns annähern, Ihre Operationen mit uns abstimmen und die Nachrichtenverbindung gewährleisten, während Sie gleichzeitig die preußischen Armeecorps vor sich hertreiben, die auch diese Richtung eingeschlagen und die möglicherweise in Wavre angehalten haben, wo Sie so bald als möglich eintreffen sollten.»[28]

Das Schreiben Soults enthielt also nicht den ausdrücklichen Befehl an Grouchy, sich umgehend nach Westen zu wenden und mit der Hauptarmee zu vereinigen. Vielmehr war nur die Rede davon, dass er sich ihr «annähern» solle, indem er den von ihm kommandierten rechten Flügel mit über 30 000 Mann von Gembloux vollständig nach Wavre verlege! Dort würden seine Truppen aber erst im Laufe des Nachmittags eintreffen, viel zu spät also, um noch aktiv in die Schlacht eingreifen zu können, die Napoleon sich anschickte rund 15 Kilometer westlich von Wavre gegen die britische Armee zu schlagen! Damit nahm mit ausdrücklicher Billigung Napoleons das Verhängnis seinen Lauf, das sich an ebendiesem Tag in der Schlacht von Waterloo erfüllen sollte und das er mit den bekannten Worten in Abrede gestellt haben will, die er am Morgen nach dem Frühstück äußerte: «*Die gegnerische Armee ist uns rund um ein Viertel überlegen; dennoch haben wir eine Chance von 90 für und allenfalls 10 gegen uns. Zweifelsohne*, bemerkte Marschall Ney, der in diesem Augenblick eintrat, *wenn Wellington so einfältig ist, Ihre Majestät zu erwarten. Allein, ich bin gekommen, um mitzuteilen, dass seine Kolonnen sich schon auf dem Rückzug befinden; sie verschwinden bereits im Wald. – Sie haben das schlecht gesehen*, versetzte Napoleon darauf, *für einen Rückzug bleibt ihm keine Zeit mehr. Ihm droht der sichere Untergang. Er hat die Würfel geworfen, und wir gewinnen die Partie.*»[29]

Am frühen Morgen des 18. Juni hörten die starken Regenfälle auf, die während der ganzen Nacht angedauert, die nicht befestigten

Wege in einen nur schwer passierbaren Morast verwandelt und den Boden aufgeweicht hatten. Jetzt konnten die beiden Heerführer in Muße das Schlachtfeld mustern und die Aufstellung, die der Gegner genommen hatte, studieren. Die Anhöhe von Belle-Alliance, auf der die französische Armee biwakierte, und jene von Mont-Saint-Jean, auf deren Scheitel ein Weg in west-östlicher Richtung von Hal nach Wavre verläuft, entlang der die britischen Truppen standen, waren jeweils rund 130 Meter hoch. Beide Anhöhen, die sich von Ost nach West parallel zueinander erstrecken, sind durch zwei sanfte, aber wenig Raum bietende Senken getrennt, die an ihren tiefsten Stellen eine Höhe von 110 Metern nicht unterschreiten. Dieses Gelände wird von der schnurgerade verlaufenden Chaussee, die Charleroi mit Brüssel verbindet, in nord-südlicher Richtung derart durchschnitten, dass dessen beide Hälften geradezu als klappsymmetrisch anmuten. Zwischen dem Gasthof von La Belle Alliance und dem Weiler von Mont-Saint-Jean, die im Süden wie im Norden die Grenzen des Schauplatzes markieren, beträgt die Entfernung rund 1300 Meter. Nach Osten ist das Gelände durch die Bauernhöfe der Weiler von Papelotte und La Haye sowie den Château de Frischermont begrenzt, an die sich ein Wäldchen und das windungsreiche und sich stark verengende Tal von Smohain anschließen, in das sich der Bach von Ohain tief eingefressen hat. In westlicher Richtung erstreckt sich das Schlachtfeld von Waterloo, das seinen Namen einer etwa vier Kilometer hinter der britischen Front gelegenen Ortschaft verdankt, bis zur Senke von Braine-l'Alleud, die schräg aus Südsüdwest nach Nordnordost von der Straße durchschnitten wird, die von Nivelles nach Brüssel führt und sich im Weiler von Mont-Saint-Jean mit der Chaussee Charleroi–Brüssel kreuzt.[30]

Betrachtet man von der Anhöhe von Mont-Saint-Jean den schnurgeraden Verlauf der von Brüssel kommenden Chaussee in Richtung Süden, scheint diese über eine Distanz von 1,5 Kilometern und angesichts des auf den tiefsten Punkt der Senke bezogenen geringen Höhenunterschieds von maximal 20 Metern steil anzusteigen. Dabei handelt es sich jedoch um eine optische Täuschung, die 1815 noch ausgeprägter gewesen sein dürfte, da der Grund rechts und links der Straße durch zahlreiche kleinere Bodenwellen und Hügelchen, Sen-

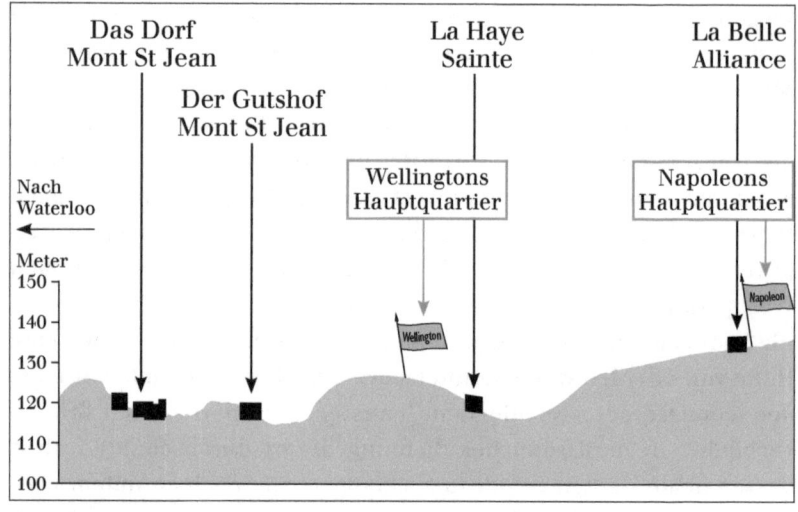

*Topographischer Querschnitt durch das Schlachtfeld von Waterloo*

ken und Geländefalten moduliert war, die seither weitgehend verschwunden sind.

Der auf dem Scheitel der Anhöhe vor dem nördlich davon gelegenen Weiler von Mont-Saint-Jean zwischen Ohain und Wavre im Osten und Braine l'Alleud und Hal im Westen verlaufende Weg, den Wellington aus einsichtigen Gründen zur Frontlinie der britischen Truppen bestimmt hatte und auf beiden Seiten der Kreuzung der Chaussee Charleroi–Brüssel eine Ausdehnung von etwa drei Kilometern hatte, war trotz ihres exponierten Verlaufs gut geschützt. Nach Osten hin verlief der Weg zwar ebenerdig, war aber von einer doppelten Reihe hohen und dicht gewachsenen Buschwerks gesäumt, das für die Kavallerie ein unüberwindliches Hindernis darstellte, während er nach Westen zu über die Länge von etwa einem halben Kilometer hinter einer flachen Bodenfalte verschwand. Auf der weiteren Länge war dieser Teil der Front nur von schütterem Buschwerk verdeckt. Dieser Nachteil wurde aber dadurch gut ausgeglichen, dass vor diesem Abschnitt auf dem rechten Flügel der britischen Front das Gut von Château Hougoumont lag, ein sehr solides Bauwerk, das Angriffswellen erfolgreich zu brechen versprach. Ähnlich war die Situation vor dem Ende des linken Flügels. Hier bildeten die Bauernhöfe in den Weilern von la Haye, Papelotte und Frischermont eine vorzügliche Defensivstellung. Ebenso war es auch im Zentrum der Front, wo das rund 200 Meter vor der Kreuzung auf der linken Seite der nach Brüssel führenden Chaussee gelagerte und mit dicken Mauern hufeisenförmig errichtete Hofgut von La Haye Sainte ein unüberwindliches Bollwerk bildete.

All diese der eigentlichen Front vorgelagerten Stellungen wurden mit starken Besatzungen belegt, die bis zum Beginn der Schlacht rastlos damit beschäftigt waren, die Baulichkeiten für die kommenden Kämpfe zu rüsten und zusätzlich zu armieren. Bei den auf dem Scheitelweg positionierten britischen Truppen begnügte man sich damit, diese unterschiedlich tief gestaffelt, zunächst die Infanterieeinheiten und hinter dieser die Kavallerie, so aufzustellen, dass sie den Blicken des Gegners, der seine Truppen auf dem gegenüberliegenden und rund 1,5 Kilometer entfernten Höhenzug formierte, weitgehend entzogen waren. In der ersten Reihe entlang der gesamten Frontlinie waren die insgesamt 156 britischen Geschütze – 6- und 9-Pfünder – aufgestellt, die mit ihrem Feuer den gesamten vorausliegenden sanften Talgrund erreichen konnten.

Aber selbst diese von Wellington klug gewählte Defensivstellung, deren Eignung er schon im Jahr zuvor auf einer Fahrt von Brüssel nach Paris erkannt hatte, verriet einmal mehr seine bekannte Obsession, die ihn fürchten ließ, von Napoleon in westlicher Richtung umgangen und vom Rückzug nach Ostende abgeschnitten zu werden. Allein aus diesem Grund ließ er die 11 000 Mann niederländischer Truppen unter Befehl des Prinzen Frederick von Oranien bei Hal Aufstellung nehmen, die die von Mons nach Brüssel führende Chaussee decken sollten. Mit dieser Absicht stationierte Wellington auch zwei Brigaden mit über 3600 Mann der Division Colville im Dorf Tubize rund vier Kilometer südlich von Hal an der Straße nach Brüssel und die mehr als 6000 Mann umfassende 3. Niederländisch-belgische Division unter dem Befehl von Chassé, die gut zwei Kilometer vom rechten Flügel entfernt bei Braine l'Alleud Gewehr bei Fuß stand. Mit Ausnahme von Chassés Division, die erst in der allerletzten Phase der

Schlacht zum Eingreifen in Bereitschaft versetzt wurde, waren die anderen rund 15 000 Mann, die eine Gefahr bannen sollten, die sich Wellington hartnäckig einbildete, nicht aktiv an den Kämpfen beteiligt. Daher verfügte Wellington unter der Schlacht bald über keine Reserven mehr, als er diese dringend benötigte.

Insgesamt zeigt die gesamte Disposition Wellingtons ein auffälliges Ungleichgewicht, insofern der rechte Flügel seiner Stellung mit Truppen wesentlich stärker gesichert war als der linke, der deshalb trotz der Weiler oder Gebäudegruppen von Frischermont, la Haye und Papelotte gewissermaßen in der Luft hing. Das war aber kein Versehen, sondern verriet vielmehr Wellingtons feste Annahme, Blücher würde ihm auf seiner östlichen Flanke rechtzeitig zu Hilfe kommen.

In Anbetracht dieser starken Defensivstellung Wellingtons war die von Napoleon am Morgen lauthals geäußerte Siegeszuversicht stark übertrieben. Wellington konnte, zieht man die in Hal und Tubize stationierten Truppen ab, nur 67 661 Mann – 49 608 Infanteristen, 12 406 Kavalleristen und für die Bedienung der 156 Kanonen 5647 Artilleristen – ins Feld stellen, während Napoleon 71 947 Soldaten – 48 950 Infanteristen, 15 765 Kavalleristen und 7232 Bedienungsmannschaften der 246 Geschütze – zur Verfügung hatte. Rein rechnerisch war die französische Streitmacht der Armee der Alliierten also einerseits bis zum Eintreffen der drei von Blücher herangeführten Armeecorps überlegen. Das galt für die Kavallerie, mehr noch für die Artillerie, zumal Napoleon im Unterschied zu Wellington auch 12-Pfünder einsetzen konnte. Das nahm sich gewiss nachteilig aus, wurde aber dadurch wieder mehr als wettgemacht, dass der Verteidiger gemäß einer militärischen Faustregel immer dann der Stärkere ist, wenn er sich seine Position mit Bedacht gewählt hat. Das war hier zweifellos der Fall, wie auch Napoleon erkennen musste, der sich hütete, diese Einsicht auszusprechen. Stattdessen erregte er sich noch in Sankt Helena darüber, dass Wellington nicht den ausgedehnten Wald von Soigne im Rücken seiner Stellung bedacht habe, der ihm, wie er mutmaßte, einen Rückzug unmöglich gemacht hätte.[31] Dieser Forst bestand aber nur aus hohen Bäumen ohne jedes Unterholz und war außerdem auf zahlreichen Wegen bequem passierbar.

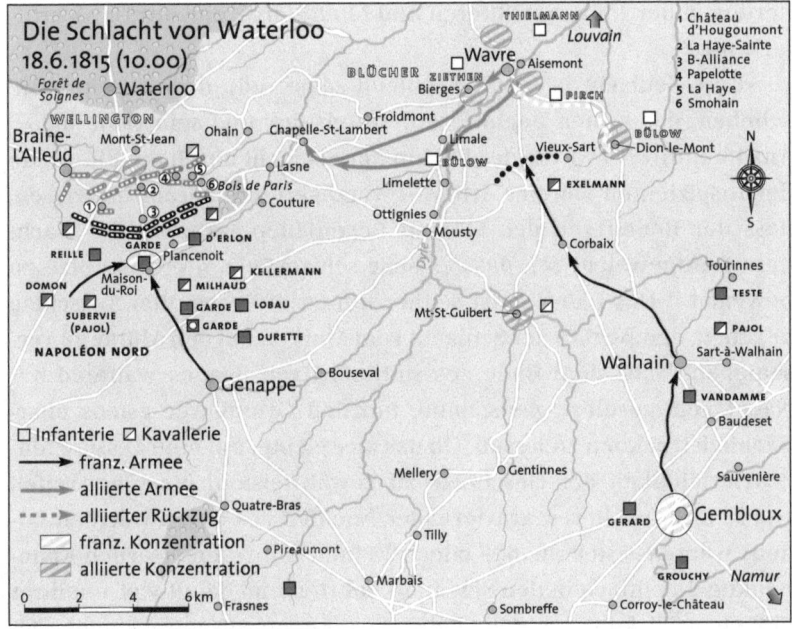

Die Schlacht von Waterloo
18.6.1815 (10.00)

□ Infanterie  ☑ Kavallerie

⟶ franz. Armee
⟶ alliierte Armee
⤑ alliierter Rückzug
▱ franz. Konzentration
▨ alliierte Konzentration

0    2    4    6 km

Die französische Armee nahm auf der den britischen Truppen gegenübergelegenen Anhöhe auf beiden Seiten der Chaussee in Höhe von La Belle Alliance Aufstellung. Die französische Front mit den Geschützen davor reichte von der Straße nach Nivelles im Westen bis auf die Höhe des Hofs von La Haye im Osten. Östlich der Straße nach Brüssel stand d'Erlons I. Corps mit vier Divisionen, westlich davon Reilles II. Corps mit drei Divisionen. Hinter diesen Infanterieeinheiten war ein Großteil der Kavallerie massiert – das III. Kavalleriecorps Kellermanns und Guyots Division der Kavalleriereserve der Garde auf der Seite von Reille, das IV. Kavalleriecorps der Kürassiere Milhauds und die Leichte Gardekavallerie Lefebvre-Desnouëttes auf der von d'Erlon. Etwas weiter zurück und in der Zentralposition beiderseits der Chaussee formierten sich das VI. Corps Lobaus sowie zwei Kavalleriedivisionen, die am Tag zuvor von Grouchys rechtem Flügel abgezogen worden waren. Diesen Einheiten schlossen sich die Gliederungen der Jungen, Mittleren und Alten Garde und der Gardeartillerie an.[32]

«Eine Schlacht ist», wie Napoleon sagte, «ein dramatisches Geschehen, das seinen Beginn, sein Mittelstück und sein Ende hat.»[33] Am 18. Juni 1815 wurde der Beginn der Schlacht durch die Einwände der Inspizienten von der Artillerie verzögert, die darauf hinwiesen, dass der Boden von den starken Regenfällen während der Nacht derart aufgeweicht sei, dass es sehr schwerfiele, die Geschütze zu bewegen.[34] Das habe, so ist seither immer zu lesen, den Ausschlag gegeben, den Beginn der Schlacht vom Morgen auf den Mittag zu verschieben. Nach dem Ende des sintflutartigen Regens während der Nacht genüge diese Zeitspanne, um den Grund wenigstens oberflächlich trocknen zu lassen. Ob das ausreichte, um eine bessere Manövrierfähigkeit der Geschütze zu gewährleisten, muss bezweifelt werden. Ein weiterer, gravierender Nachteil des durchweichten Bodens war, dass sich die 6, 9 oder 12 Pfund schweren eisernen Kanonenkugeln einfach in den Schlamm bohrten und damit viel von ihrer tödlichen Wirkung einbüßten, die sie auf einer ausgetrockneten Fläche dadurch entfalteten, dass sie mehrfach abprallten und alles niedermachten, was in ihrer Bahn stand. Weniger nachteilig war die Bodenbeschaffenheit für Granaten, die zwar ebenfalls Kugeln waren, aber da sie innen hohl und deshalb leichter waren, weniger häufig sprangen, bevor sie explodierten. Auf kürzere Distanzen und insbesondere bei Kavallerieattacken kamen Schrapnells zum Einsatz, in Leinwand eingepackte Musketenkugeln, Eisenstücke oder Hufnägel, die sich öffneten, sobald sie abgefeuert wurden, und einen weit streuenden Geschosshagel entfalteten, der ganze Reihen von Angreifern zu Boden strecken konnte und furchtbare Wunden riss.

Der Verweis auf die Beschaffenheit des Bodens ist zwar einleuchtend, kann aber nicht den Aufschub für den Beginn der Schlacht erklären, der es den preußischen Truppen überhaupt erst ermöglichte, von Wavre auf morastigen Wegen vorrückend, noch rechtzeitig auf dem Schauplatz des dramatischen Geschehens einzutreffen. Einen weiteren, weitaus gewichtigeren Grund für diesen Verzug bot das Gros der französischen Truppen, das in heilloser Unordnung erst am 18. Juni im Laufe des frühen Vormittags im Raum zwischen Rossomme und La Belle Alliance eintraf.[35] Also galt es, zunächst die Einheiten zu ordnen, Waffen und Montur zu reinigen, die Pferde zu tränken und zu füttern, abzukochen und zu essen. All das brauchte seine Zeit, sodass auch deswegen die Schlacht nicht um 9.00 Uhr, wie von Napoleon ursprünglich angesetzt, beginnen konnte.

Nach einer Inspektion der Truppen diktierte Napoleon gegen 11.00 Uhr den Angriffsbefehl, der in Übereinstimmung mit der von ihm angeordneten Formation der Truppen eine Reihe massiver Attacken auf das Zentrum des Gegners vorsah, das zunächst zerschlagen und eingenommen werden sollte, um dann dessen Front nach rechts und links aufzurollen. «Sobald die gesamte Armee voraussichtlich gegen 1.00 Uhr die Schlachtordnung eingenommen und der Kaiser Marschall Ney den Befehl erteilt hat, wird der Angriff zur Eroberung des Dorfs von Mont-Saint-Jean beginnen, das an der Kreuzung der Straßen gelegen ist. Dafür werden sich die 12-Pfünder-Batterien des II. und des VI. Corps mit denen des I. Corps vereinigen. Diese 24 Geschütze feuern auf die Truppen am Mont-Saint-Jean, und der Comte d'Erlon wird den Angriff an der Spitze der linken Division eröffnen und wird dabei, falls notwendig, von den anderen Divisionen des I. Corps unterstützt.

Das II. Corps geht auf gleicher Höhe mit dem Comte d'Erlon vor.

Die Pionierkompanien des I. Corps halten sich bereit, um Mont-Saint-Jean sofort zu verbarrikadieren.»[36]

Dieser Befehl verstört nicht nur wegen seiner für Napoleon überraschenden taktischen Einfallslosigkeit, die, wie zwei Tage zuvor in Ligny, den Angriff und die Zertrümmerung des gegnerischen Zentrums vorsah.[37] Das war dort zwar nach großen Mühen gelungen, hatte aber nur einen halben Erfolg beschert, insofern der preußischen Armee ein geordneter Rückzug gelang. In Waterloo hatte Napoleon, wie er rasch erkennen musste, keine andere Wahl, denn durch die von ihm gewählte Aufstellung hatte Wellington die ohnehin schon sehr kleine Ausdehnung des Schlachtfelds noch zusätzlich verringert. Dank der Besetzung der im Osten wie im Westen seiner Front vorgelagerten Gehöfte und Weiler vereitelte Wellington von vorneherein das von Napoleon häufig mit Erfolg angewandte Manöver eines Umfassungsangriffs auf die gegnerischen Flanken. Völlig schleierhaft bleibt auch, wie Reilles II. Corps auf dem linken Flügel diesen Angriff wirksam unterstützen sollte. In seinem unmittelbaren Vorfeld war das gewaltige Hindernis des Château Hougoumont gelegen, das, um die Einwirkung seitlichen Infanteriefeuers zu vermeiden, nicht einfach rechts weit umgangen werden konnte. Ein solches Manöver hätte den ohnehin schon geringen Raum noch weiter eingeschränkt, der für den konzentrierten Angriff von zwei Corps mit sieben Divisionen auf den Mittelabschnitt der gegnerischen Front zur Verfügung stand, die sich in ihrer gesamten Breite nur über 5000 Meter erstreckte. Geradezu grotesk mutet jedoch die Entscheidung Napoleons an, ausgerechnet Marschall Ney die taktische Leitung des Geschehens auf dem Schlachtfeld zu überantworten, der an dieser Aufgabe in Quatre-Bras zwei Tage zuvor so eklatant versagt hatte.[38]

Der Aufmarsch der französischen Truppen, die sich auf den sanft abfallenden Terrassen des Geländes von Belle Alliance zur Schlachtordnung formierten, muss dem Gegner auf dem gegenüberliegenden Hügel ein überwältigend farbenprächtiges Schauspiel geboten haben.[39] Nicht nur jede Truppengattung, sondern jede Division trug eine eigene Uniform. Die Infanterie etwa hatte blaue Röcke zu weißen Hosen, die leichte Infanterie hingegen war ganz in Blau uniformiert mit schwarzen Gamaschen. Dann die Kavallerie, deren Säbel und Brustpanzer in der Sonne blitzten, die Jäger in langen tiefgrünen Westen und scharlachroten Ärmelaufsätzen, Husaren mit pelzgefütterten kurzen Mänteln über ihren eng geschnürten Westen und den Federn an den Schakos, deren Farbkombination für jedes Regiment eine andere war: rot und blau, grau und blau, grün und scharlachrot. Auf sie folgten die Dragoner mit kupfernen Helmen *à la turban* mit Tigerfell, grünen Westen mit roten oder gelben Ärmelaufschlägen, die Kürassiere mit dem kurzen *habit bleu impérial à collet*, weißen Hosen, die in kniehohen Stiefeln steckten, den kupfernen Brustpanzern und Helmen, von denen ein Helmschweif aus Rosshaar flatterte, und die groß gewachsenen *Carabiniers* ganz in Weiß mit vergoldeten Kürassen und großen roten Raupenhelmen. Hinter ihnen die Gardekavallerie, Dragoner mit grünen Röcken und weißen Aufschlägen, die Helme geschmückt mit roten Federn, die Gardegrenadiere in blauen Uniformen und scharlachroten Ärmelaufschlägen, wildledernen Hosen und den großen Mützen aus Bärenfell, die Lanzenreiter mit der roten *Kurka* auf dem blauen Brustharnisch, roten Hosen mit blauem Streifen an der Seitennaht, auf dem Kopf eine rote Schapka mit einem bekrönten N aus glänzendem Kupfer und darüber ein weißer, einen halben Meter hoher Federnbusch. Schließlich die Gardejäger mit grünen Dolmans, orangefarbiger Verschnürung, kurzen roten pelzgesäumten Mänteln, auf dem Kopf *Kolbachs* genannte scharlachrote Helme, geschmückt mit roten und grünen Federn. Die Litzen der Offiziere dieser Eliteeinheit funkelten in goldenen und silbernen Litzen, Epauletten und Stickereien.

Der Aufmarsch zu dieser in drei Linien gegliederten Aufstellung dauerte über eine Stunde und war erst gegen 10.30 Uhr abgeschlossen. Hoch zu Ross nahm Napoleon jetzt erst einmal die ganze Front ab. Dazu rührten die Tambours die Trommeln, und die Musik spielte. Ave Caesar, morituri te salutant. Es war die letzte große Ehrenbezeugung, welche die Armee Napoleon erweisen sollte. Das alles versprach große Oper, war die auf überwältigende Wirkung berechnete Choreografie eines durch Disziplin und Raffinement betörenden Prunkaufmarschs, ein Prachtbild höfischer Vanitas, für das rund 70 000 junge und nicht mehr so junge Männer, verschwenderisch kostümiert, sich zu einem Totentanz versammelten, unter dessen Evolution diese ganze Herrlichkeit in einem wahren Morast von Blut und Schlamm versinken und die Getreidefelder in einen einzigen Totenanger verwandeln würden, auf dem sich an manchen Stellen die Leiber der Erschlagenen meterhoch auftürmten.

Eine Schlacht, bei der über einhunderttausend bewaffnete, von verständlicher Angst oder auch Begeisterung aufgepeitschte Männer in unterschiedlichen Angriffswellen auf einer für diese Masse sehr kleinen Fläche von lediglich rund sechs Quadratkilometern aufeinandertreffen, entfaltet ein Geschehen, das sich in seiner Totalität nicht präzise in allen Einzelheiten überschauen lässt. Zu rasch wechselt die Szenerie, folgt auf den Vorstoß der Zusammenprall, steigert sich der Gefechtslärm, das Schreien der Soldaten, das Wiehern der Pferde, die Klagerufe der Verwundeten, das Klirren von Metall, das Musketen- und Geschützfeuer zur ohrenbetäubenden Kakophonie der Schlacht. In diesem infernalischen Chaos hat das Auge nicht die

Muße oder die *desinvolture à la* Ernst Jünger, also die Gelassenheit des unbeteiligten Zuschauers. Der Einzelne, der im Mahlstrom einer Schlacht steht, wird nur den Ausschnitt des Geschehens gewahren, von dem er unmittelbar Leib und Leben bedroht sieht, und er wird vornehmlich Eindrücke aufnehmen, die seine Überlebensreflexe steuern. Außerdem ist eine Schlacht, in der Menschenmassen, hoch zu Ross oder zu Fuß in dichte Kolonnen oder in Karrees zusammengedrängt, aufeinanderschlagen, sich auf kürzeste Distanz mit Hieb-, Stich- und Feuerwaffen nach dem Leben trachten, etwas ganz anderes als die Summe von Einzelkämpfen, Scharmützeln, Gefechten und bravourösen Taten; eine solche Schlacht auf so engem Raum stiftet eine Entropie, von der die sinnliche Wahrnehmung schlicht überfordert wird, wie die wohl berühmteste Schilderung des Geschehens vom 18. Juni 1815 in Waterloo zeigt, die Stendhal in der *Kartause von Parma* gegeben hat.

Erst als Napoleon den Befehl zum Angriff auf das gegnerische Zentrum formuliert hatte, kam ihm in den Sinn, dieses Manöver durch eine Diversion vorzubereiten und den Pachthof von Hougoumont zu attackieren. Das, so kalkulierte Napoleon, veranlasste Wellington, Truppen aus dem Zentrum abzuziehen, um diese vor dem rechten Flügel seiner Front gelegene starke Stellung um jeden Preis zu behaupten. Das würde folglich jenen Abschnitt schwächen, gegen den um 13.00 Uhr der Hauptangriff vorgetragen werden sollte. Die Attacke auf Hougoumont war also lediglich als eine mit vergleichsweise geringen Kräften auszuführende Ouvertüre gedacht und keineswegs als aufwendige Operation, die vor dem Beginn der Schlacht die Eroberung dieses gegnerischen Vorpostens zum Ziel hatte. Allein es kam anders als beabsichtigt, und ausschlaggebend dafür war, dass Jérôme Bonaparte, der jüngste Bruder Napoleons, der während seiner Herrschaft als König von Westfalen mit dem bezeichnenden Spitznamen «König Lustig» eine höchst groteske Figur machte, das Kommando über die Division von Reilles II. Corps innehatte, die diesen als bloße Diversion gedachten Angriff vortragen sollte. Das war eine sehr fragwürdige Entscheidung, denn Jérôme hatte sich drei Jahre zuvor in taktischer Hinsicht als Versager erwiesen. Von Napoleon zu Beginn des Russlandfeldzugs zum Befehlshaber des rechten Flügels (drei

Corps mit rund 80 000 Mann) der *Grande Armée* ernannt, bewies er sein Unvermögen, als er den russischen General Bagration mit seinem Corps entwischen ließ. Als der darüber empörte Napoleon den Oberbefehl über den rechten Flügel Davout gab, verschwand der tief beleidigte Jérôme spornstreichs nach Kassel, die Hauptstadt seines Königreichs.

Möglich, dass Jérômes seitdem verletzte Eitelkeit angestachelt wurde und er alles daransetzen wollte, die damalige Schmach auszuwetzen. Deshalb wohl setzte er sich diesmal in den Kopf, den ihm erteilten Auftrag, um welchen Preis auch immer, erfolgreich auszuführen. Um 11.30 Uhr eröffnete eine Batterie das Feuer auf Hougoumont, auf das die britische Artillerie sofort antwortete, sodass sich sehr schnell ein Artillerieduell entwickelte, an dem sich auf beiden Seiten immer mehr Geschütze beteiligten. Das war der Kanonendonner, den Grouchy bei seinem späten Frühstück vor Wavre vernahm und der ihn nicht veranlasste, sofort in diese Richtung mit seinen Truppen aufzubrechen. Aber auch an Ort und Stelle zeigte das Geschützfeuer keine Wirkung, und die angreifenden vier Regimenter brauchten über eine Stunde, um die Verteidiger aus den Obstgärten an der Südseite des Pachthofs zu vertreiben, die unterdessen durch einige Kompanien der britischen Garde verstärkt worden waren. Damit war aber noch nichts gewonnen, denn die Nassauer und hannoveraner Truppen zogen sich einfach hinter die dicken Mauern des Anwesens zurück, in die zuvor zahlreiche Schießscharten gebrochen worden waren, und setzten ihren hartnäckigen Widerstand von dort aus fort. Das scheint Jérôme um den letzten Rest seines militärischen Verstandes gebracht zu haben, denn entgegen dem Rat seines Stabes ordnete er eine ganze Reihe von Frontalangriffen an, die alle mit entsetzlichen Verlusten abgeschlagen wurden. Statt sich aber nun endlich zu besinnen, den damit gemachten eklatanten taktischen Fehler einzusehen und den mit infanteristischen Mitteln nicht zu erstürmenden Pachthof durch ein intensives Mörserbombardement in einen Trümmerhaufen zu verwandeln, beharrte er auf dem Einsatz von zwei weiteren Divisionen aus Reilles II. Corps, die ebenfalls in den aussichtslosen Kampf geschickt wurden.[40]

Diese verlustreichen und vergeblichen Angriffe – Hougoumont

blieb während der Schlacht immer in britischer Hand – war der erste von fünf Akten, in die sich die dramatische Abfolge der Ereignisse von Waterloo der besseren Übersicht halber unterteilen lässt.[41] Der Verlauf dieses Akts war emblematisch für den Ausgang, den dieser Tag für die Franzosen nahm: Während sich Wellington damit begnügen konnte, nur einige Kompanien für die Verteidigung der festen Stellung abzuordnen, wurden durch diese Kämpfe das Gros des II. Corps für die meiste Zeit, in der die Schlacht wogte, gebunden. Allein durch die Kopflosigkeit eines Divisionskommandeurs, der den ihm gestellten, auf eine bloße Diversion lautenden taktischen Auftrag nicht begriff und sich stattdessen in ein lang andauerndes blutiges Gefecht verbiss, geriet Napoleons einfallsloser Angriffsplan aus der Balance. Dieser erste schwerwiegende taktische Fehler, den sich der nichtsnutzige jüngste Bruder Napoleons zuschulden kommen ließ, sollte sich als böses Omen erweisen.

Ungeachtet der um Hougoumont fortdauernden erbitterten Kämpfe bereitete Napoleon den geplanten Angriff auf das gegnerische Zentrum weiter vor. Zu diesem Zweck wurde eine gewaltige Batterie von 84 Geschützen in der Mitte der rechten Front aufgefahren, darunter die 24 12-Pfünder der Gardeartillerie. Bevor diese ihren mörderischen Beschuss eröffneten und der Pulverqualm die Übersicht des Schlachtfelds beeinträchtigte, wollte Napoleon noch einmal einen letzten Blick auf das Schlachtfeld werfen. Dabei entdeckte er in nordöstlicher Richtung bei Saint-Lambert eine «Wolke», die er sofort für marschierende Soldaten hielt. Aber trotz ihrer Ferngläser konnten sich die Mitglieder von Napoleons Entourage wegen der sehr dunstigen Atmosphäre nicht darauf einigen, ob es sich dabei um Buschwerk, lagernde oder marschierende Truppen handelte. Also wurden zwei Divisionen leichter Kavallerie mit dem Auftrag ausgesandt, das gesamte Vorfeld des rechten Flügels weiträumig aufzuklären, die Identität jener Truppen festzustellen, die, handelte es sich bei ihnen um Einheiten Grouchys, sich sofort mit ihnen vereinigen sollten; wären es jedoch gegnerische Kräfte, müssten sie deren weiteren Vormarsch unterbinden.[42]

Kaum eine Viertelstunde später wurde ein Unteroffizier der Schlesischen Husaren, der bei Lasne gefangen genommen worden war, zu

Napoleon gebracht, der einen Brief Blüchers an Wellington bei sich hatte, der das Eintreffen von Bülows IV. Corps in Chapelle-Saint-Lambert ankündigte. Die Truppen, deren Bewegung man bemerkt habe, gehörten zur Vorhut Bülows, wie der Husar bereitwillig sagte. Die gesamte preußische Armee habe während der gestrigen Nacht in Wavre biwakiert. Französische Truppen seien in der Nähe nicht bemerkt worden, weshalb man vermute, diese seien in Richtung Placenoit marschiert.[43]

Die Nachricht vom Auftauchen eines preußischen Corps mit rund 30 000 Mann, das Napoleon einige Stunden zuvor, im höchsten Maße alarmiert hätte, weil er sich noch in der falschen Gewissheit wiegte, der geschlagene Blücher sei nach Osten abgezogen, machte jetzt keinerlei Eindruck auf ihn. Das ist mehr als verwunderlich, denn er hatte zwischenzeitlich eine weitere Mitteilung von Grouchy erhalten, von Gembloux (!) am 18. Juni um 6.00 Uhr morgens datiert, in der dieser Mitteilungen über den Verbleib der preußischen Armee machte, die sich sehr von den in seiner letzten Nachricht vom Abend des 17. Juni gemachten Angaben unterschieden: «Sire, alle mir zugegangenen Informationen stimmen darin überein, dass sich der Gegner nach Brüssel zurückzieht, um sich dort zu konzentrieren und nach seiner Vereinigung mit Wellington eine Schlacht zu schlagen. Das I. Corps Blüchers scheint auf dem Weg nach Corbaix, das II. Corps auf dem nach Chaumont zu sein. Sie müssen gestern Abend gegen 8.30 von Tourinnes aufgebrochen und während der ganzen Nacht marschiert sein; glücklicherweise herrschte derart schlechtes Wetter, dass sie nicht weit gekommen sein werden. Ich breche gleich nach Sart-à-Walhain auf, von wo ich mich nach Corbais und weiter nach Wavre wenden werde.»[44]

Bevor der gefangen genommene Schlesische Husar durch die bei ihm entdeckte Botschaft Blüchers an Wellington wie durch seine eigenen Aussagen die Mutmaßungen Grouchys zerstörte, hatte Napoleon Generalstabschef Soult beauftragt, diesem zu schreiben. «Der Kaiser hat mich angewiesen, Ihnen zu sagen, dass Sie sich immer in Richtung auf uns fortbewegen sollen. (...) In diesem Augenblick hat die Schlacht auf der Höhe von Waterloo begonnen [i. e. der als bloße Diversion gedachte Angriff auf Hougoumont]. Das Zentrum der englischen

Armee befindet sich am Mont-Saint-Jean, weshalb Sie so manövrieren sollen, dass Sie zu unserem rechten Flügel aufschließen.» Da dieses Schreiben rätselhafterweise nicht sofort durch Boten expediert worden war, wurde ihm nach dem Verhör des Schlesischen Husaren noch in aller Hast ein Postscriptum angehängt: «Ein Brief, der abgefangen wurde, enthält die Nachricht, dass der General Bülow unsere Flanke angreifen wird. Wir glauben dessen Corps auf der Anhöhe von Saint-Lambert auszumachen; verlieren Sie deshalb keinen Augenblick, zu uns aufzuschließen, um sich mit uns zu vereinen und Bülow zu vernichten, den Sie bei seinem Aufmarsch erwischen.»[45]

So zu reagieren war entweder von kaltblütiger Kühnheit oder von abgrundtiefer Dummheit, denn Napoleon musste erkennen, dass sich seine Situation erheblich verschlechtert hatte. Dessen ungeachtet war er nach wie vor überzeugt, die Schlacht siegreich zu bestehen, wie er gegenüber Soult bemerkte: «Wir hatten heute Morgen 90 Chancen für uns; das Erscheinen Bülows verringert diese um 30, also haben wir immer noch 60 gegen 40. Wenn es Grouchy gelingt, seinen fürchterlichen Fehler zu korrigieren, den er gestern damit beging, dass er in Gembloux verweilte und er seine Truppen schleunigst herbeiführt, wird unser Sieg noch viel eindeutiger ausfallen, denn das Corps Bülow ist vollständig verloren.»[46]

Napoleon phantasierte, denn Grouchy war erst um 10.00 Uhr am Vormittag des 18. Juni von Gembloux nach Wavre aufgebrochen und dort noch längst nicht eingetroffen. Wo er sich genau befand, ist auch gleichgültig, denn dieses Schreiben erreichte ihn erst nachmittags gegen 17.00 Uhr, als er keine Chance mehr hatte, noch rechtzeitig bei Waterloo einzulangen. Dieser Befehl hätte Grouchy mit allem Nachdruck am Vortag erteilt werden müssen. Jetzt, da die Vorhut Bülows bereits auf der Szene erschien, war diese Weisung nur noch ein sinn- und folgenloser Reflex, konnte sich Napoleon nur noch an zwei Illusionen klammern, die er bei nüchterner Betrachtung als solche durchschauen musste: Wellington, so die eine Illusion, würde lediglich das Corps Bülow als Verstärkung zugeführt, was diesem eine deutliche zahlenmäßige Überlegenheit über die französische Armee verschaffte; der Schlesische Husar hatte jedoch nicht verlauten lassen, dass die gesamte preußische Armee Bülow folge. Also hielte sich diese weiterhin in Wavre auf, wo Grouchy auf sie stoßen und in eine Schlacht verwickeln würde, die, gleichgültig, wie diese ausginge, es vereitele, dass Blücher sich mit Wellington vereinigte. Oder, die andere Illusion, Grouchy habe die Verfolgung der Preußen abgebrochen und marschiere stattdessen bereits auf Placenoit zu. Diese Vermutung hatte der Schlesische Husar geäußert. Träfe das zu, wäre alles gut, denn Placenoit war ein Dorf im Rücken der französischen Truppen. Langte Grouchy mit seinen 33000 Mann hier an, könnten diese in die im Gang befindliche Schlacht eingreifen.

Das sind jedoch alles Annahmen, die auf eine gemutmaßte Rationalität Napoleons spekulieren. Viel hingegen spricht für die allerdings ebenfalls unbeweisbare Überlegung, dass er auch jetzt seiner Spielernatur die Treue hielt. Die Schlacht war eröffnet, die Roulettekugel kreiste im Kessel, die Einsätze waren gesetzt, *rien ne va plus*, Rot oder Schwarz, Sieg oder Niederlage, das war hier die Alternative, tertium non datur. Für Napoleon war das keine neue Situation, kein Wagnis, das er gescheut hätte. Auf dem Russlandfeldzug, als er in das völlig verwüstete Smolensk einzog, das ihn anmuten musste wie ein Bühnenprospekt für ein Stück, in dem die Hölle sich selbst inszenierte, wo ihn der Gestank von faulendem Fleisch, der Anblick verstümmelter Körper, die lauten Klagen der Sterbenden und die Schreie der Verwundeten, die mit längst stumpf gewordenen Sägen amputiert wurden, um danach elend am Wundbrand zu verrecken, tief verstörten, begann er an seinem Vorsatz zu zweifeln, bis nach Moskau weiterzuziehen. So jedenfalls äußerte er sich damals zu seinem Vertrauten Caulaincourt.[47] Als ihm jedoch General Rapp geradezu sagte, die Armee brenne auf alles andere als auf einen Einmarsch in Moskau, versetzte ihm Napoleon: «Das Fass ist angestochen, man muss den Wein trinken.»[48]

Das war die Einstellung, die sein Handeln jetzt wieder bestimmte. Um die Gefahr, die mit Bülows Corps seine rechte Flanke bedrohte, zu bannen, ließ er jene zwei Divisionen leichter Kavallerie ausschwärmen, um das Erscheinen der Preußen zu stören. Lobau erhielt außerdem den Befehl, mit dem VI. Corps hinter der Kavallerie eine gute Stellung zu beziehen, von der aus er mit rund 10000 Mann das dreimal so starke Corps Bülow aufhalten oder diesen sogar angreifen könne, sobald er das Nahen Grouchys vernehme, der sicherlich mit einem Teil seiner Leute dessen Verfolgung aufgenommen habe.[49] Lobau, der seine Einheiten zwischen Plancenoit und dem Bois de Paris hinter der weiter vorgeschobenen leichten Kavallerie aufstellte, eröffnete damit eine neue, nach Osten hin orientierte Front, was zur unmittelbaren Folge hatte, dass seine Einheiten am weiteren Verlauf der eigentlichen Schlacht keinerlei Anteil hatten.

Also leitete Napoleon, vom Erscheinen Bülows offensichtlich unbeeindruckt, gegen Mittag den zweiten Akt des Schlachtendramas ein.[50] Ney erhielt Befehl, mit der massiven Artillerievorbereitung des Angriffs auf die Zentralposition des Gegners zu beginnen. Diese setzte gegen 12.30 Uhr ein, als 74 Geschütze, ein Stück weit vor der Front aufgefahren, aus rund fünfhundert Meter Entfernung die englische Stellung unter Beschuss nahmen. Während das Bombardement im Gang war, formierte d'Erlon seine vier Divisionen zu vier Angriffskolonnen. Die dafür gewählte Aufstellung mutete insofern sehr seltsam an, als die acht Bataillone einer jeden Division zu einer hintereinander marschierenden dichten Kolonne, also einer einzigen Divisionskolonne, zusammengeschoben wurden. Das System glich dem einer römischen Phalanx und war seit der Einführung des Schießpulvers außer Gebrauch gekommen, denn diese großen und kompakten Sturmkolonnen boten ein bequemes Ziel für die gegnerische Artillerie und waren gleichzeitig auch daran gehindert, durch konzentriertes Gewehrfeuer zu reagieren.[51] Möglich, dass diese Aufstellung nicht nur wegen der geringen Breite des Schlachtfelds, sondern auch deshalb befohlen wurde, weil Napoleon sich gewiss war, dass nach der artilleristischen Vorbereitung es ein Leichtes wäre, die in Unordnung gebrachten britischen Linien ohne massive Gegenwehr zu durchstoßen.

Dies schien zunächst aufzugehen, denn auf der Linken gelang es sofort, den Garten vor dem Pachthof von La Haye Sainte, nicht aber das dahinterliegende Anwesen zu erobern, das mit starkem Gewehrfeuer verteidigt wurde. Noch erfolgreicher war zunächst die zweite Angriffskolonne, die fünf Bataillone der niederländischen Brigade Bijlandt, die eine auf der Höhe von La Haye Sainte und auf der rechten Seite der Chaussee vor der britischen Front gelegene flache Mulde besetzt hielten, in die Flucht hinter die eigenen Linien zu schlagen, und die danach für den Rest des Tages nicht mehr zum Einsatz kam. Dieser Erfolg hatte keine Dauer, denn sofort stürmten zwei britische Brigaden durch die Hecken vor der Frontlinie, umfassten die Sturmkolonne auf beiden Seiten, die sie mit dem Bajonett angriffen. Da diese sich wegen ihrer gedrängten Aufstellung nur sehr unzulänglich zur Wehr setzen konnte, brach rasch Panik aus, die Kolonne machte kehrt und stürzte aufgelöst und in wilder Flucht zurück. Diesen Moment nutzte Wellington, um die zwei Regimenter Schwerer Dragoner von Ponsoby und Somerset auf die Fliehenden anzusetzen, die mit ihrer Gegenattacke bis zu der großen französischen Batterie vorstießen, in der sie die Bedienungsmannschaften von 30 Geschützen niedermachten, ehe sie von den Kürassieren Milhauds und den Ulanen Jacquinots wieder vertrieben wurden.

Ähnlich erging es der rechts davon angreifenden dritten Sturmkolonne, die sich, zunächst durch heftiges britisches Abwehrfeuer lediglich gehemmt, unter dem Eindruck der abgeschlagenen und fliehenden zweiten Division zur Linken zur Flucht wandte und ebenfalls von britischen Dragonern hart bedrängt wurde. Diese ließen erst bei Erscheinen französischer Kavallerie von ihnen ab. Die vierte Angriffskolonne, die Division Durutte, die westlich der Weiler Papelotte und La Haye vorging, gelangte zwar bis unmittelbar an die britische Frontlinie, trat aber nach einem kurzen Feuergefecht ihrerseits den Rückzug an, weil angesichts der Flucht der zweiten und dritten Sturmkolonne der Versuch sinnlos gewesen wäre, diese Position noch länger zu halten und auszubauen. Da die Division Durutte einen geordneten Rückzug vollziehen konnte, gelang es ihr auch aus eigener Kraft, eine Kavallerieattacke abzuwehren, bevor sie in ihre Ausgangsposition zurückkehrte.[52]

Der Abbruch des Angriffs der drei Sturmkolonnen wirkte sich auch nachteilig auf die Anfangserfolge der 1. Division aus, die nach den Gärten auch die Gebäude von La Haye Sainte eroberte, der es aber als unmöglich erscheinen musste, sich in dieser vorgeschobenen und isolierten Stellung auf Dauer behaupten zu können. Deshalb musste auch diese geräumt und die Division zurückgenommen werden. Damit war gegen 15.00 Uhr nachmittags der große Angriff auf die Zentralposition des Gegners, von dessen Erfolg Napoleon sich so viel versprochen hatte, vollständig gescheitert. Folglich war das I. Corps d'Erlons nicht mehr für einen Angriff zu verwenden, weil es wegen der hohen Verluste der 2. und 3. Division, über 4000 Mann und 15 Kanonen, neu aufgestellt werden musste. Da auch an der Nebenfront von Hougoumont der französische Vorstoß stecken geblieben war und die englische Garde die Franzosen wieder aus den Gärten des Anwesens vertrieben hatte, trat nun bei den Operationen eine Pause ein, während das Geschützfeuer andauerte.

Das Scheitern dieses Angriffs stellte Napoleon vor die Alternative, die Schlacht abzubrechen und einen von der Garde gedeckten Rückzug anzutreten oder einen weiteren Anlauf zu nehmen, einen Sieg über den Gegner zu erringen. Ein Abbruch der Schlacht verbot sich aus zwei Gründen: Zum einen würde dies zwingend zur Vereinigung der alliierten Heere führen, die damit weit überlegen sein würden; zum anderen wäre eine solche Entscheidung politisch verderblich. Um seine Stellung in Frankreich zu festigen, brauchte Napoleon einen Sieg über die Engländer, der sie aus Belgien vertrieb und auch Blücher zum Rückzug nötigte. Also musste er alles auf einen neuerlichen Angriff gegen die britische Front setzen.

Eine sehr heftige Kanonade, bei der die Franzosen aus allen verfügbaren Rohren feuerten, setzte gegen 16.00 Uhr ein und markierte den Beginn des 3. und gewiss eindrucksvollsten Akts in dem Schlachtendrama, der ausschließlich mit Kavallerieattacken bestritten wurde, bei denen das Gros der französischen Reiterei in mehreren Angriffswellen zum Sturm auf das gegnerische Zentrum ansetzte. Ein derart umfassender Einsatz dieser Waffengattung hat den Beigeschmack von schierer Verzweiflung, denn die Kavallerie kam im Verlauf einer Schlacht für gewöhnlich massiert erst dann zum Einsatz, wenn der Gegner zuvor durch Artillerie und Infanterie gehörig in Unordnung gebracht worden war. Eine solche Situation war hier und jetzt nachweislich nicht gegeben: Der gesamte linke Flügel der Engländer hatte zuvor den Angriff der französischen Infanterie abgeschlagen, ohne dadurch geschwächt zu werden, von der Kavallerie einmal abgesehen, die ihr allzu kühnes Vorpreschen bis in die gegnerischen Batterien hinein mit großen Verlusten büßen musste. Das hatte aber

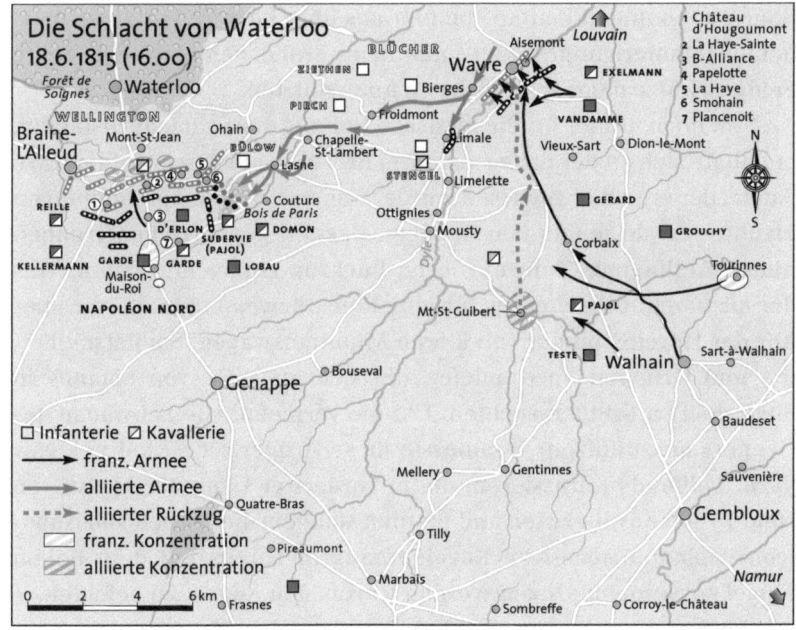

gezeigt, dass die Artillerievorbereitung dieses Angriffs den gut ge-
schützten gegnerischen Linien nicht viel anhaben konnte und deshalb weitgehend wirkungslos verpufft war. Dass jetzt eine intensive
Artillerievorbereitung des erneuten Angriffs etwas ergeben würde,
was den sofortigen Einsatz der Schweren Kavallerie gefechtstaktisch
rechtfertigte, war folglich eine durch nichts gestützte Mutmaßung.

Dies war auch nicht die Absicht Napoleons, der zur Vorbereitung
des Angriffs Hougoumont in Brand schießen ließ und der Division
Bachelu, der letzten Reserve des II. Corps von Reille, befahl, das Bauwerk zu erobern. Entsprechend wurde auch die Division Quiot angewiesen, gegen La Haye Sainte vorzugehen und diese Stellung ebenfalls
einzunehmen. Die erfolgreiche Neutralisierung der beiden Bauwerke
war vor allem bedeutsam, um zu vereiteln, dass der Gegner von hier
aus den geplanten Angriff der Kavallerie auf das Zentrum durch konzentriertes Flankenfeuer stören konnte. Außerdem, waren diese Posi-

– 221 –

tionen genommen, konnte von hier aus über kürzere Distanz ein erneuter Infanterieangriff unternommen werden, den hier aufgestellte Feldgeschütze dann sehr wirksam unterstützten.

Ney, noch immer für die taktische Leitung der Schlacht zuständig, beteiligte sich an der Spitze von zwei Brigaden am Sturm auf La Haye Sainte, der erneut abgewiesen wurde. Während der Kampfhandlungen glaubte er wahrgenommen zu haben, dass die gegnerischen Truppen hinter Wellingtons Zentrum ihren Rückzug eingeleitet hätten. Was der allzu optimistische Ney für eine Fluchtbewegung hielt, war aber nur das Durcheinander von leeren Munitionswagen, Sanitätseinheiten und Gruppen Verwundeter, die sich im Wald von Soignes in Sicherheit zu bringen suchten. Um die vermeintliche Schwäche des Gegners auszunutzen, veranlasste dieser trügerische Eindruck Ney dazu, Milhauds Kürassieren, die in vorderster Linie der Masse von rund 10 000 Kavalleristen und Pferden standen, die für den von Napoleon geplanten massiven Kavallerieangriff bereits auf dem linken Flügel zusammengezogen worden waren, den Angriff zu befehlen.

Das war die erste von zwei Kavallerieattacken. An der zweiten beteiligte sich das Gros der französischen Reiterei, das sich, ohne ausdrücklichen Befehl zu erhalten, einfach mitreißen ließ und in Angriffswellen von jeweils mehreren tausend Mann auf einer Frontbreite von allenfalls 500 Metern zwischen Hougoumont und La Haye Sainte unter heftigem Artilleriebeschuss die gegnerischen Linien erreichte, wo sie Welle auf Welle von der britischen Infanterie, die sich zu feuerspeienden Karrees formierte, zurückgeschlagen wurde, darüber in Unordnung geriet und schließlich von der zum Gegenangriff antretenden britischen Kavallerie vertrieben wurde.[55] Die Attacke einer derart dicht gedrängten und im Galopp vorwärtsstürmenden Masse von Rössern und Reitern muss nach der Schilderung eines Augenzeugen ein Anblick von schreckenerregender Faszination gewesen sein:

«Gegen 4.00 nachmittags hörte das feindliche Artilleriefeuer mit einem Mal auf, und wir sahen große Massen von Kavallerie vorrücken: Keiner, der dabei war und überlebte, kann je wieder die schreckliche *grandeur* dieser Attacke vergessen. In der Ferne gewahrte man, was sich zunächst wie eine überwältigende, lang sich hinziehende bewegte Linie ausnahm, die, je näher sie kam, funkelte wie eine sturmgepeitschte Meereswelle, in der sich das Sonnenlicht bricht. Immer näher kam die berittene Masse, deren stampfende Hufe die Erde erzittern ließen. Nichts, so mochte es scheinen, könnte dem Ansturm dieser vorwärtsstürmenden Macht widerstehen. Es waren die berühmten Kürassiere, fast ausnahmslos erprobte Soldaten, die sich überall auf den meisten Schlachtfeldern Europas ausgezeichnet hatten. Binnen kürzester Zeit waren sie mit dem Schrei *Vive l'Empereur!* bis auf 20 *yards* an uns heran. Der Befehl, *Prepare to receive cavalry*, wurde erteilt, jeder Mann in der ersten Reihe kniete nieder, und eine Mauer aus blitzendem Stahl, fest in der Hand eines jeden, wurde den wütigen Kürassieren entgegengestreckt».[54]

Da diese Angriffe samt und sonders ohne Artillerie- oder Infanterieunterstützung ausgeführt wurden, waren sie nicht mehr als eine sinnlose Demonstration, die keine Entscheidung herbeiführte, aber beide Seiten nachhaltig schwächte. Napoleon konnte diese von ihm so nicht gewollten Kavallerieattacken aus sicherer Entfernung nur beobachten, ihnen aber nicht mehr Einhalt gebieten. Er soll zu Stabschef Soult bemerkt haben: «Da haben Sie ein Manöver zur Unzeit, das am heutigen Tag noch fatale Folgen haben könnte.» Worauf Soult versetzte: «Er [i. e. Ney] bringt uns in Gefahr wie weiland in Jena [i. e. wo Ney bei Vierzehnheiligen ebenfalls ohne ausdrücklichen Befehl mit unzulänglichen Kräften eine starke preußische Batterie angriff und seinen Fürwitz mit großen Verlusten bezahlen musste].»[55] Diesmal waren die Folgen gravierender, denn Napoleon verfügte, als dieses Pferdeballett gegen 17.00 Uhr endete, über keine geordnete Kavallerie mehr. Besonders der zweite große Angriff, an dem auch die Schwadronen Kellermanns und Flahauts sowie die restlichen Schwadronen der Gardekavallerie beteiligt waren, die alle nicht hinter ihren Kameraden zurückstehen wollten, fügte Wellington erhebliche Verluste zu, dessen Reiterei nach der Abwehr dieser Attacke weitgehend außer Gefecht gesetzt war. Zudem sah er sich genötigt, seine letzten Infanteriereserven an die Front zu werfen.

Auch wenn Wellington in dieser Phase der Kämpfe erheblich geschwächt wurde, war seine Lage keineswegs aussichtslos. Entscheidende Voraussetzung dafür war jedoch, dass er seine Stellung bis zum Eintreffen Blüchers hielt, auf dessen Nahen er jetzt fest rechnen musste, wollte er sich bis zum Ende der Schlacht behaupten. Ob Blücher jedoch rechtzeitig zur Stelle sein würde, hing entscheidend vom weiteren Verlauf ab, den die Schlacht nach der durch das Scheitern der Kavallerieattacken erzwungenen Pause nehmen würde. Gegen 16.00 Uhr nachmittags, als Ney, «emporté par trop d'ardeur», wie Gourgaud schrieb,[56] die spektakulären Kavallerieattacken anführte, war das Corps Bülow aus dem Bois de Paris vor dem rechten Flügel der französischen Front herausgetreten und hatte das ihm zahlenmäßig weit unterlegene VI. Corps Lobaus angegriffen. Die französische Infanterie musste weichen, und die Preußen besetzten den Weiler Placenoit, von dem aus ihre Feldgeschütze die Chaussee nach Charleroi bestreichen konnten. Das gefährdete die Rückzugslinie Napoleons, der deshalb die Junge Garde anwies, Placenoit den Preußen wieder zu entreißen, was umgehend erfolgreich ausgeführt wurde.[57]

Nachdem die Lage hier wieder unter Kontrolle war, konnte Napoleon seine Aufmerksamkeit erneut dem Zentrum zuwenden, wo trügerische Ruhe herrschte. Wie schon am Vormittag war er auch jetzt wieder davon überzeugt, dass der Schlüssel zum Erfolg in der Eroberung von La Haye Sainte und der Zertrümmerung des gegnerischen Zentrums läge. Gegen 18.00 Uhr wies er Ney deshalb an, die Stellung unter Kombination aller drei Waffengattungen, Artillerie, Kavallerie und Infanterie, zu erobern. Das war der vierte Akt, der den Franzosen endlich einen substanziellen Erfolg insofern bescherte, als ihnen schon bei der ersten Attacke das Gehöft in die Hände fiel. Eine hier installierte Batterie nahm aus einer Distanz von weniger als 200 Metern das gegnerische Zentrum unter Feuer und schlug in kurzer Zeit eine Bresche in die Front der Engländer. Das versprach die Entscheidung, denn Wellingtons Truppen begannen zu weichen. Was Ney jetzt nur noch fehlte, war Infanterie, die durch die Bresche vorwärtsstürmte und über den in Auflösung befindlichen Gegner herfiel.[58]

Allein Napoleon ließ sich von den Bitten Neys nicht erweichen, Verstärkungen zu schicken. Zu Neys Adjutanten Heymes, der diesen Wunsch übermittelte, bemerkte er ungehalten: «Woher soll ich die denn nehmen? Erwarten Sie etwa, dass ich sie selber mache?»[59] Es war die Wahrheit, denn Napoleon hatte alle Reserven aufgebraucht. Blieb nur noch die Garde, die er aber wie seinen Augapfel hütete. Für die unverständliche Weigerung, die den zum Greifen nahen Sieg vermutlich verschenkte, hatte Napoleon, der die gesamte Lage überblickte, eine Reihe guter Gründe. Zum einen misstraute er vermutlich den Angaben Neys, der sich schon einmal getäuscht hatte; zum anderen besaß er keine klare Vorstellung davon, wie prekär der Zustand war, in dem sich Wellingtons Zentrum befand. Schwerer wog wohl, dass sich die Situation vor seinem rechten Flügel erneut rapide verschlechtert hatte. Die Junge Garde war von Bülows Corps bei einem Gegenangriff wieder aus Placenoit vertrieben worden. Damit war die Chaussee nach Charleroi gefährdet. Seine Rückzugsmöglichkeiten zu sichern hatte für Napoleon in dieser Situation oberste Priorität. Deshalb blieb Neys Bitte ungehört, und Napoleon warf stattdessen elf Bataillone aus der Reserve an diesen Frontabschnitt. Zwei Bataillone der Alten Garde eroberten Plancenoit mit einem Bajonettangriff zurück. Damit war die Lage vor dem rechten Flügel am frühen Abend gegen 18.45 Uhr wieder stabilisiert.

Ney hatte mit seiner Einschätzung der gegnerischen Front keineswegs übertrieben, denn auch Wellington erkannte die Gefahr, wie ein kundiger Augenzeuge schreibt: «Die große Lücke, die mitten im Zentrum seiner Frontlinie klaffte, betrachtete Wellington als so schwerwiegend, dass er nicht nur Braunschweiger Einheiten dorthin verlegte, sondern auch selber deren Befehl übernahm, aber selbst dann machte es noch größte Schwierigkeiten, hier die Stellung zu halten. (...) In keiner anderen Phase der Schlacht war der Herzog von Wellington einer so großen persönlichen Gefahr ausgesetzt wie bei dieser Gelegenheit, insofern er hier notwendigerweise in dichtes und äußerst verheerendes Infanteriefeuer aus kurzer Distanz geriet.»[60]

In der Schlacht, die seit dem späten Vormittag tobte, hatte bislang noch keine Seite einen entscheidenden Vorteil errungen. Zwar war es den Franzosen nach einer Reihe vergeblicher, aber sehr verlustreicher Versuche gelungen, das unmittelbar vor der Front des Gegners gelegene Gut La Haye Sainte einzunehmen und hier Artillerie in Stellung zu bringen, mit der sie das Zentrum der britischen Verteidigungsstellung in Bresche schießen konnten, doch dieser taktische

Vorteil wurde sogleich wieder dadurch mehr als egalisiert, dass das IV. Corps Bülow den Weiler Plancenoit eroberte und von hier aus die Rückzugsstraße nach Charleroi bedrohte. Außerdem hatte das Schlachtgeschehen die Kräfte beider Seiten erheblich geschwächt. Betrachtete man den Verlauf des erbitterten Ringens bis zum frühen Abend mit den Augen eines Manöverbeobachters, der die Stärken und Schwächen der einen wie der anderen Seite beurteilt, fiele das Urteil eindeutig zuungunsten der Franzosen aus. Die hatten den Verlust eines erheblichen Teils ihrer anfänglichen Kampfkraft durch zahlreiche taktische Fehler oder Fehleinschätzungen leichtsinnig verschuldet, die ihnen in jedem der bislang vier Akte des Waterloo-Dramas unterlaufen waren. Wellington hingegen hatte sich nur einen taktischen Fehler zuschulden kommen lassen, der gravierende Auswirkungen auf die britische Defensive haben sollte, als er es versäumte, La Haye Sainte mit derselben Umsicht und Verbissenheit wie Hougoumont zu verteidigen, an dessen Eroberung die Franzosen ausnahmslos scheiterten.

Zu einem ähnlichen Urteil dürfte auch Napoleon gelangt sein, als gegen 18.45 Uhr am frühen Abend die bedrohliche Situation vor dem rechten Flügel bei Plancenoit stabilisiert war und er die Muße hatte, das Schlachtfeld und die gegnerische Frontlinie zu mustern. Was tun? Jetzt blieb ihm nur noch, die letzte Trumpfkarte auszuspielen: die Garde, von der er noch neun Bataillone als eiserne Reserve zur Verfügung hatte. Das musste der Stich sein, der ihm den Gewinn der Partie verschaffte. Um 19.00 Uhr erhielt die Garde, angeführt vom Kommandeur der Gardeartillerie General Drouot und dem Befehlshaber der 1. Gardeinfanteriedivision General Friant, den Befehl zum Vorrücken. Damit begann der fünfte Akt. Es war das letzte Aufgebot, das noch durch Einheiten des arg dezimierten I. und II. Corps verstärkt wurde, die der Garde in Richtung auf das Zentrum der britischen Front hinterhermarschieren sollten und das Napoleon bis etwa fast 600 Meter an den Gegner heranführte, ehe er das Kommando wieder Ney übergab.

Es war etwa gegen 19.30 Uhr am frühen Abend, als die schräg einfallenden Strahlen der tief stehenden Sonne sehr plastisch eine dunkle Masse von Truppen vor dem satten Grün des Bois de Paris vor dem nordöstlichen Frontabschnitt erkennen ließen. Napoleon entdeckte dieses überraschende Phänomen durch den Feldstecher, reagierte schnell und ließ ausstreuen, es handele sich dabei um Einheiten des Corps von Marschall Grouchy, der sich im Anmarsch auf das Schlachtfeld befände. Diese Mutmaßung ließ Napoleon sofort durch einen Adjutanten an Marschall Ney übermitteln, der einen seiner Adjutanten, Oberst Levavasseur, anwies, diese frohe Botschaft den zum Sturm angetretenen Einheiten zu vermelden: «Ich galoppierte sofort los, und mit meinem Hut auf der Spitze des hochgereckten Säbels ritt ich die Kolonnen entlang mit dem Schrei: *Vive l'Empereur! Soldats, voilà Grouchy!* Tausende von Stimmen antworteten darauf als Echo. Die Begeisterung der Soldaten stieg bis zur Fieberhitze, und alle riefen: *En avant, en avant! Vive l'Empereur!*»[61] Die Begeisterung währte nur kurz und schlug, kaum dass plötzlich hinter den französischen Linien Geschützfeuer zu vernehmen war, in panischen Schrecken um, der umso größer war und umso schneller um sich griff, als er die zuvor geweckten Hoffnungen so jäh dämpfte und sich in dem Schrei kollektiven Entsetzens artikulierte: «*Voyez! Ces sont les Prussiens!*» Die aus den Überresten des I. und II. Corps hastig zusammengestellten Einheiten begannen zu zögern, ihre Kolonnen gerieten ins Wanken, während die Garde ungerührt voranschritt zum Klang der Trommeln, die den *pas de charge* schlugen.

Die Zeichen des Sturms, der sich gegen das Zentrum und den rechten Flügel zusammenbraute, hatte Wellington rechtzeitig erkannt. Die Schwadronen Leichter Dragoner Vandeleurs und die der Husaren Vivians waren von ihm bereits in diesen Frontabschnitt verlegt worden. Hinzu kam die noch intakte und ausgeruhte niederländische Division von Chassé, die, westlich der Front hinter der Ortschaft Braine l'Alleud stehend, bislang an den Kämpfen nicht teilgenommen hatte. Diese Truppen sollten der gefürchteten Garde Napoleons die Stirn bieten, die in einer einzigen Marschkolonne mit einer Frontbreite von über 70 Mann in Begleitung von zwei Batterien der berittenen Artillerie die Anhöhe erklomm. Wenige hundert Schritt vor Erreichen der Frontlinie teilte sich die Kolonne in zwei auf, um an unterschiedlichen Stellen die britische Linie zu erreichen. Die rechte Kolonne erreichte als Erste die Frontlinie, wo sie von Maitland's Guards, die hinter einer Bodenfalte Deckung vor dem Artillerefeuer gesucht hatten, aus kurzer Entfernung mit einem wahren Geschosshagel aus Musketen und Geschützen empfangen wurden. Die Intensität und Geschwindigkeit des Infanteriefeuers – das in der britischen Armee verwendete Gewehr, die «Brown Bess», ließ sich von einem geübten Infanteristen pro Minute zweimal laden und abfeuern, während ein französischer Infanterist in derselben Zeitspanne nur einmal zum Schuss kam – waren weit heftiger, als es die *grognards* der Garde bislang erlebt hatten. Dennoch gelang es den Grenadieren dieser ersten Kolonne, unter entsetzlichen Verlusten in die britische Front einzudringen, bis sie von einer Brigade der Division Chassé, deren leichte Geschütze sie mit einem fürchterlichen Schrapnellfeuer aus kürzester Entfernung überschütteten, zurückgedrängt wurden. Ähnlich erging es der zweiten, ebenfalls durch gegnerisches Artilleriefeuer stark dezimierten Angriffskolonne, die etwas später bis in die britischen Linien vordringen konnte und hier nach anfänglichen Erfolgen von britischen Einheiten, die sie mit dem Bajonett attackierten, zum Stillstand gebracht wurde. Das nun beginnende Gemetzel Mann gegen Mann, bei dem beide Seiten große Verluste erlitten, brachte die Entscheidung, denn die dichten Kolonnen, in denen die Garde aufmarschiert waren, hinderten sie nun daran, sich zügig zu entfalten und den Gegner zu umfassen.[62] Das war zu viel: Die Garde machte kehrt und wandte sich zum Rückzug.[63]

Die Kunde von dieser Bewegung, die sich von der französischen Front wegen der Pulverschwaden, die das Geschehen auf dem Schlachtfeld verhüllten, nicht genau beobachten ließ, verbreitete sich mit der Geschwindigkeit eines vom Sturm angefachten Buschfeuers in dem vielkehlig ausgestoßenen Schreckensschrei *«La Garde recule!»* Das blanke Entsetzen in diesem Schrei war zu viel für die Kampfmoral der französischen Soldaten, die von den seit Stunden anhaltenden Kämpfen erschöpft waren. Das war der Moment, auf den Wellington gewartet hatte, der jetzt den Gegenangriff seiner ganzen Armee befahl, angeführt von den Dragonern und Husaren, deren Schwadronen die gesamte Armee folgte, das Schlachtfeld in seiner ganzen Breite überschwemmte und mit lauten Hurra-Rufen auf die völlig demoralisierten französischen Einheiten zustürmten. Deren Formationen brachen jetzt auseinander, und mit den Rufen «Verrat!» und «Rette sich, wer kann!» wich die Armee in kopfloser Flucht vom Schlachtfeld.[64]

Allein der Disziplin der Jungen Garde, die das lichterloh brennende Plancenoit verteidigte und damit ein Vorrücken von Bülows IV. Corps bis zur Chaussee nach Charleroi zunächst noch vereitelte, sowie den Bataillonen der Garde, die sich in geordnetem Rückzug vom rechten Flügel des Gegners lösten und die ihre stark gelichteten Reihen rechts und links der das Schlachtfeld vertikal durchschneidenden Chaussee zu drei Karrees formierten, an denen sich die Wellen von Wellingtons voranstürmender Kavallerie brachen, verhinderten einen Flankenvorstoß der Preußen, denen dieses Menschenknäuel in wilder Unordnung, der einmal die *Armée du Nord* gewesen war, eine leichte Beute gewesen wäre. Der Disziplin der Garden war es zu danken, dass sich die Flüchtenden in völliger Auflösung nach Süden absetzen konnten. Vergeblich waren alle Versuche der Offiziere, die sich bei den Karrees eingefunden hatten, diese zum Stehen zu bringen, um in dem herrschenden Chaos einen letzten, verzweifelten Widerstand zu organisieren.[65] Es war alles umsonst, wie auch Napoleon einsehen musste, der Oberst Petit, dem Befehlshaber des 1. Bataillons der Garde, unweit von La Belle Alliance, den Befehl zum Rückzug erteilte.[66]

Die britisch-niederländische Armee biwakierte auf dem Schlachtfeld, dessen Fläche dicht bedeckt war mit über 45 000 toten oder verwundeten Soldaten und mehr als 15 000 toten oder sterbenden Pferden.[67] Der Mond, der an einem fast wolkenlosen Himmel stand, warf sein fahles Licht auf eine Szenerie fürchterlichen Schreckens, auf die wächsernen Gesichter der Toten. «Hier und da», so die Schilderung des britischen Artilleriehauptmanns Mercer, «saß ein armer Teufel inmitten der zahllosen Toten und suchte verzweifelt den Strom zu stillen, mit dem ihn sein Leben so rasch verließ. Viele von denen, die ich in der Nacht damit beschäftigt sah, lagen, als der Morgen anbrach, so steif und still da wie jene, die vor ihnen dahingegangen waren. Hin und wieder suchte sich eine Gestalt vom Boden aufzurichten, um mit einem verzweifelten Röcheln wieder hinzusinken. Andere, die sich langsam und mühsam erhoben, die noch mehr Kraft oder weniger

*Napoleon bei Waterloo*

schwere Wunden hatten, wankten mit unsicheren Schritten über das Feld auf der Suche nach Hilfe. Vielen von ihnen folgte ich mit meinem Blick, bis sie von der Dunkelheit verschluckt wurden; viele andere jedoch sanken nach wenigen stockenden Schritten wieder zu Boden und haben sich vermutlich nie wieder erhoben. Es zerriss einem das Herz – und doch war der Blick gebannt. Auch Pferde, sanfte, geduldige und leidende Kreaturen, erregten das Mitleid. Einige, die mit heraushängenden Eingeweiden auf dem Boden lagen, lebten noch. Wie ihre menschlichen Leidensgenossen versuchten sie bisweilen aufzustehen, fielen aber wie diese sofort wieder um, hoben ihre armen Köpfe, warfen einen schwermütigen Blick zur Seite und legten sich wieder ruhig nieder, um nach einer Weile diese Bewegung zu wiederholen, so lange, bis sie keine Kraft mehr dazu hatten. Dann schlossen sich ihre Augen, und ein kurzes Zittern, das den Leib durchzuckte, machte ihrem Leiden ein Ende.»[68]

Das Spiel war aus. Die Katastrophe ließ sich nicht beschönigen. Der *Bulletin de l'Armée*, datiert von Laon am 20. Juni 1815, der über das Debakel informierte, beschloss die napoleonische Epopöe mit den Worten: «Das war der Ausgang der Schlacht am Mont-Saint-Jean, ruhmreich für die französische Armee und dennoch so unheilvoll.»[69] Das Fazit, das Napoleon, am 21. Juni wieder in Paris angelangt, am darauffolgenden Tag im Palais de l'Elysée in einer Erklärung an das französische Volk daraus zog, war von schlichter Kürze: «Ma vie politique est terminée.»[70]

# NEUNTES KAPITEL

# GEWINNER UND VERLIERER

Napoleon, der bis ans Ende seines Lebens stets andere, Grouchy, Ney oder Soult, um nur diese zu nennen, für die Niederlage in der Schlacht bei Waterloo verantwortlich machte, übersah damit geflissentlich, dass er selber die Hauptverantwortung an diesem Ausgang trug. Ob sein angegriffener Gesundheitszustand dabei eine Rolle spielte, kann dahinstehen. Offensichtlich jedoch ist er in den beiden Schlachten von Ligny und Waterloo von der konsequenten Verfolgung des strategischen Konzepts abgewichen, dem er seine Erfolge in den Anfängen und der Spätphase seiner Feldherrnkarriere zu verdanken hatte, als er gegen überlegene Gegner fechten musste. Dieses Konzept sah vor, die eigene Unterlegenheit durch geschicktes Manövrieren so zu überspielen, dass der Stärkere veranlasst wurde, seine Streitmacht aufzuteilen, die es dann nacheinander auszuschalten galt. Voraussetzungen dafür waren eine raumdeckende Dislozierung der eigenen Kräfte, das Prinzip, stets die Initiative über den Gegner zu behaupten oder, im entgegengesetzten Fall, sie ihm sofort offensiv streitig zu machen, sowie Schnelligkeit und hohe Beweglichkeit der eigenen Truppen, die auch die Ausführung komplizierter Manöver während einer Schlacht erlaubten.

Dementsprechend waren die napoleonischen Armeen in Divisionen zu je vier Halbbrigaden gegliedert, von denen jede drei Bataillone umfasste, die ihrerseits wiederum aus je neun Kompanien bestanden. Dem lag der Gedanke zugrunde, dass jede Division als eigenständiger Kampfverband operieren sollte. Deshalb umfasste sie alle damals üblichen Waffengattungen: Infanterie, Artillerie, Kavallerie und Pioniere. Diese Gliederung nutzte Napoleon, um mehrere Divisionen zu einem Armeecorps zusammenzufassen. Damit verschaffte er sich das sehr flexible Instrument für weiträumig angelegte und bewegliche Operationen, die es ihm erlaubten, gleichzeitig an unterschiedlichen Fronten offensiv zu sein. Es war wohl die Kenntnis dieser Taktik, die Wellington veranlasste, Blüchers Nachrichten über einen Vorstoß Napoleons über die Sambre so lange zu ignorieren, bis eine Konzentration der britisch-niederländischen Truppen in der Nähe des rechten Flügels der Preußen auf der Höhe von Quatre-Bras aus Zeitgründen nicht mehr möglich war.

Napoleons Kampagne von 1815 fußte auf jenem strategischen Konzept eines *manoeuvre sur position centrale*, dessen Prinzip er im Gespräch mit Gourgaud später in die griffige Maxime fasste: «Die große Kunst des Generals, der sich seinem Gegner unterlegen weiß, besteht darin, ihm auf dem Schlachtfeld überlegen zu sein.»[1] Der Schlüssel dafür lag in der Schwachstelle der gegnerischen Front, auf die der Angriff konzentriert werden musste, etwa das Scharnier, an dem sich die Flügel zweier gegnerischer Armeen berührten, das meist nur schwach besetzt war. War diese Schwachstelle aufgebrochen, ließ Napoleon das Gros seiner Armee in diese Lücke einrücken, die sich oft schon dadurch vergrößerte, dass die beiden gegnerischen Armeen oder Flügel unter der Wucht des Angriffs auseinanderwichen. War das geschehen, behauptete Napoleon die «zentrale Position», das heißt, er hatte die eigene Streitmacht zwischen den beiden gegnerischen Armeen aufgestellt, wodurch diese nur noch über die «äußere Linie» operieren konnten, also eine wesentlich größere Distanz überwinden mussten, um von einer Flanke zur anderen zu gelangen. Napoleon hingegen behauptete von der «zentralen Position» aus die «innere Linie», die ihm die Chance bot, sich sofort mit geballter Kraft auf eine der beiden gegnerischen Armeen zu werfen. Damit ihm die gegnerische Armee aber nicht ihrerseits in die Flanke oder den Rücken fallen konnte, teilte er seine

Truppen in einen rechten und einen linken Flügel sowie in eine zentrale Reserve auf.

Nach dieser Umgruppierung begann die eigentliche Schlacht, die sich entweder derart entwickelte, dass der angreifende Flügel nur eine Finte ausführte, um die Aufmerksamkeit des Gegners zu fesseln, während gleichzeitig die Reserve zum Umfassungsmanöver ansetzte, um den Gegner in der Flanke oder im Rücken zu packen. Oder die Reserve unterstützte den einen Flügel bei einem Frontalangriff, während sich der am akuten Kampfgeschehen nicht beteiligte Flügel als *corps d'observation* in Reserve hielt, der die andere gegnerische Armee daran zu hindern hatte, in die Schlacht einzugreifen.

Die erste Phase der Kampagne von 1815, der Angriff über die Sambre am 15. Juni, stand trotz einiger Friktionen im Einklang mit dem strategischen Konzept dieses *manoeuvre sur position centrale*. Dessen weitere Umsetzung misslang jedoch am 16. Juni, dem Tag der Schlacht von Ligny, vollständig. Zum einen gelang es weder Ney, den der Gegner bei Quatre-Bras blockierte, noch dem Corps von d'Erlon, das Umfassungsmanöver um die preußische Armee auszuführen; zum anderen vertrödelte Napoleon unfassbar viel Zeit, den geschlagenen Gegner zu verfolgen und aufzureiben. Schließlich beging er den fatalen Fehler, die eigene Armee zu teilen und Grouchy mit einem Corps von 30 000 Mann viel zu spät auf die Verfolgung Blüchers anzusetzen, der unterdessen längst über alle Berge war.

Damit verkehrte sich das gesamte strategische Konzept ins Gegenteil: Die Alliierten konnten, obwohl die preußische Armee geschlagen, aber keineswegs vernichtet oder kampfunfähig war, ihre Streitkräfte am übernächsten Tag vereinigen und mit den daraus resultierenden erheblichen taktischen Vorteilen die Schlacht bei Waterloo schlagen. Napoleon dagegen hatte seine Truppen geteilt und besaß keine Möglichkeit, sie für die Schlacht rechtzeitig wieder zu konzentrieren. Das setzte ihn am 18. Juni in ebenjenen Nachteil, den er mit dem Konzept der «zentralen Position» zu überwinden gesucht hatte. Mit einer vergleichbaren Situation war er zuvor noch nie konfrontiert worden. Demgegenüber sahen die Alliierten ein, dass allein die Vereinigung ihrer Truppen den Schlüssel zum Erfolg bot, weshalb Gneisenau den Entschluss fasste, die preußische Armee nicht nach Lüttich in Sicherheit zu bringen – eine Hoffnung, an die sich Napoleon klammerte –, sondern sich nach Norden, nach Wavre, zurückzuziehen. Die Fehler, die Napoleon am 16. Juni unterliefen, summierten sich am 18. Juni zu seinem Verhängnis, das Damitz mit den Worten kommentierte: «Mit denselben Waffen, mit denen sonst Napoleon seine Feinde schlug, nämlich: seine Streitkräfte auf den entscheidenden Punkten eher vereinigt zu haben, wie seine Gegner, wurde er jetzt selbst bekämpft, und zwar auf eine so kräftige Weise, dass sein Untergang die unmittelbare Folge davon wurde.»[2]

Die Flucht der französischen Armee vom Schlachtfeld, die dank der sofort einsetzenden energischen Verfolgung durch die preußische Armee deren völlige Auflösung bewirkte, besiegelte die Niederlage Napoleons, der seinem Untergang jetzt nichts mehr entgegenzusetzen hatte. Das war, wie man festhalten muss, eine unbestreitbare Gewissheit. Trotz oder gerade wegen der vielen Augenzeugen und Berichte über Verlauf und Ausgang der Schlacht von Waterloo sind die Erzählungen über das Geschehen von zahlreichen Legenden und Wahrnehmungen überlagert, die auch eine spätere Beurteilung und Einordnung des Geschehens beeinflussen. Das wundert nicht, weil darin das in der Spätphase der Napoleonischen Kriege aufflammende Nationalbewusstsein der Völker Europas zum Vorschein kam, das im weiteren Verlauf des 19. Jahrhunderts üppig erblühte. Es verpflichtete dazu, bisweilen über jede Gebühr den Anteil der je eigenen Nation herauszustreichen, deren Soldaten in dieser Schlacht gefochten hatten.

Besonders schön zeigt sich dieses Streben an nebensächlichen, gleichwohl symbolisch hochkonnotierten Begebenheiten. Die Frage etwa, wo sich Wellington und Blücher am Abend nach der Schlacht begegneten, entfaltet in diesem Zusammenhang besondere Relevanz. In preußischen Darstellungen ist unisono die Rede, die beiden verbündeten Feldherren seien beim Wirtshaus von La Belle Alliance zusammengetroffen und hätten sich herzlich umarmt. Das entspricht zwar den verbürgten Tatsachen, lieferte aber zugleich eine hübsche Postkarte, mit der sich die britisch-preußische Waffenbrüderschaft und der fraglos gleichberechtigte Anteil beider am Sieg über Napoleon ikonografisch eindeutig fixieren ließ. Dass die Begegnung an diesem

*Zusammentreffen von Blücher und Wellington bei Belle Alliance*

Ort mit dem für das Geschehen so überaus bezeichnenden Namen stattfand, wird in der Schilderung von Damitz zwingend daraus abgeleitet, sowohl Wellington wie Blücher hätten unabhängig voneinander ihren Truppen das «rote Ziegeldach» des Gasthofs als «Richtungspunkt» für den Vormarsch angegeben. Aufseiten der Preußen war man, so Damitz, überdies der Meinung, «dass mit dem Erreichen dieses Punktes der Sieg errungen werden und dass das Zusammentreffen mit den Engländern zum Gewinn der Schlacht hier stattfinden müsse». Also erfuhr dieser Ort in der preußischen Regie von vorneherein seine symbolische Zuordnung, die sich dann folgerichtig erfüllte. «Als daher beide Heere», schreibt Damitz weiter, «und durch eine Gunst des Zufalls auch die Feldherren Blücher und Wellington hier zusammentrafen, so befahl der Feldmarschall, im Gefühl des durch die brüderliche Hülfsleistung beider Heere erfochtenen Sieges, dass diese Schlacht die Schlacht von Belle Alliance genannt werden sollte.»[5]

*Aktuelles Bild des Gasthofes «La Belle Alliance»*

In Müfflings Bericht ist von einer Begegnung Blüchers und Wellingtons in Belle Alliance nicht die Rede, sondern er sagt lediglich, dass sich die beiden Feldherren «später trafen» und dabei «mit Anstand verabredet» hätten, «dass die preußische Armee die Verfolgung [i. e. des in wilder Flucht befindlichen französischen Heeres] übernehme. Um Mitternacht, in Waterloo, von der Verfolgung zurückkommend, die ich mit der preußischen Armee bis vor Genappe fortgesetzt hatte, sagte ich dem Herzog, der Feldmarschall werde die Schlacht *Belle Alliance* benennen. Er gab mir keine Antwort darauf, und ich bemerkte sogleich, dass er nicht die Absicht hatte, ihr diesen Namen zu geben. Ob er nun fürchtete, sich selbst oder seiner Armee etwas dadurch zu vergeben, – ich weiß es nicht, indes er hatte in seinem vorläufigen Bericht nach England, die Schlacht wahrscheinlich bereits Schlacht bei Waterloo genannt, denn er war gewohnt, seine in Indien und Spanien gewonnenen Schlachten nach seinem Hauptquartier zu benennen.»[4]

Auch Prinz August von Thurn und Taxis, der bayerische Liaisonoffizier im Stabe Blüchers, berichtet von der Begegnung lediglich:

«Kurz nachdem der alte Herr [i. e. Blücher] selbst die große Strasse
[i. e. die Chaussee nach Charleroi] erreicht, stieß er in der Dunkelheit
und wirklich ganz von ungefähr auf den Herzog von Wellington. Sie
begrüßten sich wechselseitig als Sieger und umarmten sich.»[5] Dem
ganz ähnlich schilderte Wellington das Zusammentreffen in einem
Gespräch am 4. November 1840: «Blücher und ich trafen uns in der
Nähe von La Belle Alliance; wir saßen beide zu Pferd, aber er umarmte und küsste mich, indem er ausrief: *Mein lieber Kamerad* und
dann *quelle affaire!*, was so ziemlich alles war, was er an Französisch
beherrschte.»[6] Captain Gronow, der mit seinen Leuten im Obstgarten
von La Belle Alliance gegen 9.00 Uhr abends das Biwak bezogen
hatte, gibt eine genauere Schilderung: «Augenblicklich wurden wir
durch den Schall von Trompeten aufgestört. Zusammen mit einigen
anderen Offizieren erhob ich mich eilends und gewahrte, dass die
Trompeten von einem preußischen Kavallerieregiment geblasen
wurden, das Blücher anführte. Der Herzog von Wellington, der sich
mit Blücher hier verabredet hatte, erschien auch auf der Szene, und
die beiden siegreichen Generäle begrüßten sich auf das Herzlichste.
Nach einer kurzen Unterredung ritt unser Chef nach Brüssel, während Blücher und die Preußen sich ihrer Armee anschlossen, die
unter General Gneisenau bereits die Verfolgung der Franzosen aufgenommen hatte.»[7]

Für die preußischen Historiker war es alles andere als eine Neben-
sächlichkeit, wo die im Grunde für das Geschehen belanglose Begegnung der beiden Feldherren stattfand, denn mit dem Namen «Belle
Alliance» war für sie der gleichberechtigte Anteil Blüchers und Preußens am Sieg über Napoleon demonstrativ verknüpft. Ganz deutlich
wird das in der «Napoleons Untergang 1815» gewidmeten Darstellung
Lettow-Vorbecks ausgesprochen, die 1904 als Beitrag in der offiziö-
sen Reihe «Geschichte der Befreiungskriege 1813–1815» erschien:
«Der englische Heerführer kehrte zurück, bei Belle Alliance traf er
mit Blücher zusammen, und beide siegreichen Feldherren beglück-
wünschten sich zu dem gemeinsam errungenen Siege. Blücher erbot
sich, die Verfolgung zu übernehmen. Der Herzog setzte seinen Weg
nach dem früheren Quartier in Waterloo fort und benannte nach diesem ganz außerhalb des Kampfplatzes liegenden Orte die Schlacht.

Wie viel richtiger ist dagegen die preußische Benennung nach dem Kampfobjekte *Belle Alliance*, das zugleich das innige Zusammenwirken der beiden verbündeten Heere bezeichnet, dem der herrliche Sieg zu danken war.»[8]

In von Ollechs Darstellung der Episode aus dem Jahr 1876 scheint zwar noch nicht das Urteil vom «perfiden Albion» als Palimpsest durch, aber dafür ist die Begegnung der beiden Feldherren liturgisch zu einem spontanen «Zapfenstreich» im Reclam-Format aufgerüstet: «Bei Belle Alliance war es, wo Blücher und Wellington persönlich (sic) zusammentrafen und einer den anderen herzlich umarmte. In diesem Augenblick bestand kein Zweifel darüber, was die Preußen den Engländern und umgekehrt auch die Engländer den Preußen Großes geleistet hatten.

Auf Veranlassung des Grafen von der Groeben, der an der Seite der Bergschotten [i. e. des Regiments der mit Schimmel berittenen Scots Greys], in Verbindung mit der Kavallerie Röders, von Papelotte auch bis hierher gekommen war, stimmte das nächste preußische Trompeter-Korps das *Te deum laudamus* an, nach Luthers Übersetzung:

*Herr Gott, Dich loben wir!*
*Herr Gott, wir danken Dir!*
*Heilig ist unser Gott!*

Und viele Stimmen fielen in dem Dunkel der Dämmerung ein. Über das blutige Schlachtfeld ging das Gefühl hin, dass hier ein Gottgericht vollzogen worden sei. Engländer und Preußen hatten in diesem Kampfe die Probe treuester Waffenbrüderschaft bestanden.»[9]

Die Rubrizierung der Schlacht unter dem Namen «Belle Alliance» war für die preußische Seite aus verständlichen Gründen bedeutsam. Aus ebendenselben Gründen kam dieser Name für Wellington nicht in Betracht: Waterloo war *seine* Schlacht und *sein* Sieg. An beiden hatten die Preußen in *seiner* Sicht zwar einen gewissen Anteil, der aber nicht als wirklich entscheidend gewertet werden konnte, weil ihr Erscheinen auf dem Schlachtfeld erst am späteren Nachmittag zu einem Zeitpunkt Wirksamkeit zu entfalten begann, als vier der fünf Akte des Schlachtgeschehens bereits mit Bravour allein von britischen, hannoverschen und Braunschweiger Soldaten unter Beteiligung der niederländisch-belgischen Armee bestritten worden waren, die bereits die Kampfkraft der Franzosen gebrochen hatten.

Ganz am Ende des Berichts über Verlauf und Ergebnis der Schlacht bei Waterloo, den Wellington am 19. Juni 1815 an Kriegsminister Lord Bathurst sandte, hat er in diplomatisch geschickten Wendungen den Anteil der preußischen Armee am Sieg über Napoleon gewürdigt: «Ich würde weder meinem eigenen Empfinden noch dem von Feldmarschall Blücher und der preußischen Armee gerecht werden, wenn ich den erfolgreichen Ausgang dieses kräftezehrenden Tages nicht der bereitwilligen und zeitigen Unterstützung zugutebrächte, die ich von deren Seite erhielt. Die Operation, die General Bülow gegen die Flanke des Gegners unternahm, war außerordentlich entscheidend. Selbst wenn ich nicht imstande gewesen wäre, den Angriff auszuführen, der das finale Ergebnis erzielte, würde Bülows Vorgehen den Feind zum Rückzug gezwungen haben, sobald seine Attacken gegen uns fehlschlugen, und diese Operation würde ihn auch daran gehindert haben, aus seinen Angriffen, wenn sie unglücklicherweise von Erfolg gekrönt gewesen wären, irgendeinen Vorteil zu ziehen.»[10]

Ihrer diplomatischen Girlanden entkleidet, lautet diese Botschaft: Ich, Wellington, habe allein mit meiner Armee die Schlacht gewonnen; die Beteiligung der Preußen beschränkt sich darauf, die Eindeutigkeit ihres für die Alliierten siegreichen Ausgangs zu unterstreichen. Das war die Sicht Wellingtons, die jedoch nicht mit einer nüchternen Betrachtung des Schlachtverlaufs übereinstimmt. Andererseits war Waterloo, was häufig übersehen wird, weniger der Sieg des Militärs Wellington als der des Politikers gleichen Namens, wie schon Müffling argwöhnte, der den großen Angriff der arg dezimierten britischen Einheiten in der letzten Phase der Schlacht auf die bereits in Auflösung und Flucht befindlichen Franzosen in diesem Sinn deutete:

«Der Herzog sagte mir, er werde seine ganze Linie avancieren lassen, und begab sich demzufolge vor ihre Mitte (zwischen La Haye Sainte und Hougoumont). Als die Linie der Infanterie antrat, sah man überall Häufchen von nur einigen hundert Mann mit großen Zwischenräumen vorrücken. Die Stellung, in welcher die Infanterie gefochten hatte, war, so weit man sehen konnte, mit einer roten Linie bezeichnet, so viel Blessierte und Tote in ihren roten Uniformen waren liegen geblieben. (...) Dieses Vorrücken hatte wahrscheinlich einen politischen Grund. Der Herzog übersah mit seinem Kennerblick, dass die französische Armee nicht mehr gefährlich war, er wusste zwar eben so gut, dass er mit seiner so zusammengeschmolzenen Infanterie nichts Bedeutendes mehr ausrichten konnte, aber wenn er stehen blieb, und der preußischen Armee allein die Verfolgung überließ, ohne die Aufstellung zu verlassen, so hätte die Schlacht vor ganz Europa das Ansehen gehabt, als ob die englische Armee sich zwar tapfer verteidigt, aber die preußische Armee sie allein entschieden und gewonnen hätte.»[11]

Müffling hat die Absicht des *brinkmanship*, das Wellington in der Schlacht von Waterloo unter Beweis stellte, sehr richtig erfasst. Doch konnte er nicht absehen, dass der Sieg bei Waterloo die unangefochtene Weltmachtrolle Großbritanniens und seine Dominanz des europäischen Mächtekonzerts für das folgende Jahrhundert gewissermaßen formell beglaubigte. Daraus ergab sich zwangsläufig, dass sich Wellington durchsetzte und in der Wahrnehmung der englischen Öffentlichkeit der Sieg in dieser Schlacht ausschließlich den britischen Waffen zugesprochen wurde und wird.[12] Die Feierlichkeiten zum 200. Jahrestag der Schlacht am 18. Juni 2015, auf deren Ausrichtung man getrost rechnen darf, werden das in schöner Deutlichkeit vermutlich einmal mehr zeigen.[13]

Die Versuche der preußisch-deutschen Geschichtsschreibung, die Monopolisierung des militärischen Sieges, gestützt auf einsichtige Gründe, zu bestreiten, die bis zum Beginn des Ersten Weltkriegs unternommen wurden, konnten nie verfangen, weil Waterloo allzu eindeutig den politischen Sieg Großbritanniens repräsentierte und zum Zweiten die Schlacht im Bewusstsein der preußischen oder «kleindeutschen» Öffentlichkeit kein Ereignis war, das im Zusammenhang mit den «Befreiungskriegen» gesehen wurde. In dieser Wahrnehmung galt Waterloo als eine Schlacht, in der Großbritannien mit preußischer Beteiligung über Napoleon siegte. Deshalb hatte Waterloo zu keiner Zeit die Bedeutung eines preußischen, geschweige deutschen «Erinnerungsorts» und spielte auch keine Rolle bei der

Entwicklung des «Erbfeindbegriffs», der das deutsch-französische Verhältnis während des 19. Jahrhunderts prägte.[14] Bedeutung als «Erinnerungsort» hatten neben den «Befreiungskriegen» von 1813/14 nur zwei andere Schlachten: die «Völkerschlacht» von Leipzig im Herbst 1813 und die Schlacht bei Sedan Anfang September 1870. Aber auch wenn der Sedanstag am 2. September im Kaiserreich von 1871 bis 1918 als Nationalfeiertag begangen wurde, übrigens unter allen politischen Fest- und Feiertagen der Deutschen mit Abstand der populärste, ist die Erinnerung an diese Schlacht seither aus dem historischen Gedächtnis spurlos verschwunden,[15] während Leipzig anlässlich des 200. Jahrestags der Schlacht 2013 auf ein zwar lebhaft publizistisches, aber nur harmlos folkloristisches Interesse stieß, das die Dämonen der deutsch-französischen «Erbfeindschaft» nicht wieder zu neuem Leben erweckte.

Ähnlich ist es um die Erinnerung an Waterloo im Nationalbewusstsein von Belgiern und Holländern bestellt. Beide Völker wurden im Frühjahr 1815 vor allem auf Betreiben Großbritanniens vom Wiener Kongress zum Vereinigten Königreich der Niederlande im Frühjahr 1815 in der Absicht zwangsvereinigt, die neue europäische Ordnung durch einen halbwegs mächtigen Pufferstaat an der Nordostgrenze Frankreichs auf Dauer zu stabilisieren. Die Schlacht von Waterloo war die «Bluttaufe» dieses Königreichs, das deshalb den 18. Juni seit 1818 als Nationalfeiertag beging. Zuvor schon hatte der niederländische König Willem I. im Dezember 1815 beschlossen, auf dem Schlachtfeld von Waterloo ein großes Denkmal errichten zu lassen. Heraus kam der rund 42 Meter hohe, mit Gras bewachsene Erdhügel in Form eines an der Spitze abgeplatteten Kegels, auf dem auf einem steinernen Sockel ein Löwe aus Bronze steht. Dieses Symbol lässt sich, wenngleich so nicht beabsichtigt, gleich dreimal zuordnen, denn der Löwe figuriert im Wappen Englands, Belgiens und der Niederlande.

Das bizarre Monument, dessen mächtiger, aus rund 290 000 Kubikmeter Erdreich bestehender Sockel 1824–1826 von über 2000 Arbeitskräften – dem Hörensagen nach Frauen, die sonst in den Kohlegruben von Lüttich arbeiteten – auf dem Mont-Saint-Jean aufgeschüttet wurde, sollte nach dem Willen seines Stifters einstehen für die «Ruhe,

*Der Löwenhügel*

die sich Europa auf den Ebenen von Waterloo erobert hat», und an
den Sieg der Alliierten erinnern, die jedoch nicht namentlich auf-
geführt sind. Stattdessen trägt das Denkmal, wie von Willem I. entschieden, lediglich das Datum der Schlacht.[16] Damit überspielt das
ungeschlachte Monument, für dessen Errichtung die Topografie der
britischen Frontlinie derart ruiniert wurde, dass Wellington, als er
zwei Jahrzehnte später hier zu Besuch weilte, sie kaum wiederer-
kannte,[17] listig den ihm gleichsam subkutan eingestifteten Sinn, denn
das Haus Oranien war dank des Königreichs der Vereinigten Niederlande der große Gewinner der Schlacht von Waterloo.[18]

Um die eine wie die andere Sinnstiftung des Denkmals war es
aber schon vier Jahre nach seiner feierlichen Einweihung geschehen, denn in der Julirevolution von 1830 spaltete sich der belgische
Landesteil vom Königreich der Vereinigten Niederlande ab. Die Tren-
nung war ironischerweise eine Nebenfolge der Schlacht von Waterloo, denn der spezifisch belgische Nationalismus entzündete sich
nicht an der vorherigen Annexion des Landes durch Frankreich, son-

dern bildete sich erst nach der vom Wiener Kongress gewollten und im Frühjahr 1815 vollzogenen Vereinigung mit den Niederlanden aus, die Waterloo dann besiegelte.

Die Schaffung eines unabhängigen belgischen Königreichs, sanktioniert von den fünf Großmächten auf der Londoner Konferenz im Januar 1831, ließ auch die in beiden Ländern mit Waterloo verbundene Erinnerung auseinander-, wenn nicht gar in Gegensatz zueinander treten. Wie zuvor die Preußen beteiligten sich nun auch Niederländer an der Konkurrenz um den in Waterloo errungenen Sieg, indem sie für sich beanspruchten, wegen der großen Zahl niederländischer Soldaten in der Schlacht entscheidenden Anteil am Erfolg gehabt zu haben. Das ließ in den Niederlanden eine breite patriotisch-revanchistische Strömung entstehen, die erst gegen Ende des 19. Jahrhunderts verschwand und in Erinnerungen an den «Löwenmut» der niederländischen Truppen und des Erbprinzen schwelgte. Ebenso wie die preußischen sind auch die in die Erinnerung an Waterloo einst eingewebten niederländischen Geltungsansprüche seitdem spurlos verschwunden.

Ganz anders verlief der mit Waterloo verknüpfte Erinnerungsprozess in Belgien: Einerseits waren Belgier in französischer oder niederländischer Uniform an der Schlacht beteiligt; andererseits verdankte Belgien das Erbe seiner politischen wie wirtschaftlichen Modernisierung und damit wesentliche Prägungen des eigenen Nationalbewusstseins der Französischen Revolution und dem napoleonischen Empire, deren Herrschaft fast eine Generation gedauert hatten. Das bedeutete eine gewisse Zerrissenheit der Waterloo-Erinnerung, die jedoch der Stolz überlagerte, von der Tapferkeit der belgischen Soldaten genährt, die aufseiten der Sieger gekämpft hatten,[19] deren Beitrag von den Engländern aber verletzend gering veranschlagt wurde.[20] Umso mehr wollte man den selbstredend als sehr bedeutend eingestuften Beitrag belgischer Soldaten in umständehalber niederländischer oder französischer Uniform herausstellen. Dieser Aufgabe widmeten sich belgische Historiker und Künstler bis in die Zeit vor Beginn des Ersten Weltkriegs.[21] Dieser Strang einer chauvinistisch aufgeladenen Erinnerung ist auch in Belgien längst abgestorben. Was heute allenfalls Waterloo noch eine gewisse politische Virulenz verschafft, ist die politische Zwietracht zwischen der französischen und flämischen

Sprachgemeinschaft in Belgien. Die Wallonen machten gelegentlich Anstalten, das auf ihrem Gebiet stehende Löwenmonument zu zerstören, weil sie darin eine auf Frankreich abzielende Anmaßung der Flamen zu erkennen wähnten.[22]

Bis heute sehr präsent ist Waterloo neben Großbritannien in Frankreich, denn Napoleons Erbe an die Zukunft des Landes reicht noch immer so weit, wie dieses einerseits bewundert wird und andererseits umstritten ist. Deshalb ist auch die Erinnerung an Waterloo in Frankreich noch lebendig, zumal diese Niederlage später durch das Geschehen von Faschoda (1898) oder Mers-el-Kébir (1940) im Bewusstsein einer breiten Öffentlichkeit wieder wachgerufen wurde.[23] Daran zeigt sich, dass im ausgeprägten nationalen Selbstwertgefühl Frankreichs Waterloo eine offene Wunde ist, deren Heilung mit bisweilen absurden Deutungen gefördert werden sollte.[24] Das hat Napoleon schon umgetrieben, der deshalb auf Sankt Helena bis zum Ende seiner Tage damit haderte, welche Fehler die Niederlage bei Waterloo und den endgültigen Untergang seines Kaiserreichs unvermeidlich gemacht hätten. Diesen Prozess haben die vier «Evangelisten», die ihm in der Verbannung Geleit gaben, protokolliert, der Nachwelt überliefert und damit einen wichtigen Beitrag dazu geleistet, die Erinnerung an sein Wollen und seine Herrschaft, das napoleonische Erbe also, in seinem Sinne mündelsicher auszugestalten und mit der französischen Geschichte über den Epochenbruch der Revolution hinweg zu synchronisieren.[25] Ganz im Sinne Napoleons wird deshalb bis heute das traumatische Erlebnis Waterloo mit der paradoxen Formel der «Défaite heureuse», der «glücklichen Niederlage», mit diesem Erbe vermittelt.[26]

Der Begriff der «Défaite heureuse» ist zwar auf Waterloo gemünzt, aber die Niederlage Napoleons in dieser Schlacht wird als Chiffre für das eklatante Scheitern der Restauration der Kaiserherrschaft verstanden, die am 20. März begann und am 22. Juni 1815 mit der Abdankung des Protagonisten endete, verbunden mit seinem Verzicht, künftig Politik in eigener Verantwortung zu gestalten. Diese Episode von nur 94 Tagen zeitigte eine katastrophale Bilanz, deren Folgen sich lange auswirkten. Sie bescherte Frankreich eine militärische Niederlage, ein außenpolitisch-diplomatisches Debakel, eine finanzielle Katastrophe und ein erneutes Aufreißen der inneren Fronten durch Säuberungen, politische Prozesse und eine insbesondere im Süden des Landes grassierende Lynchjustiz, deren prominentestes Opfer Marschall Brune wurde.[27]

Dem kollektiven Gedächtnis brannte sich besonders nachdrücklich das Erlebnis einer nach dem zweiten Pariser Frieden vom 20. November 1815 noch für drei Jahre fortdauernden Besatzungsherrschaft der Alliierten in den nord-östlichen Departements ein, deren rund 150 000 Soldaten Frankreich zu ernähren und zu besolden hatte. Während der Dauer dieses Regimes mussten also horrende Requisitionen aufgebracht werden, und insbesondere die preußischen Truppen, das Gros der Besatzungssoldaten, schwelgten in einer Orgie von Gewalt, Plünderung und Zerstörung. Dahinter stand ein System, wie der Schweizer Ökonom und Historiker Sismondi in einem Brief an seine Mutter argwöhnte, der die preußischen Generäle verdächtigte, Frankreich in einen Zustand zu versetzen, «als ob das Feuer des Himmels darüber hinweggegangen wäre».[28]

Das war kaum übertrieben, wie eine umfangreiche Denkschrift eines Vertrauten des preußischen Königs, des Generalleutnants Karl Friedrich von dem Knesebeck, vom 4. August 1815 zeigt, der in einer gründlichen Schwächung Frankreichs die einzige Chance erkannte, den Frieden auf Dauer zu sichern. Seine an Wellington gerichteten Empfehlungen rechtfertigte er mit der Einschätzung: «Diese Generation, die mit der Revolution groß geworden ist, wird revolutionär bleiben. – Die Arroganz und der Dünkel sind bei ihr an die Stelle von Tatkraft und Charakter getreten, der Geldwert an die der Ehre, die Zügellosigkeit an die liberaler Gedanken. Schließlich gilt die Treue zu den Schwüren ihr nur als ein Wortspiel, dem, wie sie selbst zugeben, die anderen Nationen keinerlei Wert beimessen können. Eine solche Nation kennt keine moralischen Bindungen, und man muss deshalb bei anderen Maßnahmen seine Zuflucht suchen, um darauf hoffen zu können, dass sie Frieden wahrt.»[29]

Das Schreiben von dem Knesebecks suchte Wellington für französische Revanchegelüste zu sensibilisieren und für Vorschläge Preußens zu deren Prävention geneigt zu machen. Was der preußische Generalstab konkret plante, findet sich realpolitisch zugespitzt im

Schreiben, das Gneisenau bereits am 22. Juni 1815 von Chatillon sur Sambre an Kanzler Hardenberg schickte: «Anspach und Baireuth muss uns erworben werden, und wir dagegen Baierns Entschädigung im Elsaß erobern. Die Festungen der Mosel und des Rheins müssen von Frankreich abgerissen werden, nebst Lothringen, und alles Land, dessen Flüsse sich in die Maas ergießen.»[30] Damit war in nuce bereits das Konzept formuliert, das Bismarck nach dem preußisch-deutschen «Blitzkrieg» gegen das Frankreich Napoleons III. 1870 durchsetzte: die Annexion von Elsass und Lothringen. Seine einschlägigen Vorstellungen übermittelte Gneisenau auch in einem Schreiben, datiert aus dem Schloss von St. Cloud am 8. Juli 1815, an König Friedrich Wilhelm III.: «Wollen die hohen Mächte, aus Achtung für das Erbrecht dieses Haus [i. e. die Bourbonen] wieder auf dem Thron befestigen, so kann es, ohne unsere künftige Sicherheit der offenbarsten Gefahr bloßzustellen, nicht anders geschehen, als dass man Frankreich auf die Zeiten Ludwigs XIII. zurückführe, ihm alle von jener Zeit an gemachten Eroberungen abnehme und sie unter die deutschen Fürsten verteile.»[31] Kanzler Hardenberg, der dieses Annexionsprogramm gegenüber den Alliierten durchzusetzen suchte,[32] scheiterte jedoch am energischen Widerstand Großbritanniens, Russlands und Österreichs, die auf der Anerkennung der Grenzen Frankreichs von 1790 beharrten. Für das vom Wiener Kongress neu austarierte Gleichgewicht der europäischen Mächte war den Alliierten die Erhaltung eines starken Frankreich ebenso wichtig, wie sie aus denselben Rücksichten einen Machtzuwachs Preußens verhindern mussten, auch wenn dessen Wortführer diese Absicht schamhaft verschwiegen.

Das Scheitern der zugunsten «der deutschen Fürsten» erhobenen preußischen Annexionsforderungen erhellt, warum Waterloo für das preußisch-deutsche Nationalbewusstsein keine Bedeutung erlangte. Im großen Unterschied zum Sieg von Sedan, der die Durchsetzung ebendieses Maximalprogramms ermöglichte, war Waterloo nur eine Schlacht, an der Preußen zwar aufseiten des Siegers beteiligt war, der den dabei abfallenden Gewinn politisch aber vollständig für sich vereinnahmte.

Eine vergleichbare Folgenlosigkeit hatte Waterloo für das französische Nationalbewusstsein aus zwei einleuchtenden und miteinander verschränkten Gründen jedoch nicht. Die eine Ursache war die große Brutalität, mit der von preußisch-deutschen Truppen das Besatzungsregime ausgeübt wurde. Diese Praxis begründete Gneisenau im Schreiben an Friedrich Wilhelm III. mit der «Nationalehre», die es erfordere, «dass man nun Frankreich auf das Tätigste benutzen müsse, um die Armee zu kleiden und auszurüsten, unsern Finanzen aufzuhelfen und diesem eitlen Volk die Lust am Kriege zu verleiden. (…) Alle Leiden, die uns dieses eitle Volk aufgebürdet hat, müssen ihm vergolten werden und ein anderes Verfahren würde von ihm, wie vor 15 Monaten als Wirkung der Schwäche, der Furcht und der Einfalt ausgelegt werden.»[33] Das war ebenjene mit vermeintlich historischer Erfahrung unterfütterte Argumentation, die auf Revanche abzielte, auf die sich auch Bismarck als politisch alternativloses Gebot 1870ff. wiederholt gegenüber den französischen Gesprächspartnern berief, um die preußischen Annexionsforderungen zu begründen.[34] Und es war diese revanchistische Ideologie, die das Besatzungsregime von 1815 kennzeichnete und dessen Brutalität zum System verstetigte. Das wurde zu einem Erlebnis, das sich tief in die Erinnerung der Zeitgenossen eingrub, die es der nachfolgenden Generation überlieferten, die deshalb 1870 ein *déjà-vu* hatte, das ihr die Stimmigkeit der Überlieferung bestätigte.

Des Weiteren wurde diese Erinnerung so lebendig erhalten, weil sie durch die Nebenfolgen, die Waterloo als politische Chiffre hatte, das französische Nationalbewusstsein beeinflussten. Damit wurde in Frankreich erneut die Frage nach der Legitimation von Macht, nach einer dem Land gemäßen Regierungsform aufgeworfen, an deren Beantwortung bereits die Revolution gescheitert war und die heute, 200 Jahre nach Waterloo und 225 Jahre nach der ersten verfassunggebenden Nationalversammlung, noch immer virulent ist, nachdem sich drei konstitutionelle Monarchien, zwei Kaiserreiche und fünf Republiken daran abgemüht haben.

Vor diesem Hintergrund erhält die Episode von Waterloo die Signifikanz einer großen Tragödie, deren Charakter durch die Vulgata des «Evangeliums von Sankt Helena» bestätigt wird, in die das napoleonische Erbe eingekapselt sich eine Strahlkraft bewahrt hat, deren Halbwertszeit dem fortdauernden Prozess von Bewunderung und

Verachtung entspricht, den es herausfordert. Insofern war, wie Edgar Quinet schrieb, «Napoleon der alleinige Gewinner seines Desasters, indem er auf Sankt Helena wieder auferstand und über sich hinauswuchs».[55] Das «Evangelium von Sankt Helena» beschreibt Waterloo als den Prozess, dessen Peripetie mit dem Leiden des Protagonisten einsetzt und in seiner «Kreuzigung» auf dem neuen Golgatha, dem Felsen von Sankt Helena, ihren Höhepunkt erreicht. Napoleon war sich dieser Dramaturgie des Handlungsverlaufs nur zu gut bewusst, wie seine am 12. Juli 1817 gegenüber dem Begleiter Montholon gemachte Bemerkung zeigt: «Wäre Christus nicht am Kreuz gestorben, würden wir ihn nicht als Gott verehren.»[36] Für Napoleon erfüllte sich diese Verehrung in dem innerweltlichen Konzept der «Défaite glorieuse», das die Vulgata des «Evangeliums von Sankt Helena» so wirkungsvoll ausgefaltet und propagiert hat, dass es bis heute das Selbstbild Frankreichs und die davon beeinflussten politischen Reflexe konditioniert. Mit anderen Worten: Ohne Waterloo wäre Napoleon gewiss nicht vergessen, aber sicherlich historisiert und damit sein Erbe auch in Frankreich weitgehend folgenlos entsorgt.

# ANMERKUNGEN

*Vorwort*

1 Es gibt auch in Deutschland, in Brandenburg, den Ortsteil Waterloo-Blüthen. Der Weiler dieses Namens entwickelte sich aus dem 1817 errichteten Vorwerk des Gutes Stavenow, das damals dem Grafen Otto Karl Friedrich von Voss gehörte, der Teilnehmer an der Schlacht von Waterloo war.

2 Es sind dies die Brienner Straße, die an die Schlacht von Brienne am 29. Januar 1814 erinnert, an der allerdings aufseiten der Alliierten keine bayerischen, sondern ausschließlich preußische und russische Truppen beteiligt waren; die Barer Straße, benannt nach der Schlacht bei Bar-sur-Aube am 27. Februar 1814, und die Arcisstraße, nach der Schlacht bei Arcis-sur-Aube am 20. und 21. März 1814.

3 Der schöne Name des Gasthofs verdankt sich einer kuriosen Geschichte, die eine Fußnote rechtfertigt. Schräg vis-à-vis der Schenke auf der anderen Straßenseite waren der Bauernhof Triomon und davon rund dreißig Meter entfernt ein einzelnes Haus gelegen, in dem Jean Baptiste de Coster lebte, der Napoleon während der Schlacht als ortskundiger Führer diente. Nach dem Tod des Gastwirts heiratete dessen Witwe den Bauern von Triomon. Als auch der nach kurzem Eheglück verschied, tröstete sich die Witwe damit, dass sie eine Ehe mit dem Kleinbauern im Nachbarhaus schloss, in dem später jener de Coster lebte. Nachdem auch dieses dritte Eheglück durch das Ableben des Gatten geendet war, erhörte die zum dritten Mal Verwitwete die Werbung des neuen Gastwirts, der seinem Gewerbe im Hafen ihrer ersten Ehe nachging und der seither den Namen *La Belle Alliance* erhielt. William Siborne, *History of the War in France and Belgium in 1815*, London 1844, I, 362, Anm.

4 In Berlin gab es einen Belle-Alliance-Platz und eine gleichnamige Straße sowie U-Bahn-Station am Halleschen Tor, die 1947 nach dem Marxisten Franz Mehring umbenannt wurden. In der Nähe davon gibt es jedoch das Waterloo-Ufer ...

5 Umso erratischer mutet das Werk des deutschen Historikers Peter Hofschröer an, der Waterloo als einen «deutschen» (!) Sieg deklariert. Peter Hofschröer, *The Waterloo Campaign. The German Victory*, London 1999.

*Erstes Kapitel · Elba*

1 *Correspondance de Napoléon Ier*, Paris 1869, XXVII, No. 21563.

2 *Mémoires du général de Caulaincourt*, (ed.) Jean Hanoteau, Paris 1933, III, 59.

3 *Corr.* XXVII, No. 21546.

4 *Corr.* XXVII, Nos. 21547–21549.

5 Caulaincourt, *Mémoires*, III, 68–73.

6 Eine detaillierte Schilderung vom Verlauf dieser Konferenz in: Henry Houssaye, *1814*, Paris 1888, 558–561.

7 *Mémoires de Vitrolles*, (ed.) Pierre Farel, Paris 1950, I, 216–217.

8 Johannes Willms, *Talleyrand. Virtuose der Macht 1754–1838*, München 2011, 164–173.

9 Die Abneigung des Zaren insbesondere gegenüber den Thronansprüchen Louis' XVIII dokumentiert das Schreiben Castlereaghs an Lord Liverpool vom 16. Februar 1814. *British Diplomacy 1813–1815. Selected Documents dealing with the Reconstruction of Europe*, (ed.) C. K. Webster, London 1921, 149.

10 Caulaincourt, *Mémoires*, III, 116.

11 Willms, *Talleyrand*, 199.

12 Johannes Willms, *Napoleon. Eine Biographie*, München 2005, 238–240; Louis Bergeron u. Guy Chaussinand-Nogaret, *Les «masses de granit». Cent mille notables du Premier Empire*, Paris 1979.

13 «To an enquiry as to the mode in which it was proposed to collect the sense of the nation, the Emperor said his intention was the corps legislative and other leading bodies of the State, with such other persons *marquants*, as might be deemed proper, should be invited to assemble and declare the national will as to the Crown of France». *British Diplomacy*, ebda.

14 *Mémoires du Prince de Talleyrand*, (ed.) Duc de Broglie, Paris 1891, II, 163–164; *Mémoires du chancelier Pasquier*, (ed.) Duc d'Audiffret-Pasquier,

Paris 1894, II, 258–259; über die Gründe von Talleyrands Zuversicht, dieses Votum des Senats garantieren zu können, vgl. Caulaincourt, *Mémoires*, III, 104–106.

15 Caulaincourt, *Mémoires*, III, 179–181.

16 Caulaincourt, *Mémoires*, III, 182.

17 Caulaincourt, *Mémoires*, III, 207–230.

18 *Corr.*, XXVII, No. 21557.

19 *Corr.*, XXVII, No. 21556.

20 Caulaincourt, *Mémoires*, III, 233–236.

21 Caulaincourt, *Mémoires*, III, 237.

22 Caulaincourt, *Mémoires*, III, 239.

23 Caulaincourt, *Mémoires*, III, 155.

24 Caulaincourt, *Mémoires*, III, 156–157.

25 *Corr.*, XXVII, No. 21558.

26 Der Wortlaut von Napoleons Instruktionen ist dokumentiert in: Caulaincourt, *Mémoires*, III, 247, Anm. 23.

27 Caulaincourt, *Mémoires*, III, 255–260.

28 *Souvenirs du Maréchal Macdonald*, (ed.) Camille Rousset, Paris 1892, 294–295; Caulaincourt, *Mémoires*, III, 271–272.

29 Caulaincourt, *Mémoires*, III, 280–281.

30 Caulaincourt, *Mémoires*, III, 284–286; gelegentlich seiner Empörung über das Gerücht von Napoleons Flucht aus Fontainebleau am Abend des 7. April hatte der Zar Caulaincourt zu verstehen gegeben, «que tout ce qui avait été fait et promis par lui jusqu'alors devait être regardé comme non avenu. (…) que nous ne pouvions pas ignorer qu'il était en quelque sorte porté comme notre garant près de ses alliés pour les empêcher de prendre un parti rigoureux et les engager à continuer une négociation dont ils pouvaient se passer et qui n'avait d'avantages que pour nous». Caulaincourt, *Mémoires*, III, 273.

31 Caulaincourt, *Mémoires*, III, 298–304.

32 Eine detaillierte Schilderung dieser Sitzung gibt Caulaincourt, *Mémoires*, III, 328–331.

33 Dieser britische «act of accession» wurde am 27. April 1814 von Castlereagh unterschrieben und dem Dokument des «Traité de Fontainebleau» hinzugefügt. Michel Kerautret, *Les Grands Traités de l'Empire (1810–1815)*, Paris 2004, 132–133.

34 Die Summe von 2,5 Millionen Francs sollte wie folgt verteilt werden: *Madame Mère*, also die Mutter Napoleons: 300 000; Joseph und Julie Bonaparte: 500 000; Louis Bonaparte: 200 000; dessen Frau Hortense und ihre Kinder: 400 000; Jérôme und Catherine Bonaparte: 500 000; Elisa Bac-

chiochi, geb. Bonaparte: 300000 und Pauline Borghese, geb. Bonaparte: 300000.

35 Text des Vertrags in: Kerautret, *Les Grands Traités*, 126–131; Joséphine, der bei ihrer Scheidung von Napoleon 1809 eine jährliche Apanage von 2 Millionen Francs zugesprochen worden war, sah sich damit in ihren Unterhaltsansprüchen halbiert. Als sie am 29. Mai 1814 starb und sich damit diese Leibrente erledigte, kam das Gerücht auf, die Bourbonen hätten sie ermordet, um auch diese Unterhaltszahlung einzusparen.

36 Caulaincourt, *Mémoires*, III, 327; Vitrolles steuert noch den Aspekt bei, dass die Briten es damit vermieden, Napoleons Kaisertitel förmlich anzuerkennen, was sie seit je verweigert hatten. Vitrolles, *Mémoires*, I, 457.

37 «I should have wished», teilte Castlereagh am 13. April 1814 Lord Liverpool mit, «to substitute another position in lieu of Elba for the seat of Napoleon's retirement, but none having the quality of security, on which he insisted, seemed disposeable, to which equal objections did not occur, and I did not feel that I could encourage the alternative which Caulaincourt assured me Buonaparte repeatedly mentioned, namely, an asylum in England.» *British Diplomacy*, 176.

38 *Aus Metternich's nachgelassenen Papieren*, (ed.) Richard Metternich-Winneburg u. Alfons v. Klinkowström, Wien 1880, I, 200.

39 *Aus Metternich's nachgelassenen Papieren*, II, 472.

40 Thierry Lentz, *Les Cent-Jours 1815*, Paris 2010, 172–173.

41 Caulaincourt, *Mémoires*, III, 258.

42 *Correspondance inédite du Prince de Talleyrand et du Roi Louis XVIII pendant le Congrès de Vienne*, (ed.) G. Pallain, Paris 1881, 43 (Schreiben vom 13. Oktober 1814), u. ebd., 171 (Schreiben vom 7. Dezember 1814); Savary zufolge war es Talleyrand, der in Wien «fit son affaire principale de l'enlévement de l'empereur, qu'il peignait comme pesant sur la France, et y entretenant les espérances des esprits remuants. (...) Talleyrand avait l'exemple du retour d'Egypte. Il craignait une seconde représentation de cet événement.» *Mémoires du Duc de Rovigo pour servir à l'histoire de l'empereur Napoléon*, Paris 1828, VII, 316.

43 Pasquier, *Mémoires*, III, 120–121.

44 Abel-François Villemain, *Souvenirs contemporains d'histoire et de littérature*, Paris 1855, II, 75–76.

45 Der Text dieser Erklärung in: Kerautret, *Les Grands Traités*, 131.

46 Caulaincourt, *Mémoires*, III, 333.

47 Caulaincourt, *Mémoires*, III, 414–416.

48 Kerautret, *Les Grands Traités*, 133; in seinen Memoiren hat Talleyrand

die Demarche des Zaren wie diese Erklärung bezeichnenderweise verschwiegen.

49 Eine Rechtfertigung der Bourbonen gibt Vitrolles, *Mémoires*, I, 456.

50 Agathon-Jean-François Fain, *Manuscrit de 1814*, Paris 1830, 240.

51 Caulaincourt, *Memoires*, III, 341–347.

52 Caulaincourt, *Mémoires*, III, 357–366.

53 Caulaincourt, *Mémoires*, III, 398–401.

54 Neil Campbell, *Napoleon at Fontainebleau and Elba being a Journal of Occurences in 1814–1815*, London 1869, 185.

55 Campbell, *Napoleon*, 190–192; Lentz, *Les Cent-Jours*, 157–162.

56 Ironischerweise bestand zur Zeit von Napoleons Herrschaft auf Elba ein kleines Internierungslager, über das er seiner Schwester Elisa am 8. Januar 1811 schrieb: «Il me semble que l'île d'Elbe est un lieu fort bien choisi. Envoyez-y la prêtraille dissidente, en ayant soin de ne pas la faire rester à Portoferrajo ni à Porto-Longone, mais de la reléguer dans les villages.» *Lettres inédites de Napoléon Ier an VIII – 1815*, (ed.) Léon Lecestre, Paris 1897, I, No. 749.

57 *Lettres de Napoléon à Joséphine et de Joséphine à Napoléon*, (ed.) Jacques Haumont, Paris 1969, 406–407.

58 Der Mannschaftsbestand der *Armée elboise* belief sich zu Beginn des Jahres 1815 auf 1523 Mann. Lentz, *Les Cent-Jours*, 198.

59 André Pons de l'Hérault, *Souvenirs et anecdotes de l'île d'Elbe*, (ed.) Léon G. Pelissier, Paris 1897.

60 *Oeuvres de Napoléon Ier à Sainte-Hélène: L'Ile d'Elbe et les Cent-Jours, Corr.* XXXI, 23–24.

61 *Mémoires de Marchand premier valet de chambre et exécuteur testamentaire de l'Empereur*, (ed.) Jean Bourguignon, Paris 1952, I, 76.

62 François-René de Chateaubriand, *Mémoires d'Outre-Tombe*, (eds.) Maurice Levaillant u. Georges Moulinier, Paris 1951, I, 915.

63 Seinen Diener Cipriani sandte er etwa in geheimer Mission aus, um Informationen über das konfliktreiche Geschehen beim Wiener Kongress zu beschaffen. *Mémoires de Marchand*, I, 76–77.

64 Emmanuel Auguste Dieudonné de Las Cases, *Le Mémorial de Sainte-Hélène*, (ed.) Gérard Walter, Paris 1956, I, 484.

65 Général Baron Gourgaud, *Journal de Sainte-Hélène 1815–1818*, (ed.) Octave Aubry, Paris 1944, II, 246; diesem, an die Bremer Stadtmusikanten gemahnenden Fatalismus, die auch darum wussten, dass sie etwas Besseres als den Tod überall fänden, war bei Napoleon noch eine gute Portion korsischer Machismo beigemischt, wie ebenfalls Gourgaud notierte: «L'Empereur nous racontait hier que Sieyès lui avait souvent démontré

que la meilleure figure rhétorique était la répétition. En répétant toujours, on finit par persuader. *Les libellistes m'ont, en cela, fait bien du tort, mais mon retour de l'île d'Elbe a pu prouver que je n'étais pas un c...».* Ebd., 234.

66 *Mémoires du Comte Beugnot (1783–1815)*, (ed.) Comte Albert Beugnot, Paris 1866, I, 214–216.

67 Allerdings wurde das Ordenszeichen «bourbonisiert», d. h. das Profilbildnis Napoleons durch das von Henri IV, des Gründers der Dynastie der Bourbonen, ersetzt. Diese Änderung veranlasste Goethe, sich an Karl Friedrich Reinhard, einen Vertrauten Talleyrands, zu wenden, der seit Ende 1815 als französischer Gesandter am Deutschen Bundestag in Frankfurt am Main tätig war, und diesen zu bitten, ihm nicht nur die neu gestaltete Dekoration, sondern auch «den silbernen Heinrich in einen goldenen umzuwandeln». Goethe wünschte also, was mehr als seltsam berührt, die ihm von Napoleon höchstselbst in Erfurt 1808 angeheftete Auszeichnung gegen deren jetzt politisch korrekte Fassung einzutauschen und verband dies zugleich mit dem Verlangen, ihm die nächsthöhere Rangstufe zu verschaffen. Dem Wunsch entsprach Reinhard zwar, konnte sich in seinem Antwortschreiben vom 2. August 1818 aber nicht versagen, sein Unverständnis darüber zu bekunden: «Was nun Ihren Auftrag betrifft, wiewohl ich Ihre Art, ihn zu motivieren, in dem was mich betrifft, nicht als historisch richtig anerkennen kann und überhaupt ungern gelten lasse, so scheint mir folgender Weg der geradeste und sicherste.» *Goethe und Reinhard. Briefwechsel in den Jahren 1807–1832*, (ed.) Otto Heuschele, Wiesbaden 1957, 215–216. In der von Karl von Reinhard, dem Sohn von Goethes Freund, der als Gesandter Frankreichs in der Schweiz tätig war, 1850 herausgegebenen ersten Ausgabe dieses Briefwechsels, wurde die auf den Ordenstausch sich beziehende Briefpassage ohne Hinweis ausgelassen! *Briefwechsel zwischen Goethe und Reinhard in den Jahren 1807 bis 1832*, Stuttgart und Tübingen 1850, 159–160.

68 Der Text der *Charte* ist dokumentiert in: Jacques Godechot, *Les Constitutions de la France depuis 1789*, Paris 1979, 217–224.

69 Henry Houssaye, *1815*, Paris 1893, 31–35.

70 John Cam Hobhouse, *The Substance of some Letters written by an Englishman resident at Paris during the last Reign of the Emperor Napoleon*, London 1816, I, 84–85; Macdonald, *Souvenirs*, 329; *Mémoires du Baron Sers 1786–1862*, (ed.) Baron Henri Sers u. Raymond Guyot, Paris 1906, 120–123; Houssaye, *1815*, 35–37.

71 *Mémoires de A.-C. Thibaudeau 1799–1815*, Paris 1913, 399–400; *Aus Met-*

*ternich's nachgelassenen Papieren*, I, 201–202; Macdonald, *Souvenirs*, 313–315.

72 Houssaye, *1815*, 11–12.

73 Hobhouse, *The Substance*, I, 78.

74 Houssaye, *1815*, 15–18.

75 Jean Vidalenc, *Les Demi-solde. Etude d'une catégorie sociale*, Paris 1955, 9–14.

76 Die herausgeputzten Einheiten der *Maison militaire* waren in der regulären Armee besonders verhasst. Macdonald, *Souvenirs*, 339.

77 Houssaye, *1815*, 20–22.

78 Houssaye, *1815*, 46–52.

79 Maurice-Henri Weil, *Les Dessous du Congrès de Vienne d'après les documents originaux des archives du Ministère Impérial et Royal de l'Intérieur à Vienne*, Paris 1917, II, No. 1604.

80 *Corr.* XXVII, No. 21680.

## Zweites Kapitel · Der vol de l'aigle

1 Napoleon beschwerte sich deshalb verschiedentlich gegenüber dem auf Elba stationierten britischen Kommissar Sir Neil Campbell, der im November 1814 Außenminister Castlereagh deshalb schrieb: «If pecuniary difficulties press upon him much longer, so as to prevent his vanity from being satisfied by the ridiculous establishment of a court which he has hitherto supported in Elba, and if his doubts are not removed, I think he is capable of crossing over to Piombino with his troops, or of any other eccentricity.» Campbell, *Napoleon*, 319; Fragen, ob die Bourbonen ihren Unterhaltspflichten gegenüber Napoleon nachkämen, sah sich Talleyrand auf dem Wiener Kongress auch seitens der Repräsentanten der Siegermächte ausgesetzt, wie sein Schreiben vom 13. Oktober 1814 an Louis XVIII zeigt. *Correspondance inédite de Talleyrand*, 42–43.

2 Pierre Branda, *Le Prix de la gloire. Napoléon et l'argent*, Paris 2007, 64.

3 Alfred Auguste Ernouf, *Maret, Duc de Bassano*, Paris 1878, 644; Fleury de Chaboulon, *Les Cent Jours. Mémoires pour servir à l'histoire de la vie privée, du retour et du règne de Napoléon en 1815*, London 1820, I, 82–86.

4 Fleury de Chaboulon, *Les Cent Jours*, I, 119–122.

5 Fleury de Chaboulon, *Les Cent Jours*, I, 126–137.

6 *Corr.* XXVII, No. 21674.

7 Las Cases, *Le Mémorial*, I, 483.

8  Las Cases, *Le Mémorial*, I, 170.

9  Las Cases, *Le Mémorial*, I, 118.

10  *Corr.* XXVIII, No. 21681.

11  *Corr.* XXVIII, No. 21682.

12  Jean-Baptiste-Germain Fabry, *Itinéraire de Buonaparte de l'île d'Elbe à l'île Sainte Hélène, ou mémoires pour servir à l'histoire des événemens de 1815*, Paris 1816.

13  Vitrolles, *Mémoires*, II, 90.

14  Zit. Houssaye, *1815*, 489.

15  Benjamin Constant, *Mémoires sur les Cent-Jours*, (ed.) O. Pozzo di Borgo, Paris 1961, 68–69.

16  Das war die Absicht der zwei vom 1. März 1815 datierten Proklamationen an die Armee und der «Garde impériale aus généraux, officiers et soldats de l'armée». *Corr.* XXVIII, Nos. 21682 u. 21683.

17  *Mémoires de Marchand*, I, 111; Guillaume Peyrusse, *Mémorial et archives*, Carcassonne 1869, 286.

18  *Mémoires de Marchand*, I, 112–113; Peyrusse, *Mémorial*, 286–287.

19  *Mémoires de Marchand*, I, 113–114.

20  «Ce régiment de 1800 hommes doublait les forces de l'Empereur, la foule des habitants les quadruplait, les cris de: *Vive l'Empereur! A bas les prêtres! A bas les droits réunis!* [i. e. verhasste Verbrauchssteuern, die 1791 von der Revolution abgeschafft, aber von Napoleon 1804 wieder eingeführt und kontinuierlich erhöht worden waren, auf deren Erhebung auch die Restauration nicht verzichten konnte] accompagnèrent cette marche triomphale jusqu'à Grenoble.» *Mémoires de Marchand*, I, 114–115.

21  Peyrousse, *Mémorial*, 290–291.

22  Las Cases, *Le Mémorial*, II, 87–90.

23  Evariste Dumoulin, *Histoire complète du procès du maréchal Ney*, Paris 1815, II, 10; während des Prozesses darauf angesprochen, behauptete Ney, sich dieser Äußerung so nicht entsinnen zu können. Vielmehr habe er gesagt, «que son [i. e. Napoleons] entreprise était si extravagante que, si on le prenait, il méritait d'être mis dans une cage de fer. Cependant, si je l'avais dit, ce serait une sottise impardonnable; mais ce serait une preuve que j'avais le désir de servir le Roi.» Ebd., 105; aufschlussreich ist in diesem Zusammenhang auch die Aussage des *sous-préfet* von Poligny, Dranges de Bourcia, der sich erinnerte, Ney habe ihm am 11. März gesagt: «qu'il aurait fallu l'attaquer [i. e. Napoleon] comme une bête fauve, et le mener à Paris dans une cage de fer. J'observai à M. le maréchal qu'il valait mieux le conduire à Paris dans un tombereau. Le maréchal me répondit que je ne connaissais pas Paris: *qu'il fallait que les Parisiens vissent.*» Ebd., 180.

24 *Relation de la marche de Napoléon de l'île d'Elbe à Paris*, in: *Corr.* XXVIII, No. 21690.

25 Macdonald, *Souvenirs*, 332–342.

26 Macdonald, *Souvenirs*, 344.

27 *Mémoires de Marchand*, I, 120–121.

28 Text dieser Ordonnanz in: *Mémoires de Marchand*, I, 118–120.

29 Antoine-Henri Jomini, *Précis politique et militaire de la campagne de 1815*, Bruxelles 1846, 45.

30 *Corr.* XXVIII, No. 21686; die weiteren in Lyon erlassenen Dekrete wurden im *Moniteur* vom 21. und 22. März 1815 veröffentlicht.

31 Fleury de Chaboulon, *Les Cent Jours*, I, 218–219.

32 Fleury de Chaboulon, *Les Cent Jours*, I, 209.

33 Fleury de Chaboulon, *Les Cent Jours*, I, 217–218.

34 Dumoulin, *Histoire complète*, II, 147.

35 *Corr.* XXVIII, No. 21689.

36 Fleury de Chaboulon, *Les Cent Jours*, I, 232.

37 *Mémoires et souvenirs du Comte de Lavalette*, (ed.) Stéphane Giocanti, Paris 1994, 326–327.

38 Alexandre Comte de Laborde, *Quarante-huit heures de garde au Château des Tuileries pendant les journées des 19 et 20 mars 1815*, Paris 1816.

39 Zit. nach Jean Tulard, *Les Vingt Jours (1er – 20 mars 1815). Napoléon ou Louis XVIII?*, Paris 2001, 220.

40 *Aus dem Nachlasse Friedrich August Ludwig's von der Marwitz auf Friedersdorf. Lebensbeschreibung*, Berlin 1852, I, 364.

41 So sah auch Napoleon selbst seine Rolle, wie er gegenüber dem Comte Molé bemerkte: «Je n'ai eu qu'à me montrer pour réussir, ils ont fait tant de fautes, tellement indisposés la nation et l'armée, que toutes les troupes envoyées contre moi se sont rangées pour moi et que si je l'avais voulu je serais arrivé de 30000 paysans armés.» Marquis de Noailles, *Le Comte Molé 1781–1855. Sa vie – ses mémoires*, Paris 1922, I, 206.

42 Chateaubriand, *Mémoires d'outre-tombe*, I, 917.

43 Vitrolles, *Mémoires*, II, 101.

44 Vitrolles, *Mémoires*, II, 102.

45 Vitrolles, *Mémoires*, II, 116.

46 *Mémoires de Marchand*, I, 127.

47 Vitrolles, *Mémoires*, II, 120.

1 Gourgaud, *Journal*, II, 7.

2 Gräfin Elise von Bernstorff, *Ein Bild aus der Zeit von 1789 bis 1835*, Berlin 1896, I, 178.

3 *Dépêches inédites du Chevalier de Gentz aux Hospodars de Valachie pour servir à l'histoire de la politique européenne (1813 à 1828)*, (ed.) Comte Prokesch-Osten, Paris 1876, I, 145.

4 Webster, *British Diplomacy*, 312 (Schreiben Wellingtons an Castlereagh vom 12. März 1815).

5 Albert Sorel, *L'Europe et la Révolution Française*, Paris 1904, VIII, 419.

6 Willms, *Talleyrand*, 226–233.

7 Weil, *Les dessous*, II, No. 1870 (Bericht vom 12. März 1815); ähnlich äußerte sich auch der britische Bevollmächtigte beim Wiener Kongress, der Duke of Wellington, in einem Brief vom 13. März 1815: «Bony's [i. e. Napoleons] conduct is very extraordinary, and is, in my opinion, certainly an *effet d'illusion*. But –, if not fit for Bedlam [i. e. eine Irrenanstalt in London], as I believe, ought to be hanged.» Arthur Duke of Wellington, *Supplementary Despatches, Correspondance, and Memoranda*, London 1872, XIV, 539.

8 Pallain, *Correspondance inédite*, 326 (Schreiben Talleyrands an Louis XVIII vom 12. März 1815).

9 *Tagebücher von Friedrich von Gentz*, Leipzig 1873, I, 364; Enno E. Kraehe, *Metternich's German Policy*, Princeton, N. J. 1983, II, 330–331.

10 *Correspondance du Comte de Jaucourt, ministre intérimaire des affaires étrangères avec le Prince de Talleyrand pendant le Congrès de Vienne*, Paris 1905, 234.

11 Comte d'Angeberg, *Le Congrès de Vienne et les traités de 1815. Depuis le retour de l'île d'Elbe jusqu'à l'acte final du 9 juin 1815*, Paris 1864, III, 912–913.

12 Welche Illusionen die Alliierten hegten, erhellt ein Passus im Schreiben Wellingtons an Castlereagh vom 12. März 1815: «It is my opinion that Buonaparte has acted upon false or no information, and that the King will destroy him without difficulty, and in a short time. If he does not, the affair will be a serious one, and a great and immediate effort must be made, which will doubtless be successful.» Webster, *British Diplomacy*, 312–313.

13 Webster, *British Diplomacy*, 313–314; im Schreiben vom 26. März an Wellington unterstrich Castlereagh noch einmal nachdrücklich diesen Standpunkt: «We wait with impatience for intelligence from all quarters. The great question is, can the Bourbons get Frenchmen to fight *for them* against Frenchmen? If they can, Europe may soon turn the tide in their favour;

and, the process of fermentation once begun, they may create real partisans, instead of criers of *Vive le Roi!* and doers of nothing. – If we are to undertake the job, we must leave nothing to chance. It must be done on the largest scale. With Mayence, Luxemburg, and Lille, you start on solid grounds, and no fortresses in the rear to blockade as before. But you must inundate France with force in all directions. If Buonaparte could turn the tide, there is no calculating upon this plan; and we must always recollect that Poland, Saxony, and much Jacobinism, are in our rear.» Ebd., 317.

14  *Journal de Jean-Gabriel Eynard*, (ed.) Edouard Chapuisat, Paris 1924, II, 41–52.

15  Ebd., 52–53.

16  Deshalb entfuhr ihm spontan die Bemerkung: «Voilà un coup de maître.» Weil, *Les dessous*, II, No. 1853 (Bericht vom 9. März 1815).

17  *Die Erinnerungen der Baronin du Montet. (Wien/Paris, 1795–1858)*, (ed.) Ernst Klarwill, Zürich, Wien u. Leipzig 1925, 117–118; der Ausspruch Talleyrands lautet im Original: «Cet homme est organiquement fou». *Souvenirs de la Baronne du Montet 1785–1866*, Paris 1914, 137.

18  Adam Zamoyski, *Rites of Peace. The Fall of Napoleon and the Congress of Vienna*, London 2007, 448.

19  Weil, *Les dessous*, II, No. 2075.

20  Baron de Méneval, *Marie-Louise et la Cour d'Autriche entre les deux abdications (1814–1815)*, Paris 1909, 347.

21  *Correspondance diplomatique du Comte Pozzo die Borgo, ambassadeur de Russie en France, et du Comte Nesselrode depuis la Restauration des Bourbons jusqu'au Congrès d'Aix-la-Chapelle 1814–1818*, (ed.) Charles Pozzo di Borgo, Paris 1890, I, 131–134.

22  *Aus Metternich's nachgelassenen Papieren*, II, 516.

23  Angeberg, *Le Congrès de Vienne*, III, 975; in einem Schreiben an den britischen Bevollmächtigten beim Wiener Kongress Clancarty unterstrich Außenminister Castlereagh diese Sicht: «You will fully appreciate the Parliamentary importance of not having imputed to us that Louis XVIII., by being made an Ally against Buonaparte, has been made master of the confederacy for his own restoration. His Majesty cannot wish us to feel more decisively the importance of his restoration than we do; and most assuredly every effort will be made so to conduct the war so as to lead to this result, but we cannot make it a *sine qua non*.» Webster, *British Diplomacy*, 320.

24  Angeberg, *Le Congrès de Vienne*, III, 976.

25  Kerautret, *Les grands traités*, 118–123.

26  Angeberg, *Le Congrès de Vienne*, III, 969–970.

27  Angeberg, *Le Congrès de Vienne*, III, 984.

28  Angeberg, *Le Congrès de Vienne*, III, 971.

29  John M. Sherwig, *Guineas and Gunpowder. British Foreign Aid in the Wars with France 1793–1815*, Cambridge, Mass. 1969, 323 u. 329–330.

30  Webster, *British Diplomacy*, 322–323.

31  *The Dispatches of the Field Marshal the Duke of Wellington*, (ed.) John Gurwood, London 1838, XII, 285.

32  Sherwig, *Guineas*, 335–336.

33  Wortlaut dieser Vereinbarung in: Angeberg, *Le Congrès de Vienne*, 971–973.

34  Peter Hofschröer, *1815. The Waterloo Campaign. Wellington, his German Allies and the Battles of Ligny and Quatre Bras*, London 1998, 39.

35  *Recueil des traités et conventions conclus par la Russie avec les puissances étrangères*, (ed.) F. Martens, St. Petersburg 1876, III, 194–206.

36  Kraehe, *Metternich's German Policy*, II, 332–333.

37  Julius von Pflugk-Harttung, «Die Gegensätze zwischen England und Preußen wegen der Bundestruppen 1815», *Forschungen zur Brandenburgischen und Preußischen Geschichte*, Leipzig 1911, XXIV, 449–455; für die weiteren, auf eine Sicherung ihrer Souveränität abzielenden Bestrebungen, die deutschen Duodezfürsten damit verknüpften, vgl. Kraehe, *Metternich's German Policy*, II, 343ff.

38  Kraehe, *Metternich's German Policy*, II, 335 u. 337–341; Hofschroer, *1815. The Waterloo Campaign*, 44.

39  Angeberg, *Le Congrès de Vienne*, III, 997–998 u. 1000–1001; Wellington, *Supplementary Despatches*, X, 11–14 u. 48.

40  Hofschröer, *1815. The Waterloo Campaign*, 45–46.

41  Tatsächlich nahm keines der sächsischen Kontingente weder unter Wellington noch unter Blücher, an den Kämpfen teil. Der Grund waren Meutereien, die infolge der durch jenen Kompromiss notwendig gewordenen Aufteilung in dem preußischen Kommando unterstellten Einheiten ausbrachen und die Blücher standgerichtlich ahnden ließ. Friedrich Carl Ferdinand Freiherr von Müffling, *Aus meinem Leben*, Berlin 1855, 181–183; Pflugk-Harttung, *Die Gegensätze*, 466ff.

42  Karl Rudolf von Ollech, *Geschichte des Feldzugs von 1815*, Berlin 1876, 33–34.

43  Wellington, *Supplementary Despatches*, X, 440–448.

44  Ollech, *Geschichte des Feldzugs*, 68.

1 Laborde, *Quarante-huit heures de garde*, 20.

2 Helena-Maria Williams, *Relation des Evènemens qui se sont passés en France depuis le débarquement de Napoléon Buonaparte au 1er mars 1815 jusqu'au traité du 20 novembre*, Paris 1816, 37.

3 *Mémoires du Baron Sers*, 129.

4 Fabry, *Itinéraire de Buonaparte*, 139–140.

5 Das illustriert sehr schön die Schilderung der in Paris bei der Rückkehr Napoleons herrschenden Stimmung, die Hobhouse gibt. Hobhouse, *The Substance*, I, 178–179.

6 Houssaye, *1815*, 374.

7 Pasquier, *Mémoires*, III, 160.

8 Las Cases, *Mémorial*, I, 444.

9 *Mémoires sur Carnot*, Paris 1863, II, 402.

10 *Mémoires du Duc de Rovigo*, VII, 372.

11 *Le Comte Molé*, I, 203–204.

12 Lavalette, *Mémoires*, 326–327.

13 Ebd., 333–334.

14 *Mémoires sur Carnot*, II, 408–410.

15 *Les Mémoires de Fouché*, (ed.) Louis Madelin, Paris 1945, 473–474.

16 *Mémoires sur Carnot*, II, 456–458.

17 Pasquier, *Mémoires*, III, 171.

18 Baronne de Staël, *Considératiopns sur les principaux événemens de la Révolution Françoise* (sic), Paris 1818, III, 143.

19 *Corr.*, XXXI, 128–129.

20 *Mémoires, correspondance et manuscrits du général Lafayette*, Paris 1838, V, 499 (Schreiben vom 15. Mai 1815).

21 Auguste-François de Frénilly, *Mémoires 1768–1828. Souvenirs d'un ultra-royaliste*, Paris 1987, 295.

22 *Corr.* XXVIII, No. 21716; Napoleon folgte damit auch einer Forderung der Minister, die ihn, nachdem sie sich seinem Druck gebeugt und die ihnen angetragenen Ämter übernommen hatten, mit einer Erklärung zur Mäßigung zu verpflichten suchten, die Carnot aufgesetzt hatte und die im *Conseil d'Etat* vorgestellt, in dieser Form aber nicht veröffentlicht wurde. Für deren Tenor aufschlussreich ist ein Passus der ursprünglichen Resolution, den Carnot mitteilt: «Votre Majesté a tracé la route que nous devons tenir: point de guerre au dehors, si ce n'est pour repousser l'invasion, point de réaction au dedans, point d'actes arbitraires, responsibilité sérieuse, mais non minutieuse, des agents du pouvoir, sûreté des

personnes et des propriétés, abolition de la censure.» *Mémoires sur Carnot*, II, 424.

23 Angeberg, *Le Congrès de Vienne*, IV, 1004–1012.

24 Angeberg, *Le Congrès de Vienne*, IV, 1016–1017.

25 *Corr.* XXVIII, No. 21753.

26 Angeberg, *Le Congrès de Vienne*, IV, 1017–1018.

27 Paul W. Schroeder, *The Transformation of European Politics 1763–1848*, Oxford 1994, 523–538; Text dieses geheimen Vertrags in: Kerautret, *Les Grands Traités*, 168–174.

28 Angeberg, *Le Congrès de Vienne*, IV, 1080–1081.

29 Angeberg, *Le Congrès de Vienne*, IV, 1181–1188.

30 Zit. nach Louis Pierre Edouard Bignon, *Histoire de France sous Napoléon*, Paris 1850, XIV, 393–394.

31 Las Cases, *Mémorial*, II, 309–310.

32 De Staël, *Considérations*, III, 141–142.

33 *Le Comte Molé*, I, 209.

34 Godechot, *Les Constitutions*, 231–232.

35 Constant, *Mémoires*, 150.

36 Barras, *Mémoires*, IV, 299.

37 *Mémoires sur Carnot*, II, 430.

38 *Mémoires du Baron Sers*, 129.

39 François Nicolas Mollien, *Mémoires d'un ministre du Trésor Public 1780–1815*, Paris 1898, III, 426–427.

40 Hobhouse, *The Substance*, I, 188.

41 Pasquier, *Mémoires*, III, 218.

42 *Mémoires de Madame de Chastenay 1771–1815*, (ed.) Alphonse Roserot, Paris 1897, II, 497.

43 Gourgaud, *Journal*, II, 241; zu einem ähnlichen Schluss, wenngleich unter gänzlich anderen Vorzeichen, gelangte auch ein Liberaler wie Benjamin Constant: «Lorsque Bonaparte a reparu sur les côtes de France, le résultat de cet événement pouvait être un gouvernement militaire et absolu, que c'est l'Acte additionnel qui a mis obstacle à ce résultat, et que ceux qui ont contribué à le rédiger ont concouru par-là à sauver la France des caprices du despotisme et du pouvoir de l'épée.» Constant, *Mémoires*, 163.

44 Constant, *Mémoires*, 164.

45 Lafayette, *Mémoires*, V, 423.

46 Lafayette, *Mémoires*, V, 413.

47 Villemain, *Souvenirs contemporains*, II, 223–224.

48 Vgl. Emile Le Gallo, *Les Cent-Jours. Essais sur l'histoire intérieure de la*

*France depuis le retour de l'Ile d'Elbe jusqu'à la nouvelle de Waterloo,* Paris 1924, 252–269.

49 Pasquier, *Mémoires*, III, 195.

50 Lentz, *Les Cent-Jours*, 389–390; Le Gallo, *Les Cent-Jours*, 427–432.

51 Lafayette, *Mémoires*, V, 441–442.

52 Für eine detaillierte Erörterung dieses Plebiszits vgl. Frédéric Bluche, *Le Plébiscite des Cent-Jours (Avril-Mai 1815)*, Genève 1974.

53 Mit den einschlägigen Arbeiten wurde schon am 12. April, also noch bevor die Kommission zur Ausarbeitung des «Acte additionnel» zusammentrat, begonnen! Houssaye, *1815*, 594, Anm. 1.

54 Hobhouse, *The Substance*, I, 400–415.

55 Lavalette, *Mémoires*, 347.

56 Fleury de Chaboulon, *Les Cent Jours*, II, 103–104.

57 Lucien Bonaparte, *La Vérité sur les Cent-Jours*, Paris 1835, 34.

58 Fouché, *Mémoires*, 490.

59 Fleury de Chaboulon, *Les Cent Jours*, II, 105.

60 Hobhouse, *The Substance*, I, 413.

## *Fünftes Kapitel · Der Krieg im Sandkasten*

1 Vgl. die diversen Schreiben und Memoranden Schwarzenbergs und des Zaren in: Wellington, *Supplementary Despatches*, X, 440–448.

2 Houssaye, *1815*, 3–4.

3 Houssaye, *1815*, 3.

4 Robert Margerit, *Waterloo. 18 Juin 1815*, Paris 1964, 161–162.

5 Houssaye, *1815*, 9–11.

6 Margerit, *Waterloo*, 162–163.

7 Wellington, *Supplementary Despatches*, X, 365.

8 Vgl. Georges Six, *Dictionnaire biographique des généraux & amiraux français de la Révolution et de l'Empire*, Paris 1934.

9 Zur Gliederung der Nordarmee vgl. die detaillierte Aufstellung von John Codman Ropes, *The Campaign of Waterloo. A military History*, New York 1893, 25–28; geringfügig abweichende Angaben in: Jean Baptiste Charras, *Histoire de la Campagne de 1815. Waterloo*, Paris 1869, I, 87–89.

10 Margerit, *Waterloo*, 170–172.

11 *Le Comte Molé*, II, 81; noch wesentlich unverblümter äußerte sich Napoleon über Ney zu seinem früheren Adjutanten Gourgaud auf Sankt Helena: «Les hommes sont comme des musiciens dans un concert; chacun fait sa

partie. Ney était impayable pour sa bravoure, son oponiâtreté dans les retraites; il était bon pour conduire 10 000 hommes, mais hors de là, c'était une vraie bête.» Gourgaud, *Journal*, II, 60.

12 *Corr.* XXVIII, No. 22042.

13 (Emmanuel Marquis de Grouchy), *Relation succincte de la Campagne de 1815 en Belgique et notamment des mouvements, combats et opérations des troupes sous les ordres du maréchal Grouchy*, Paris 1843.

14 «Les généraux qui semblaient devoir s'élever, les destinées de l'avenir», so Napoleon auf Sankt Helena, «étaient *Gérard, Clausel, Foy, Lamarque*, etc.: c'étaient mes nouveaux maréchaux». Las Cases, *Le Mémorial*, I, 240.

15 Louis Stouff, *Le Lieutenant général Delort d'après ses archives et les archives du ministère de la guerre 1792–1815*, Paris 1906, 139.

16 *Mes Campagnes 1792–1815. Notes et correspondance du colonel d'artillerie Pion de Loches*, (eds.) Maurice Chipon u. Léonce Pingeaud, Paris 1889, 465.

17 Der detaillierte Angriffsplan ist ein beeindruckendes Dokument der taktisch-strategischen Umsicht Napoleons, der zeigt, dass er am Beginn der Kampagne noch immer im Besitz seiner überlegenen Feldherrnfähigkeiten war. *Corr.* XXVIII, No. 22053.

18 Oskar von Lettow-Vorbeck, *Napoleons Untergang 1815*, Berlin 1904, I, 200.

19 Lettow-Vorbeck, *Napoleons Untergang*, I, 203; eine genaue Übersicht über die vier Corps der preußischen Armee, deren Mannschaftsbestand sich auf rund 124 000 Mann und 88 Geschütze belief, gibt Charras, *Histoire*, I, 105–106; vgl. auch die sehr detaillierte und wie üblich geringfügig abweichende Darstellung von (Karl von Damitz), *Geschichte des Feldzugs von 1815 in den Niederlanden und Frankreich als Beitrag zur Kriegsgeschichte der neuern Kriege*, Berlin, Posen und Bromberg 1837, I, 383–390.

20 von der Marwitz, *Aus dem Nachlasse*, I, 366.

21 William Siborne, *History of the War in France and Belgium in 1815*, London 1844, I, 28–29.

22 Diese Feststellungen haben natürlich nur einen sehr beschränkten Aussagewert hinsichtlich der Kampfkraft beider Armeen. Wellingtons Hauptproblem waren die belgisch-niederländischen Verbände, die ein starkes Drittel seiner Armee ausmachten. Vgl. das Memorandum von Generalmajor Sir Henry Torrens vom 4. April 1815. *Wellington, Supplementary Despatches*, X, 20–24.

23 Schreiben Wellingtons an Lord Bathurst vom 6. April 1815. *The Dispatches of Field Marshal the Duke of Wellington, during his various campaigns in India, Denmark, Portugal, Spain, the Low Countries, and France from 1799 to 1815*, (ed.) John Gurwood, London 1838, XII, 291–292.

24 Mit diesem *fait accompli* sah sich Wellington mit dem Schreiben des britischen Oberbefehlshabers Frederick, Duke of York, vom 28. März 1815 konfrontiert, der ihm das Ansinnen, sich seine Stabsoffiziere selbst auszusuchen, mit verletzender Deutlichkeit abschlägig beschied: «As the power of appointing to commissions is not vested in you, you will be pleased to recommend to me such officers as may appear to you most deserving of promotion, stating the special reasons where such recommendations are not in the usual channel of seniority.» Wellington, *Supplementary Despatches*, X, 1–4; Elizabeth Longford, *Wellington. The Years of the Sword*, New York 1969, 401.

25 Wellington, *Supplementary Despatches*, X, 219.

26 Wellington, *The Dispatches*, XII, 358; eine entsprechende Beschwerde äußerte Wellington auch noch eine Woche nach Waterloo, als er Lord Bathurst am 25. Juni 1815 wissen ließ: «(...) with the exception of my old Spanish infantry, I have got not only the worst troops, but the worst equipped army, with the worst staff, that was ever brought together.» Ebd., 509.

27 Ropes, *The Campaign*, 35–37 (alle Zahlen sind gerundet).

28 Damitz, *Geschichte des Feldzugs*, I, 249.

29 Mit der Berufung von John Paget, dem zweiten Earl of Uxbridge, zum Befehlshaber dieses Kavalleriecorps gelang es Wellington, einen vorzüglichen Kavallerieoffizier durchzusetzen, dem er es offensichtlich nicht nachtrug, dass dieser einige Jahre zuvor mit Lady Charlotte, der Frau seines jüngeren, chronisch kranken Bruders Henry Wellesley und Mutter von vier Kindern durchgebrannt war, was im März 1808 einen großen Skandal auslöste. Longford, *Wellington*, 172–173.

30 Ropes, *The Campaign*, 38–39.

31 Wellington, *Supplementary Despatches*, X, 182.

32 Schom, *One Hundres Days*, 242–243.

33 Schroeder, *The Transformation*, 670–691.

34 Mit dieser «Amalgamierung» der britischen und niederländischen Truppen wurde auf Befehl Wellingtons am 11. April 1815 begonnen. Wellington, *Supplementary Despatches*, X, 62–63.

35 Ropes, *The Campaign*, 39.

36 Pozzo di Borgo, *Correspondance diplomatique*, I, 111.

37 Lettow-Vorbeck, *Napoleons Untergang*, I, 210–211.

38 *Blücher in Briefen aus den Feldzügen 1813–1815*, (ed.) E. von Colomb, Stuttgart 1876, 143.

39 Wellington, *The Dispatches*, XII, 462.

40 Wellington, *The Dispatches*, XII, 345–346.

41 Ollech, *Geschichte des Feldzuges*, 44.

42 Müffling, *Aus meinem Leben*, 190.
43 Lettow-Vorbeck, *Napoleons Untergang*, I, 179–184.
44 Müffling, *Aus meinem Leben*, 184.
45 Wellington, *The Dispatches*, XII, 288–289.
46 Wellington, *The Dispatches*, XII, 291.
47 Wellington, *Supplementary Despatches*, X, 47–48.
48 Wellington, *The Dispatches*, XII, 293–295.
49 Damitz, *Geschichte des Feldzugs*, I, 38.
50 Carl von Clausewitz, *Der Feldzug von 1815 in Frankreich. Hinterlassenes Werk*, Berlin 1862, 28.
51 Zit. nach Lettow-Vorbeck, *Napoleons Untergang*, I, 190–191.
52 Clausewitz, *Der Feldzug von 1815*, 30.
53 Vgl. zu *Friktionen*, die für Clausewitz ein ganz entscheidendes Element in seiner Theorie des Kriegs waren, dessen auf das Verständnis des Laien abgestellten einleitenden Erläuterungen in: Carl von Clausewitz, *Vom Kriege*, Berlin 1857, I, 78–82.

*Sechstes Kapitel · Der Tanz beginnt*

1 Von den wenigen großen Chausseen abgesehen, waren die meisten Verkehrswege in Belgien in einem miserablen Zustand. Eine gute Vorstellung davon vermittelt der Bericht des britischen Kavalleriehauptmanns Alexander Cavalié Mercer, *Journal of the Waterloo Campaign*, Edinburgh 1870, I, 234–236.
2 *Corr.* XXVIII, No. 22027.
3 Damitz, *Geschichte des Feldzugs*, I, 71.
4 *Corr.* XXXI, 159–160.
5 *Corr.* XXVIII, No. 22053.
6 *Corr.* XXXI, 164.
7 Clausewitz, *Der Feldzug von 1815*, 46.
8 Pascal Cyr, *Waterloo: origines et enjeux*, Paris 2011, 223–226.
9 Dieses Misstrauen belegt das Schreiben, das Vandamme am 12. Mai 1815 Marschall Davout sandte: «J'ai reçu une lettre par laquelle le duc de Dalmatie [i. e. Soult] s'annonce comme major général. Je crois devoir l'envoyer à Votre Excellence avant d'y répondre. Comme le duc de Raguse [i. e. der Marschall Marmont, der zusammen mit dem von ihm befehligten Armeecorps am 5. April 1814 kapitulierte und damit die letzten Hoffnungen Napoleons zerstörte, das ihm drohende Verhängnis noch abzuwenden]

pourrait me donner le même avis, je dois regarder celui-ci comme non avenu jusqu'à ce que je sois prévenu de cette nomination par Votre Excellence ou par un décret impérial.» Zit. nach Cyr, *Waterloo*, 229.

10 Hippolyte de Mauduit, *Histoire des derniers jours de la Grande Armée ou souvenirs, documents et correspondance inédite de Napoléon en 1814 et 1815*, Paris 1854, II, 9–10.

11 Einen detaillierten Überblick über die Kämpfe am Morgen des 15. Juni gibt die amtliche preußische Darstellung des Majors im Generalstab August Wagner, *Plane* [sic] *der Schlachten und Treffen, welche von der preußischen Armee in den Feldzügen der Jahre 1813, 14 und 15 geliefert worden*, Berlin 1825, IV, 13–16.

12 Damitz, *Geschichte des Feldzugs*, I, 100–102; Ollech, *Geschichte des Feldzugs*, 103–107; Charles Chessney, *Waterloo Lectures*, (London 1868) London 1997, 77–78.

13 David G. Chandler, *The Campaigns of Napoleon. The Mind and Method of History's greatest Soldier*, New York 1966, 1027.

14 Truppenbewegungen in einer Zeit, die weder Motorisierung noch Eisenbahnen kannte, waren allein abhängig von der Marschleistung von Infanterie und Kavallerie, die ihrerseits durch die Größe der Truppenkörper, die es zu bewegen galt, wie durch die Beschaffenheit der Straßen beeinflusst wurde. Dabei galt die Faustregel: Je größer die marschierende Truppenabteilung, desto langsamer der Marsch. Einen guten Überblick gibt die Tabelle von Hubert von Boehn, *Generalstabsgeschäfte. Ein Handbuch für Offiziere aller Waffengattungen*, Potsdam 1862, 295.

15 Dieser Gefahr galt es, wie sich Wellington im *Memorandum on the Battle of Waterloo* gegenüber Kritikern wie namentlich Clausewitz später rechtfertigte, weniger aus militärisch-strategischen Gründen denn aus übergeordneten politischen Rücksichten mit aller Entschiedenheit entgegenzusteuern. Wellington, *Supplementary Despatches*, X, 519–522.

16 *Memorandum on the Battle of Waterloo*, ebd., 530–531; mit diesem Hinweis endet das Memorandum Wellingtons, das er mit dem bezeichnenden Satz beschließt: «It is obvious that the Duke was prepared to resist such a movement.»

17 Müffling, *Aus meinem Leben*, 191–192.

18 Ollech, *Geschichte des Feldzugs*, 115.

19 Müffling, *Aus meinem Leben*, 197–198; von der Abteilung leichter Kavallerie, die, wie Wellington Müffling sagte, von ihm nach Quatre-Bras abkommandiert worden sei, findet sich jedoch in dem schriftlichen Befehl kein Wort. Dieser lautet vielmehr: «The Prince of Orange is requested to collect at Nivelles the 2nd and 3rd division of the army of the Low Coun-

tries; and should that point have been attacked this day, to move the 3rd division of British infantry upon Nivelles as soon as collected. – *This movement is not to take place until it is quite certain that the enemy's attack is upon the right of the Prussian army, and the left of the British army.*» Wellington, *The Dispatches*, XII, 473.

20  Müffling, *Aus meinem Leben*, 198–199.

21  Das galt insbesondere für die gemischten Verbände Wellingtons. Als Müffling ihn nach der Schlacht bei Waterloo darauf hinwies, dass bei dem Marschtempo seiner Armee die preußischen Truppen wesentlich früher vor Paris einträfen, versetzte ihm Wellington, er könne deren Tempo nicht beschleunigen: «Wenn Sie die englische Armee genauer in ihrer Zusammensetzung und ihren Gewohnheiten kennten, so würden Sie das mit mir sagen. Ich kann mich nicht von meinen Zelten und meiner Verpflegung trennen. Meine Leute müssen im Lager zusammengehalten und gut verpflegt werden, damit die Zucht und Disziplin erhalten wird; es ist besser, dass ich zwei Tage später in Paris ankomme, als dass der Gehorsam locker wird.» Müffling, *Aus meinem Leben*, 217.

22  «The most famous ball in history was the climax of Wellington's psychological warfare which always involves *pleasure as usual.*» Longford, *Wellington*, 416.

23  David Miller, *Duchess of Richmond's Ball. 15 June 1815*, London 2005, 133–147.

24  Wellington, *The Dispatches*, XII, 474.

25  Wellington, *The Dispatches*, XII, 475.

26  Wellington, *The Dispatches*, XII, 479.

27  Wagner, *Plane der Schlachten*, IV, 19.

28  Chandler, *The Campaigns*, 1032.

29  Cyr, *Waterloo*, 251.

30  Pierre-Agathe Heymès, *Relation de la Camapagne de 1815, dite de Waterloo, pour servir à l'histoire du Maréchal Ney*, Paris 1829, 5–7.

31  Charras, *La Campagne de 1815*, I, 87–89.

32  Margerit, *Waterloo*, 223.

33  Das jedenfalls war der Zeitpunkt, an dem Reille Gosselies besetzte. Ollech, *Geschichte des Feldzugs*, 101.

34  Heymès, *Relation de la Campagne*, 7–9.

35  Vgl. dazu die Schilderung des Geschehens von Damitz, *Geschichte des Feldzugs*, I, 97–99.

36  Gaspard Gourgaud, *Campagne de Dix-huit cent quinze, ou relation des opérations militaires qui ont eu lieu en France et en Belgique pendant les Cent Jours; écrite à Sainte Hélène*, Paris 1818, 47 u. Anmerkung.

37  *Corr.*, XXXI, 165.

38  *Corr.* XXVIII, No. 22056.

39  Margerit, *Waterloo*, 258–262.

40  Heymès, *Relation de la Campagne*, 12.

41  *Corr.* XXVIII, No. 22058.

42  Wie realitätsfern diese Anweisungen waren, verrät eine Passage, die zeigt, wie sehr Napoleon daran gelegen war, die Gardekavallerie um jeden Preis zu schonen: «Je désirais avoir avec moi la division de la Garde que commande le général Lefebvre-Desnouëttes, et je vous envoie les deux divisions du corps du comte de Valmy pour la remplacer. Mais, dans mon projet actuel je préfère placer le comte de Valmy de manière à le rappeler si j'en avais besoin, et ne point faire de fausses marches au général Lefebvre-Desnouëttes, puisqu'il est probable que je me déciderai ce soir à marcher sur Bruxelles avec la Garde. Cependant couvrez la division Lefebvre par les divisions de cavalerie d'Erlon et de Reille, afin de ménager la Garde: s'il y avait quelque échauffourée avec les Anglais, il est préférable que ce soit sur la ligne que sur la Garde». Man fasst sich an den Kopf: Erst sollte Ney das Spielzeug der Gardekavallerie, das Napoleon offensichtlich so wert und teuer war, dass es keinen Kratzer abbekommen durfte, an ihn abtreten; als Ersatz dafür sollte er zwei Divisionen von Kellermanns Schweren Reitern erhalten, auf die er dann aber doch nicht verzichten wollte, weshalb Ney schließlich angewiesen wird, sich mit der Kavallerie des I. und des II. Corps zu bescheiden, um die Gardekavallerie, sollte es zu Gefechten mit den Engländern kommen, zu schonen, weil er mit dieser ebenfalls unter Umständen nach Brüssel ziehen wolle.

43  Eine detaillierte Schilderung der Kämpfe um Quatre-Bras findet sich in: Archibald Frank Becke, *Napoleon and Waterloo. The Emperor's Campaign with the* Armée du Nord, *1815. A strategical and tactical Study*, London 1914, I, 178–215.

44  Die Weisung ist dokumentiert bei Becke, *Napoleon and Waterloo*, II, Appendix II, No. 21, 286.

45  Houssaye, *1815*, 200–204.

46  *Corr.* XXXI, 172.

47  Der Befehl ist dokumentiert bei Becke, *Napoleon and Waterloo*, II, Appendix II, No. 22, 296–297.

48  Ney soll in diesem Augenblick, so berichtet es Fleury de Chaboulon, ausgerufen haben: «Voyez-vous ces boulets? Je voudrais qu'ils m'entrassent tous dans le ventre.» Fleury de Chaboulon, *Les Cent Jours*, II, 161.

49  Houssaye, *1815*, 206–207.

50  Diese einander widersprechenden Befehle, die im Eifer zweier räumlich

getrennter Gefechte von den jeweiligen Befehlshabern erteilt wurden und die zur Folge hatten, dass die rund 20 000 Mann des I. Corps an keinem der beiden Brennpunkte zum Einsatz kamen, an denen sie dringend gebraucht worden wären, ist ein bis heute ungelöstes Mysterium. Vgl. dessen ausführliche Darstellung von Charras, *La Campagne de 1815*, I, 257–276.

51 Für eine ausführliche Schilderung der weiteren Gefechtsentwicklung und die anfänglichen Zweifel, die d'Erlon plagten, den Befehl Neys zur Umkehr zu befolgen vgl. Houssaye, *1815*, 207–216.

52 Fleury de Chaboulon, *Les Cent Jours*, II, 163–164; auf Sankt Helena äußerte sich Napoleon gegenüber Las Cases noch viel perfider: «Ney reçut l'ordre [?] de se porter le 16, avec quarante-trois mille hommes [!] qui composaient la gauche qu'il commandait, en avant des Quatre-Bras, d'y prendre position à la pointe du jour, et même de s'y retrancher. Il hésita, perdit huit heures. Le prince d'Orange, avec neuf mille hommes seulement, conserva, le 16, jusqu'à trois heures après midi, cette importante position. Lorsqu'enfin le maréchal reçut à midi l'ordre daté de Fleurus, et qu'il vit que l'Empereur allait en venir aux mains avec les Prussiens, il se porta sur les Quatre-Bras, mais seulement avec la moitié de son monde, et laissa l'autre moitié pour appuyer sa retraite, à deux lieues derrière; il l'oublia jusqu'à six heures du soir, où il en sentit le besoin pour sa propre défense.» Las Cases, *Le Mémorial*, I, 1092.


*Siebtes Kapitel · Ligny oder die siegreiche Niederlage*

1 *Corr.* XXVIII, No. 22058.

2 *Corr.* XXVIII, No. 22059.

3 Lettow-Vorbeck, *Napoleons Untergang*, 323–324 u. FN.

4 Zit. Ollech, *Geschichte des Feldzugs*, 99–100.

5 Houssaye, *1815*, 154–155; vgl. auch die Schilderung des Schlachtfelds von Damitz, *Geschichte des Feldzugs*, I, 118–122.

6 Müffling, *Aus meinem Leben*, 199.

7 Wellington, *The Dispatches*, XII, 474.

8 Zit. nach Ollech, *Geschichte des Feldzugs*, 125; dieses Schreiben Wellingtons, das sonst nirgendwo dokumentiert ist, entdeckte von Ollech im Preußischen Kriegsarchiv.

9 Das zeigt sehr deutlich ein Vergleich der in diesem Brief angegebenen Positionen der einzelnen Truppenteile mit ihrem tatsächlichen Aufenthaltsort bei Hofschroer, *1815. The Waterloo Campaign*, 337.

10 Wellington, *Supplementary Despatches*, X, 496.

11 Ropes, *The Campaign of Waterloo*, 106–110.

12 Hans Delbrück, *Das Leben des Feldmarschalls Grafen von Gneisenau*, Berlin 1880, IV, 660.

13 Ropes, *The Campaign of Waterloo*, 85–87.

14 Für eine detaillierte Erörterung dieser «Disposition of the Army» vgl. Hofschroer, *1815. The Waterloo Campaign*, 335–341.

15 Ropes, *The Campaign of Waterloo*, 108.

16 Vgl. die insgesamt fünf Marschbefehle, die Wellington vom Abend des 15. bis zum frühen Nachmittag des 16. Juni ausgab, in denen aber lediglich im 4., der um 9.00 Uhr von Genappe aus erteilt wurde, und im 5., der um 13.30 Uhr von Brye abging, Quatre-Bras als Versammlungsort genannt wurde. Vgl. das «Marsch-Tableau der alliierten Armee am 15. und 16. Juni 1815» in: Delbrück, *Das Leben des Feldmarschalls Gneisenau*, IV, 658–659.

17 General von Hofmann, *Zur Geschichte des Feldzugs von 1815 bis nach der Schlacht von Belle-Alliance*, Berlin 1851, 36.

18 Delbrück, *Das Leben des Feldmarschalls Gneisenau*, IV, 655.

19 Müffling, *Aus meinem Leben*, 199.

20 Blücher selbst soll nach «einer glaubwürdigen Überlieferung», wie Delbrück schreibt, an der Unterredung gar nicht beteiligt gewesen sein, sondern sei mit den Worten, «Na macht's nur ab» seitwärts im Getreide verschwunden; Delbrück, *Das Leben des Feldmarschalls Gneisenau*, IV, 656, Anm.

21 Müffling, *Aus meinem Leben*, 202.

22 Müffling, *Aus meinem Leben*, 204–205.

23 Damitz, *Geschichte des Feldzugs*, I, 117–118.

24 Clausewitz, *Der Feldzug von 1815*, 57.

25 *Aus drei Feldzügen 1812 bis 1815. Erinnerungen des Prinzen August von Thurn und Taxis*, Leipzig 1912, 322.

26 Hofschroer, *1815. The Waterloo Campaign*, 333–335.

27 Damitz, *Geschichte des Feldzugs*, I, 213–214.

28 Herbert Maxwell, *The Life of Wellington. The Restoration of the martial Power of Great Britain*, London 1899, II, 19–20.

29 Selbst ein ausgewiesener Experte wie David G. Chandler, der diese Aussage Wellingtons zitiert, ließ sich von dessen Aufschneiderei so beeindrucken, dass er sie mit dem Kommentar garnierte: «Blücher would have been well advised to heed Wellington's advice, making greater use of the natural cover afforded by neighboring reverse slopes. However, the proud Prussians believed that it was more important to allow their men to obtain a clear view of their opponents.» Chandler, *The Campaigns of Napoleon*, 1039–1040.

30  Müffling, *Aus meinem Leben*, 202.

31  Philip Henry 5th Earl Stanhope, *Notes of Conversations with the Duke of Wellington 1831–1851*, London 1888, 109.

32  Ollech, *Geschichte des Feldzugs*, 141.

*Achtes Kapitel · Waterloo: Eine Schlacht in fünf Akten*

1  Damitz, *Geschichte des Feldzugs*, I, 183; Gneisenaus Entscheidung beurteilte Charles Chesney zutreffend damit, «that the Allied mistakes were at once redeemed by the bold order which Gneisenau gave for retreat on Wavre; for, in thus giving up the proper line of communication of the Prussians through Namur an Liège, he, at the risk of present inconvenience, kept moving parallel to the road which Wellington must retire, and so gave the armies that precious opportunity of aiding each other in battle, which they had missed on the plain of Fleurus». Chesney, *Waterloo Lectures*, 132; vgl. auch ebd., 137.

2  Dass Gneisenau diese Versuchung verspürt habe, basiert auf der Aussage in einem Gespräch, die der damalige britische Liaisonoffizier im preußischen Hauptquartier, Hardinge, am 26. Oktober 1837 gegenüber dem Earl Stanhope machte. «I was told that there had been a great discussion that night in his rooms [i. e. in der Nacht vom 16. Juni bei Blücher], and that Blücher und Grolmann carried the day for remaining in communication with the English army, but that Gneisenau had great doubts as to whether they ought not to fall back to Liège and secure their own communications with Luxembourg.» Stanhope, *Notes of Conversations*, 110; das ist blühender Unsinn, denn ein solcher «Kriegsrat» fand einfach deshalb nicht statt, weil der nach seinem Sturz geborgene Blücher die ganze Nacht über in einer Hütte im Dorf Mellery darniederlag, wo ihn Gneisenau und Grolmann erst am frühen Morgen des 17. Juni aufsuchten. Den Befehl zum Rückzug nach Wavre hatte Gneisenau aber bereits in den Abendstunden des 16. Juni in Brye erteilt. David G. Chandler liefert eine noch phantastischere Version, der zufolge der «anglophobe» Gneisenau einen Rückzug nach Lüttich befürwortete, um Wellington einen Denkzettel zu verpassen, er sich dann aber mehr aus Zufall als aus Überzeugung zu Wavre bereit erklärt hätte. Chandler, *The Campaigns of Napoleon*, 1057–1058.

3  Damitz, *Geschichte des Feldzugs*, I, 179; Wagner, *Plane der Schlachten und Treffen*, IV, 53; Ollich, *Geschichte des Feldzugs*, 157.

4 Emmanuel Grouchy, *Observations sur la relation de la Camapgne de 1815, publiée par le général Gourgaud*, Philadelphia 1818, 11.

5 Houssaye, *1815*, 219.

6 Siborne, *History of the War*, I, 457–458, Appendix XXVII.; Houssaye vermutet, dass dieses Schreiben gegen 8.00 morgens verfasst wurde. Houssaye, *1815*, 220, Anm. 2.

7 Müffling, *Aus meinem Leben*, 206–208.

8 Damitz, *Geschichte des Feldzugs*, I, 222.

9 (Emmanuel de Grouchy), *Relation succincte de la Campagne de 1815 en Belgique, et notamment des mouvements, combats et opérations des troupes sous les ordres du maréchal Grouchy*, Paris 1843, 18–19.

10 Siborne, *History of the War*, I, 304–306; Houssaye, *1815*, 293–297.

11 Grouchy, *Observations*, 11–12.

12 Houssaye, *1815*, 224.

13 Gourgaud, *Campagne*, 75.

14 *Relation succincte*, 17; diese Weisung wurde dann durch den schriftlichen Befehl bekräftigt, den Bertrand nach dem Diktat Napoleons erst gegen 15.00 Uhr nachmittags ausfertigte. Das verschaffte Blücher einen Vorsprung von wenigstens 18 Stunden vor seinen Verfolgern.

15 *Documents inédits sur la Campagne de 1815, publiés par le Duc d'Elchingen*, Paris 1840, 44–45.

16 Wellington, *Dispatches*, XII, 475.

17 *Corr.* XXXI, 177.

18 Mauduit, *Histoire des derniers jours*, II, 230.

19 Mercer, *Journal*, I, 267–290.

20 Gourgaud, *Campagne*, 79.

21 *Commentaires de Napoléon Premier*, Paris 1867, V, 200.

22 Die Erschöpfung der bis auf die Haut durchnässten Truppen, die in großer Unordnung eintrafen, schildert eindrücklich Mauduit, *Histoire des derniers jours*, II, 231–232.

23 *Corr.* XXXI, 178

24 Gourgaud, *Campagne*, 82–83.

25 Maurice-Etienne Comte de Gérard, *Dernières observations sur les opérations de l'aile droite de l'Armée Française à la Bataille de Waterloo, en reponse à M. le marquis de Grouchy*, Paris 1830, 15–16.

26 Houssaye, *1815*, 285, Anm. 2.

27 Houssaye, *1815*, 314–315.

28 Houssaye, *1815*, 316, Anm. 2.

29 *Corr.* XXXI, 183.

30 Für eine detaillierte Schilderung des Schlachtfelds und die Aufstellung der

Truppen vgl. Mark Adkin, *The Waterloo Companion*, London 2001, 120–162.

31 «Le général ennemi ne pouvait rien faire de plus contraire aux intérêts de son parti et de sa nation, à l'esprit général de cette campagne, et même aux règles les plus simples de la guerre, que de rester dans la position qu'il occupait: il avait derrière lui les défilés de la forêt de Soigne; s'il était battu, toute retraite lui était impossible.» *Corr.* XXXI, 182.

32 Vgl. die detaillierte Schilderung dieser Aufstellung der französischen Armee, die Napoleon in seinen Diktaten auf Sankt Helena gegeben hat. *Corr.* XXXI, 184–187.

33 *Corr.* XXXI, 187.

34 *Corr.* XXXI, 183.

35 Houssaye, *1815*, 308–309.

36 *Corr.* XXVIII, No. 22060.

37 Auf Sankt Helena behauptete Napoleon: «L'Empereur avait préferé tourner la gauche de l'ennemi plutôt que sa droite, 1. afin de couper d'avec les Prussiens, qui étaient à Wavre, et de s'opposer à leur réunion s'ils l'avaient prémeditée (…); 2. parce que la gauche parut beaucoup plus faible; 3. enfin que l'Empereur attendait à chaque instant l'arrivée d'un détachement du maréchal Grouchy par sa droite, et ne voulait pas courir les chances de s'en trouver séparé (!).» *Corr.*, XXXI, 187–188.

38 In der Darstellung der Schlacht von Waterloo, die Napoleon auf Sankt Helena diktierte, rechtfertigte er diese Entscheidung mit den Worten: «Le maréchal Ney obtint l'honneur de commander la grande attaque du centre; elle ne pouvait être confiée à un homme plus brave et plus accoutumé à ce genre d'affaires.» *Corr.* XXXI, 188.

39 Über den überwältigenden Anblick, den diese Paradeaufstellung seiner Armee geboten haben muss, begeisterte sich Napoleon noch auf Sankt Helena: «Ce spectacle était magnifique; et l'ennemi, qui était placé de manière à découvrir jusqu'au dernier homme, dut en être frappé; l'armée dut lui paraître double en nombre de ce qu'elle était réellement.» *Corr.* XXXI, 184.

40 Für eine detaillierte Schilderung dieser Kämpfe um Hougoumont vgl. Siborne, *History of the War*, I, 384–396; James Shaw Kennedy, *Notes on the Battle of Waterloo*, London 1865, 102–106 (Kennedy war Adjutant des Generals Alten in der Schlacht von Waterloo).

41 Diese Einteilung des Schlachtgeschehens in fünf Akte folgt dem Vorbild, das James Shaw Kennedy seiner Darstellung zugrunde legte und das seither seiner Anschaulichkeit wegen häufig übernommen wurde.

42 *Corr.* XXXI, 188–189.

43 *Corr.* XXXI, 189; Gourgaud, *Campagne*, 89.

44 Zit. nach Houssaye, *1815*, 334.

45 Gérard, *Dernières observations*, 20.

46 *Corr.* XXXI, 190.

47 Caulaincourt, *Mémoires*, I, 393.

48 *Mémoires du général Rapp, premier aide-de-camp de Napoléon*, Paris 1823, 141.

49 *Corr.* XXXI, 190.

50 *Corr.* XXXI, 191.

51 Houssaye, *1815*, 338–340.

52 Kennedy, *Notes*, 108–112.

53 Kennedy, *Notes*, 114–122; Houssaye, *1815*, 351–366 u. 371–376.

54 *The Reminiscences and Recollections of Captain Gronow being Anecdotes of the Camp, Court, Clubs, and Society 1810–1860*, London 1889, I, 69–70; vgl. auch die sehr ausführliche und packende Schilderung, die Mercer diesen Kavallerieattacken gewidmet hat. Mercer, *Journal*, I, 317–322.

55 Gourgaud, *Campagne*, 97.

56 Gourgaud, *Campagne*, 96–97.

57 Houssaye, *1815*, 366–371; Damitz, *Geschichte des Feldzugs*, I, 287–298.

58 Kennedy, *Notes*, 122–124; Houssaye, *1815*, 376–381.

59 Heymes, *Relation*, 25–26.

60 Kennedy, *Notes*, 128–129.

61 *Souvenirs militaires d'Octave Levavasseur, officier d'artillerie, aide de camp du maréchal Ney (1802–1815)*, ed. Commandant Beslay, Paris 1914, 303.

62 Mauduit, *Histoire des derniers jours*, II, 421–424.

63 Bei der berühmten dem *major-colonel* Cambronne, dem Chef des 1. Regiments der *chasseurs à pied de la garde,* zugeschriebenen Äußerung «La garde meurt et ne se rend pas», die er auf die Aufforderung, sich zu ergeben, getan haben soll, handelt es sich um eine Legende. Cambronne hat der Behauptung selbst verschiedentlich widersprochen und darauf beharrt, er habe bei dieser Gelegenheit lediglich ein herzhaftes «Merde!» vernehmen lassen. Henry Houssaye, *Le Garde meurt et ne se rend pas. Histoire d'un mot historique*, Paris 1907.

64 Die anschaulichste Schilderung dieses letzten Akts gibt Kennedy, *Notes*, 140–150.

65 Mauduit, *Histoire des derniers jours*, II, 460–463.

66 Mauduit, *Histoire des derniers jours*, II, 464.

67 Die Verluste der britisch-niederländischen Armee in der Schlacht von Waterloo an Toten und Verwundeten beliefen sich auf 15 094 Mann; die der Preußen auf 6990 und die der Franzosen auf über 30 000 Mann. Charass,

*La Campagne de 1815*, II, 95–96; die während der gesamten Kampagne zwischen dem 15. und 19. Juni erlittenen Verluste an Toten und Verwundeten beliefen sich für die britisch-niederländische Armee auf 21 850, für die preußische auf 40 250 und für die französische auf 67 420 Mann. Adkin, *The Waterloo Companion*, 74.

68 Mercer, *Journal*, I, 334–335; noch weitaus fürchterlicher waren die Impressionen des Schlachtfelds bei Tageslicht am nächsten Tag, die Mercer mitteilt. Ebd., 338–354.

69 *Corr.* XXVIII, No. 22061.

70 *Corr.* XXVIII, No. 22063.

### Neuntes Kapitel · Gewinner und Verlierer

1 Gourgaud, *Journal*, II, 79.

2 Damitz, *Geschichte des Feldzugs*, I, 232.

3 Damitz, *Geschichte des Feldzugs*, I, 315; Wagner, *Plane der Schlachten und Treffen*, IV, 95.

4 Müffling, *Aus meinem Leben*, 217.

5 Thurn und Taxis, *Aus drei Feldzügen*, 339.

6 Stanhope, *Notes of Conversation*, 245; in dem «Memorandum on the Battle of Waterloo», das Wellington im September 1842 zu Papier brachte, heißt es zu dieser Begegnung lediglich: «When the two Field Marshals met on the same road, it is well known that they embraced in the presence of their troops.» Wellington, *Supplementary Despatches*, X, 530.

7 Gronow, *The Reminiscences*, I, 199–200.

8 Lettow-Vorbeck, *Napoleons Untergang*, 439.

9 Ollech, *Geschichte des Feldzugs*, 252.

10 Wellington, *Dispatches*, XII, 484.

11 Müffling, *Aus meinem Leben*, 216.

12 1888 wurde auf dem protestantischen Friedhof von Brüssel-Evere auf britische Initiative hin ein großes Mahnmal errichtet, das aus politisch-diplomatischen Rücksichten auf die Neutralität Belgiens vorgeblich der Erinnerung an alle in Waterloo gefallenen Soldaten bestimmt sein sollte. Tatsächlich zeigt das Monument, das der belgische Bildhauer J. de Lalaing schuf, aber eine Emblematik – u. a. eine Britannia mit Dreizack –, die dieses Denkmal eindeutig auf die Erinnerung an die britischen Gefallenen verpflichtet, und unterstreicht damit den britischen Monopolanspruch auf den Sieg in der Schlacht. Auch wurden die sterblichen Überreste von rund

20 britischen Offizieren, die in der Schlacht von Waterloo gefallen waren, exhumiert und hier beigesetzt.

13 1965 aus Anlass des 150. Jahrestags der Schlacht wurde auf Veranlassung der britischen Regierung in Erinnerung an «The Duchess of Richmond's Ball» in Brüssel ein großer Ball mit aufwendigem Rahmenprogramm veranstaltet. Für den 200. Jahrestag der Schlacht 2015 plant eine britisch-belgische Initiative unter Schirmherrschaft des 98-jährigen Arthur Valerian Wellesley, 8th Duke of Wellington, die noch erhaltenen Bauwerke von Hougoumont zu restaurieren und eine Gedenkstätte einzurichten. Außerdem will die belgische Regierung rund 25 Millionen Euro zur Verschönerung des gesamten Schlachtfelds aufwenden. *The Daily Telegraph*, 2.8.2013.

14 Bezeichnenderweise findet Waterloo keine Erwähnung in der maßgeblichen, dem nationalen Feindbegriff gewidmeten Darstellung von Michael Jeismann, *Das Vaterland der Feinde. Studien zum nationalen Feindbegriff und Selbstverständnis in Deutschland und Frankreich 1792–1918*, Stuttgart 1992.

15 Das zeigt in schöner Evidenz die automatische Rechtschreibkorrektur des Textverarbeitungssystems, dem Sedan nicht geläufig ist und dem genervten Autor stattdessen «Sean» oder «Sudan» vorschlägt.

16 Jacques Logie, «Le cent cinquantenaire du Lion de Waterloo», *Revue Belge d'Histoire militaire*, décembre 1976, 828–859.

17 «They have ruined my battlefield», soll Wellington indigniert bemerkt haben.

18 Das älteste der Denkmale auf dem Schlachtfeld von Waterloo ist das bereits 1818 am nördlichen Ortsende von Placenoit errichtete preußische in Form einer gotischen Pfeilspitze, die ein Eisernes Kreuz schmückt, das laut Inschrift den gefallenen Helden von Belle Alliance gewidmet ist; das eindrucksvolle französische Denkmal mit der Bronze eines tödlich verwundeten Adlers, die der Bildhauer Jean-Léon Gérôme ursprünglich für die Pariser Kunstausstellung von 1902 geschaffen hatte und das am 28. Juli 1904 eingeweiht wurde, steht an der Straße südlich von La Belle Alliance. An seinem Sockel wurde erst 1990 eine Gedenkplatte für die am «Mont-Saint-Jean» gefallenen Angehörigen der «Escadron Polonais», der Polnischen Schwadron, die Napoleon auch nach Elba begleitet hatte, angebracht. Ein Totenmal für die gefallenen Belgier «en combattant pour la défense du drapeau et l'honneur des armes», wie dessen Inschrift lautet, die damit das besondere belgische Dilemma mit dieser Schlacht, in der Landeskinder auf beiden Seiten kämpften, überspielt, wurde im Zentrum von Wellingtons Stellung an der Straßenkreuzung auf einem hier angelegten Massen-

grab im Sommer 1914 kurz vor Beginn des Ersten Weltkriegs errichtet und deshalb nie offiziell eingeweiht. Bemerkenswerterweise ist den gefallenen britischen Soldaten kein Denkmal in Waterloo gewidmet. Lediglich an die gefallenen Hannoveraner der King's German Legion erinnert ein Obelisk, der 1818 oberhalb von La Haye Sainte auf der rechten Seite der Chaussee nach Brüssel aufgestellt wurde.

19 «On a longtemps intoxiqué nos écoliers, nos étudiants et pendant de longues années nos élèves de l'Ecole militaire en leur vantant les mérites d'unités hollando-belges au service du prince souverain du Pays-Bas en juin 1815.» Pierre Couvreur, *Des Belges à Waterloo?*, in: *Waterloo. Lieu de Mémoire Européenne (1815–2000). Histoires et controverses*, (eds.) Marcel Watelet u. Pierre Couvreur, Louvain-la-Neuve 2000, 19; vgl. auch Hector-Jean Couvreur, *Le Drame Belge de Waterloo*, Bruxelles 1959.

20 Henri Bernard, *Le Duc de Wellington et la Belgique*, Bruxelles 1973.

21 Besonders kurios ist in diesem Zusammenhang die dreibändige offiziöse Darstellung der Kampagne von 1815, die der Direktor des niederländischen Kriegsarchivs F. de Bas zusammen mit dem Generalinspekteur der belgischen Infanterie, dem Comte J. A. de t'Serclaes de Wommerson, vorlegte. F. de Bas u. J. A. de t'Serclaes de Wommerson, *La Campagne de 1815 aux Pays-Bas d'après les rapports officiels néerlandais*, Bruxelles 1908/1909; zum Beitrag der belgischen Künstler vgl. Léon Van Neck, *Waterloo illustré. Campagne de 1815, spécialement au point de vue de la Belgique*, Bruxelles 1903.

22 Philippe Raxhon, *Le Lion de Waterloo, un monument controversé*, in: *Waterloo. Lieu de Mémoire*, 151–160.

23 In der Faschoda-Krise von 1898 wurde Frankreich von Großbritannien gezwungen, die Ausdehnung seines Kolonialgebiets in west-östlicher Richtung von Dakar bis Dschibuti zugunsten des britischen Imperialismus aufzugeben, der die süd-nördliche Verbindung vom Kap der Guten Hoffnung bis Kairo anstrebte; im algerischen Mers-el-Kébir zerstörte die Royal Air Force am 3. Juli 1940 die dort ankernde französische Flotte, um auf diese drastische Weise zu verhindern, dass deren Schiffe Nazideutschland in die Hände fielen.

24 Besonders bizarr ist die Deutung des ultramontanen Journalisten Louis Veuillot, der in der Schlacht von Waterloo die Niederlage des katholischen Frankreich gegen eine protestantische Koalition resp. eine Allianz sah, die unter dem Einfluss «des sectes protestantes» stand. Louis Veuillot, *Waterloo*, Paris 1861.

25 Johannes Willms, *Napoleon. Verbannung und Verklärung*, München 2000, 119–166.

26 Jean-Marc Largeaud, *Napoléon et Waterloo: La Défaite glorieuse de 1815 à nos jours*, Paris 2006.

27 Antoine de Carli, *Quelques documents inédits sur l'assassinat du maréchal Brune*, Avignon 1942.

28 Jean-Charles-Léonard Simonde de Sismondi, *Lettres inédites de Sismondi écrites pendant les Cent-jours*, (eds.) P. Villari u. G. Monod, Paris 1877, 94.

29 Wellington, *Supplementary Dispatches*, XI, 120–121.

30 Delbrück, *Das Leben des Feldmarschalls Gneisenau*, IV, 532–533.

31 Ebd., 575–576.

32 Vgl. die Denkschrift Hardenbergs vom 4. August 1815 in: Conrad von Muralt, *Hans von Reinhard, Bürgermeister des eidgenössischen Standes Zürich und Landamann der Schweiz*, Zürich 1838, 570–574.

33 Delbrück, *Das Leben des Feldmarschalls Gneisenau*, IV, 576–577.

34 Johannes Willms, *Bismarck. Dämon der Deutschen. Anmerkungen zu einer Legende*, München 1997, 236–238.

35 Edgar Quinet, *Histoire de la Campagne de 1815*, Paris 1862, 407.

36 Comte de Montholon, *Récits de la captivité de l'Empereur Napoléon à Sainte-Hélène*, Paris 1847, II, 152.

# BILDNACHWEIS

## Karten

*S. 128/129, 154, 186/187, 204* (Grafik), *207, 221*: Peter Palm, Berlin
Die Faltkarte ist reproduziert nach: Oscar von Lettow-Vorbeck: Napoleons
Untergang 1815, Bd. 2: Von Belle-Alliance bis zu Napoleons Tod, Berlin 1906

Leider war es nicht in allen Fällen möglich, die Inhaber der Rechte zu ermitteln. Wir bitten deshalb gegebenenfalls um Mitteilung. Der Verlag ist bereit, berechtigte Ansprüche abzugelten.

# PERSONENREGISTER